Les Cicatrices du bonheur

MÉLANIE ST-GERMAIN

Les Cicatrices du bonheur

TÉMOIGNAGE

www.quebecloisirs.com

UNE ÉDITION DU CLUB QUÉBEC LOISIRS INC.

Avec l'autorisation des Éditions JCL inc.

Édition originale: septembre 2010

Dépôt légal – Bibliothèque et Archives nationales du Québec, 2010
ISBN Q.L. : 978-2-89666-049-0
(Publié précédemment sous ISBN 978-2-89431-443-2)

Imprimé au Canada par Friesens

À Naomy et Joshua pour l'héritage qu'ils m'ont laissé.
À Patrice, Félix et Leyhie pour leur perpétuel soutien.
Et, finalement, à tous ceux et celles qui me font sourire jour après jour.

AVANT-PROPOS

La vie prend parfois un chemin différent de ce à quoi nous nous attendons. Nous montons dans le train et, bien assis dans notre siège, nous regardons les images défiler. Chacun a son banc, sa vue sur le paysage et les émotions qui s'y attachent. Quelquefois, un voisin nous invite à l'accompagner brièvement dans son histoire. Il nous demande notre avis ou se sert simplement de notre épaule pour dormir. Le train de la vie nous transporte vers notre destin. Nous ne savons pas d'avance quel chemin il prendra, mais nous contemplons par les fenêtres la beauté du panorama que nous offre le trajet. Nous apercevons des événements heureux ou tristes. Nous sommes accompagnés autant par des personnes qui nous sont chères que par de parfaits inconnus. Parfois, le compartiment est bondé de gens qui verront les mêmes images que nous, mais qui les vivront à leur façon. À d'autres moments, il est vide et nous sommes seuls.

Il y a plusieurs trains, des centaines de wagons, des milliers de chemins de fer, donc des milliards d'histoires. Quelque part se trouve la nôtre. Notre famille et nos amis voyagent à bord du même train que nous. Ils nous suivront tout au long de notre aventure ou descendront à la prochaine station. Parfois, des accidents surviennent et des personnes disparaissent. Des individus que nous ne connaissons pas montent occasionnellement à bord et ne passent que quelques instants dans notre vie. Par leurs paroles, ils changeront peut-être notre vision de ce qu'elle est. Notre vie est meublée d'épisodes, remplie d'embûches et d'obstacles. Nous développons de grandes amitiés et de romantiques histoires d'amour. Nous ne savons pas d'avance avec qui nous ferons le voyage. Qui sait? Nous détesterons peut-être notre voisin.

La vie est ainsi faite. Une chose est certaine : chacun de nous a son histoire. On livrera différemment deux anecdotes identiques, parce que chaque être est unique. On y racontera nos victoires et nos échecs. Il n'y a pas de pire expérience que la nôtre. On y entendra des éclats de rire ou d'interminables chagrins. Il y aura des naissances et des histoires heureuses. Malheureusement, les meurtres, la guerre et l'imbécillité humaine en feront partie. Nous ne pouvons y échapper. Moi, je souhaite vous faire part de mon histoire, de mon bout de chemin à bord de mon wagon. À présent, le voyage que je m'apprête à faire risque d'être long et dur, mais jamais je ne pourrai dire pénible, car il s'agit de ma vie et de tout ce qu'il m'a été donné de plus cher. Je me prépare à partager avec vous ce que je garde au plus profond de mon être depuis des années. Je vous offre un siège près du mien.

Loin de moi la prétention de me considérer comme une écrivaine. Par contre, le désir d'écrire a été très présent tout au long de ma vie. Tout le bien que l'écriture m'apporte m'a poussée avec le temps à développer mon talent dans ce domaine.

Je me nomme Mélanie St-Germain. Les gens qui me côtoient quotidiennement et qui m'ont fréquentée connaissent mon histoire au premier degré. Ceux qui ne me connaissent pas me voient comme la femme qui a perdu deux enfants. C'est mon nouveau statut, ma nouvelle identité. La mort reste, encore aujourd'hui, un sujet affecté par un tabou tenace. Personne ne veut se risquer à en parler. Ceux qui en parlent le font souvent parce qu'ils ne peuvent plus tolérer de garder toutes leurs émotions à l'intérieur d'eux.

Depuis plusieurs années, je survole la réalité. C'est un peu la raison pour laquelle j'ai décidé, moi aussi, d'écrire cette histoire: pour prendre le recul dont j'ai besoin pour revenir au présent. Mettre tout ça sur papier me donne aussi la certitude de savoir où je suis rendue et qui je suis. C'est comme si je me racontais ma propre histoire. Cette vie qu'on m'a offerte fait de moi ce que je suis aujourd'hui et je ne la changerais pour rien au monde, contrairement à ce que bien des gens pourraient croire.

Je me risque donc, je me mouille afin de briser ce tabou qu'est la mort. À tous ceux qui ont le courage de me suivre dans mon monde et dans ma tête, bienvenue à bord.

Il ne faut pas oublier… à chacun son histoire.

M. St-G.

CHAPITRE 1

Patrice

Une initiative féconde

5 août 1999

— Et si on te changeait un peu les idées? me dit ma belle amie Janie.

J'ai le cœur brisé et elle, elle a un sixième sens. Elle sait toujours d'avance quand j'aurai besoin d'elle. Elle le sent, c'est tout, m'assure-t-elle. C'est quelqu'un de magnifique, autant à l'intérieur qu'à l'extérieur. Je l'aime beaucoup. Je me dis qu'elle doit avoir raison. Pourquoi nous apitoyer sur notre sort alors que la soirée n'attend que nous deux! Je me suis encabanée pendant plusieurs jours et j'en ai plus qu'assez.

Nous décidons donc de sortir faire un tour. Je me prépare et me fais une beauté. Janie me regarde avec son air espiègle et ne peut s'empêcher de rigoler. Qu'est-ce qu'elle mijote encore? Prête à tout pour me rendre mon sourire, elle a sûrement un plan derrière la tête, une stratégie à la Janie pour me consoler de mon chagrin. Le bonheur prime avant tout avec elle. Je lui demande ce qu'elle me cache. Elle me révèle son intention de me présenter quelqu'un. Elle attend ma réaction et ne peut s'empêcher de pouffer de rire.

Rien n'égale les éclats de plaisir si communicatifs propres à mon amie. Je ne peux m'abstenir de sourire et je lui réponds:

— Ah non! Je sors d'une relation, et c'est pas vrai que quelqu'un d'autre va venir encore me faire de la peine! Non, merci, madame!

Elle insiste sur le fait que c'est le garçon le plus gentil qu'elle connaît et que je dois le rencontrer. Je n'ai rien à perdre, me dit-elle. Je lui demande de qui elle parle.

— C'est mon demi-frère. S'il te plaît! Il est vraiment gentil et je suis certaine que c'est l'homme de ta vie.

Son demi-frère? Et quoi encore? Comment peut-elle deviner qui sera celui qui partagera ma vie?

Je connais Janie depuis quelques années. Dès le début de notre amitié, elle a voulu que je rencontre son frère. Et maintenant, c'est au tour du demi-frère. Qu'a-t-elle encore imaginé? Ah! Janie et ses complots... Je ne connais pas son fameux demi-frère. Je ne l'ai même jamais vu. Elle me dit que je devrais au moins prendre le risque. Je sais qu'elle sera prête à tout pour arriver à ses fins et qu'il ne faut pas la sous-estimer lorsqu'elle a une intention en tête. Aussi bien lâcher prise tout de suite. Et puis, pourquoi pas? Je n'ai que dix-sept ans et je n'ai pas le goût de m'enfermer indéfiniment, ni de passer ma jeunesse dans la nostalgie des flirts qui ne se sont pas révélés concluants.

Je viens de terminer mes études secondaires, mais je ne suis pas pressée d'entreprendre une formation d'un autre niveau. Ce n'est pas que je sois indécise quant à mon orientation. Non, c'est le domaine des arts qui m'attire et je suis certaine que j'en ferai le centre de mes activités professionnelles. Effectivement, des années plus tard, j'ouvrirai mon propre studio de tatouages, où je ferai montre de toute ma créativité en concevant des dessins originaux qui seront transposés sur le corps de mes clients. Mais pour le moment, je remplis des mandats ici et là dans le monde du théâtre où je réalise des toiles et des décors. Je m'adonne aussi à la peinture en autodidacte, mais je suis assez contente de ce que je produis. Je suis une personne décidée et fonceuse.

Il n'en reste pas moins que j'appréhende cette rencontre. Je suis nerveuse et n'aime pas beaucoup cette tension, ce stress que mon amie m'impose. Finalement, je me dis: «Au diable cette rencontre! Je m'amuserai et il me prendra comme je suis. Je n'ai pas envie de me casser la tête pour lui plaire avant même de savoir s'il m'intéresse. Je viens tout juste de sortir d'une relation. S'il n'aime pas la première impression que je lui fais, c'est qu'il n'est pas fait pour moi. Allons voir ce garçon qui, au dire de Janie, a un charme fou et un sourire à faire rougir n'importe quelle fille.»

La soirée va bon train et nous avons beaucoup de plaisir. Je délaisse ma peine et oublie même ce garçon mystère. Soudain, Janie s'écrie:

— Il est là! Il est là! Viens avec moi! Je vais vous présenter! Allez, bouge!

Moi qui croyais qu'elle avait oublié! J'avance doucement, un peu anxieuse, mais pas trop. De toute façon, je ne crois pas au coup de foudre. Je n'ai pas l'intention de tomber amoureuse de qui que ce soit. Pourquoi m'énerver?

Je l'aperçois. Dès le premier coup d'œil, je me dis qu'il pourrait sérieusement m'intéresser. Il est vrai qu'il a un sourire plus que charmant. Je continue de m'approcher, entraînée par Janie qui me tire de plus belle par le bras. Je suis de plus en plus agitée. Je prends le temps de le regarder. Je me sens rougir, et mon cœur bat la chamade.

Lui ne me regarde pas. Il ne sait pas qui je suis ni même que sa demi-sœur tente de lui présenter quelqu'un. Debout devant lui, je tâche de maîtriser ma fébrilité et de profiter de ce moment pour l'observer sans qu'il le sache. Cela ne dure qu'un instant. Il me regarde soudain droit dans les yeux et je fonds littéralement. Il ne faut pas qu'il s'en aperçoive. J'aurais l'air de quoi? Qu'est-ce qui m'arrive? Il ne m'a pas encore adressé la parole et voilà que mon corps ne m'obéit plus. Ma vue s'affaiblit. Je n'ai pourtant pas trop bu. Je dois me ressaisir et m'avancer vers lui d'un pas décidé. Je n'ai pas l'habitude d'être timide, mais il m'examine de la tête aux pieds et c'est très gênant, même si je ne fais semblant de rien.

Je dois lui plaire, s'il me regarde ainsi. Il faut relever le nez et y aller. Pleine d'orgueil, je fonce sur lui. Janie nous présente et nous entamons la conversation. Audacieuse, Janie nous organise sans tarder une soirée cinéma… le lendemain soir! Elle a confiance, dit-elle. Je lui demande si ce n'est pas trop tôt. Elle me répond que ça ne doit pas traîner.

— Battons le fer pendant qu'il est chaud! Ça va marcher entre vous deux. Parole de Janie! Rendez-vous, demain à 19 heures!

Le lendemain, je me demande pourquoi j'ai accepté

ce rendez-vous, j'hésite et pense à annuler en me disant que, s'il est intéressé, il m'attendra. Je fais confiance au destin.

Janie me demande ce que je pense de lui et je l'assure que je tiens absolument à faire le deuil du dernier épisode de ma vie. C'est trop rapide et je dois être honnête avec lui, lui dire que je ne suis pas prête à m'investir dans une autre relation. Ce ne serait pas très loyal de ma part de le faire marcher. En outre, ça me fait peur de m'engager aussi tôt dans une autre avenue, à peine sortie d'une histoire qui m'a laissé des cicatrices. Je ne voudrais pas précipiter les choses. Par contre, je sais qu'il ne m'attendra pas éternellement et je ne voudrais pas passer à côté d'une possible histoire d'amour. Je suis prête à passer un peu de temps avec lui pour le connaître davantage.

Mon amie me comprend et dit qu'elle m'aidera, qu'elle lui expliquera. Elle m'indique que Patrice se trouve dans une situation semblable à la mienne, qu'il vient lui aussi de mettre fin à une relation et qu'il admettra aisément mon point de vue. Elle m'annonce également que je plais à son demi-frère. Il lui a dit qu'il m'avait tout de suite remarquée lors de notre rencontre, la veille. Cette précision me réjouit, mais je considère que nous devons prendre notre temps, apprendre à nous connaître. Si l'amour naît entre nous, ce sera tant mieux.

Le moment qui a uni nos lèvres, deux mois plus tard, a confirmé ce que je croyais ressentir pour lui. J'ai eu l'impression de goûter mon premier vrai baiser d'amour. Il me semblait différent. Il était espéré, mais aussi inattendu qu'apprécié. Il était doux et silencieux. Je ne voulais plus ouvrir les yeux ni rien voir autour de moi. Je ne désirais que lui et ses lèvres contre les miennes. Je n'avais plus besoin d'air, puisque cet homme était maintenant ma vie. Je ne demanderais ni n'exigerais plus rien. Je serais heureuse tant qu'il serait près de moi. Jamais je n'avais ressenti un tel bien-être. Un simple baiser, et mon univers avait basculé. Je désirais maintenant cet amour plus que n'importe quoi.

Quelques semaines passent. Maintenant, nous ne sommes jamais plus d'une journée sans nous voir. J'aime la façon qu'il a de prendre soin de moi et de m'écouter. Nous formons un couple, une paire. Nous ne faisons qu'un. J'aime sa compagnie et je crois que c'est réciproque. Il me semble que je suis importante à ses yeux. Ses confidences sur ce qu'il éprouve pour moi sont éloquentes et signifiantes. Je n'ai jamais partagé autant d'émotions avec quelqu'un. Nous apprenons à découvrir l'autre, jour après jour, nuit après nuit. Je suis tout de même surprise de constater à quel point nous sommes différents.

J'apprends doucement à découvrir qui il est. Je creuse en lui et lui trouve des milliers de qualités et aptitudes. Il est rempli de talents. Il est intelligent, travailleur et industrieux, soucieux aussi d'acquérir son autonomie et de voler de ses propres ailes. Il poursuit présentement ses études collégiales en informatique. En même temps, il travaille à temps partiel dans un commerce. Chaque été, il ne manque pas de dénicher un travail étudiant à temps complet. Ces expédients lui permettent de pourvoir à ses besoins financiers.

Plus j'observe cet homme, plus j'ai de l'estime pour lui. À mesure que j'explore son univers intime, j'ai l'impression que nous nous connaissons depuis des millénaires. Je le devine, et nous avons une grande facilité à communiquer ensemble. Cette sorte de complicité, cette transparence entre deux êtres, c'est également une première pour moi. Je peux lui dire que je l'aime. Je peux le lui dire, car je le ressens. L'amour entre nous deux est palpable. L'amour est invisible, mais il se contemple et se reçoit lorsqu'il est présent entre deux êtres.

Je l'aime d'un amour simple et bon. J'aime la façon qu'il a de marcher et ses deux épaules qui dansent lorsqu'il s'avance vers moi. Il sait me faire rire et j'aime l'écouter parler et me raconter des milliers d'histoires. Ses paroles sont d'un intérêt indiscutable. Je me plais à le regarder manger, s'habiller et se brosser les dents. Les petites choses simples et quotidiennes de la vie se transforment en événements magiques lorsque nous sommes ensemble.

Avec lui, l'amour est souple et délicieux, la passion est constante, les sentiments sont purs et exquis. L'air est beaucoup plus respirable, et l'espace, beaucoup moins restreint lorsque je suis en sa compagnie. Tout est plus confortable. Nous connaissons jour après jour une complicité grandissante. Les contraires s'attirent, dit-on. Nous, nous nous complétons. Chacun connaît les forces et les faiblesses de l'autre, nos qualités s'additionnent et s'harmonisent, de sorte que nous formons une équipe. Nous sommes plus forts lorsque nous sommes ensemble. Je l'aime d'un amour pur, tout simplement.

CHAPITRE 2

Naomy

Une présence aimée

Le monde s'est arrêté de tourner depuis qu'elle est dans mon ventre. Déjà, elle a une grande influence sur ma vie. Elle est arrivée du ciel, et de la sentir qui bouge en moi me guérit de toute inquiétude. Lorsque je pense à elle, j'ai une infinie confiance en la vie. Mon bébé me guidera vers les bonnes choses.

J'ai dix-huit ans. Je suis peut-être un peu jeune pour avoir un enfant, mais je m'en fiche et, une chose est certaine, je vais l'avoir, ce bébé. Rien ne m'empêchera de mener ma grossesse à terme.

C'est rassurant d'avoir Patrice près de moi et de savoir qu'il est d'accord avec ma décision. Tout se déroule à merveille. Malgré les problèmes que cette grossesse aurait pu nous causer, tant financièrement qu'émotionnellement, nous avançons doucement, mais avec confiance, dans cette aventure que nous a réservée la vie. Nous sommes conscients de ce qui nous attend, et l'avenir nous paraît magnifique.

Le prénom, un engagement

Le prénom de ma fille me vient d'une source bien spéciale, plutôt spirituelle. Croyez-moi, je ne cours pas les médiums. Non pas que je n'y croie pas, mais j'ai peur de ce qu'ils pourraient me dévoiler. Que l'on y croie ou non, le monde caché, l'au-delà intéresse tout le monde. Pour ma part, je suis très curieuse et je n'ai pas peur du surnaturel. Je crois en l'existence d'une autre vie, mais pas de façon inébranlable. Le doute est toujours prompt à surgir quand il s'agit de ces choses-là et les preuves irréfutables ne sont pas courantes. Elles sont même inexistantes.

Voici donc une anecdote qui m'est arrivée il y a de cela quelques années.

Un homme de confiance m'a dévoilé, suite à un voyage astral qu'il avait fait, que mon ange gardien se prénommait Naomy. J'étais jeune, à l'époque, et ses propos m'avaient vraiment impressionnée. Que son témoignage fût vrai ou non me laissait totalement indifférente, mais j'aimais bien y croire. Il était touchant. Selon ce qu'il m'en a dit, Naomy avait été une femme forte, une battante. Elle avait enduré de grandes souffrances au terme desquelles elle était décédée. C'était une vieille âme. J'avais le privilège d'être accompagnée par cette femme, qui veillait sur moi. Elle m'avait choisie.

Bien des mois ont passé après cet événement.

Un jour bien ordinaire de janvier 2000, je suis partie faire quelques courses dans un centre commercial de Dolbeau-Mistassini, la ville où j'habite. Je me suis soudain retrouvée face à face avec une femme que je ne connaissais pas, vieille et toute petite. Une femme adorable, mais vêtue d'un drôle d'accoutrement. Je ne l'avais jamais vue auparavant et, croyez-moi, il était difficile de la manquer. Elle m'a abordée spontanément, m'a saisi le bras et m'a dit que mon enfant serait unique et que ce serait une fille. Je lui ai aussitôt répliqué que je n'étais pas enceinte, qu'elle se trompait.

Au fond, je la trouvais un peu cinglée, cette femme à qui je n'avais rien demandé et qui m'accrochait au passage pour me faire ses déclarations péremptoires. Mais je restais perplexe. Elle ne s'est pas laissé démonter par ma réaction et m'a dit que je devrais passer un test de grossesse, après quoi elle a souri et poursuivi son chemin.

Arrivée chez moi, je me suis empressée de raconter cette aventure à Patrice. Ce que je n'avais pas dit à cette femme, c'est que je pensais être enceinte. Je n'en avais parlé qu'à mon ami de cœur. Elle n'était peut-être pas aussi folle que ça, en fin de compte.

Selon mes calculs, je serais enceinte depuis cinq ou six semaines. Mon ventre est aussi plat qu'une planche à repasser. Les jours passent et je n'ai toujours pas mes règles. Je ne cesse de penser à cette femme et je me décide à suivre son conseil. Je passe un test de grossesse. Elle avait raison. Il y a bel et bien un bébé en moi. Plus tard, lorsque l'échographie confirmera qu'il s'agit effectivement d'une petite fille, j'en tomberai presque par terre.

Cette femme que je n'ai jamais revue par la suite, je ne sais toujours pas aujourd'hui comment elle a deviné que j'attendais un bébé. Nous avons toujours tendance à chercher des explications à tout et à supposer que ces personnes qui s'imposent comme des médiums disent n'importe quoi. Allez savoir pourquoi, au fond de moi, je l'ai crue.

Mon enfance a été heureuse, bien que j'aie connu plusieurs problèmes sur le plan physique. En fait, depuis que j'ai été hospitalisée pendant deux semaines à l'âge de cinq ans pour de l'arthrite infantile, les problèmes se sont multipliés, principalement au niveau articulaire. Les spécialistes n'arrivent pas à identifier une fois pour toutes le mal dont je souffre. Sclérose en plaques, tumeur au cerveau et dystonie musculaire sont trois des dizaines de diagnostics qui ont été posés. J'ai subi d'innombrables examens et quelques opérations qui n'ont rien réglé.

Chose certaine, ces ennuis de santé hypothèquent ma capacité physique et je ne puis pas toujours suivre mes amis dans leurs entreprises et aventures. Ainsi, je ne peux marcher plus de dix minutes sans avoir une intense sensation de brûlure dans les jambes. Et les coups de semonce sont impitoyables lorsque je ne respecte pas mes limites. Ainsi, si je me surmène, je peux être quelques jours sans pouvoir marcher.

Comme aucun médicament ne me soulage vraiment, je n'ai eu d'autre ressource que de m'endurcir à la douleur, de m'adapter à mon corps de qui je dis à la blague qu'il s'agit d'un citron, même si extérieurement je parais en forme, en pleine possession de mes moyens.

Néanmoins, j'ai eu jusqu'à présent une vie que je considère comme tout à fait satisfaisante. Mes parents m'ont appris à ne pas m'apitoyer sur mon sort et à me servir de mes forces. Ma mère, particulièrement, me motive sans cesse à repousser mes limites et à compenser mes faiblesses par les habiletés que je possède en plus grande abondance. J'ai donc acquis une solide confiance en moi et en la vie. Je connais mes qualités, mes limites et mes faiblesses. Le monde des grands n'attend que moi et je me fous de ce que les gens peuvent dire. Si d'avoir cet enfant signifie briser ma jeunesse, je la gâcherai avec plaisir. Mais, selon moi, c'est ma destinée. Il n'y a rien de mal à vouloir des enfants aussi tôt et je ne vais rien gâcher du tout, au contraire.

Le bébé qui grandit en moi est comme un nouveau départ, le commencement d'une nouvelle existence. Nous avons pris la décision de prénommer notre fille Naomy parce que déjà elle nous accompagne dans cette nouvelle vie. Elle nous aide à faire les bons choix.

La vie, un présent qu'on offre et qu'on reçoit

J'ai une grossesse que toutes les femmes envieraient. Pas de nausées, pas d'enflure, et je ne prends que quelques livres. Une grossesse merveilleuse. La date prévue de mon accouchement est le 5 octobre 2000. Ma date de naissance étant le 2 octobre, je me réjouis à l'idée que ma fille me fera peut-être une surprise le jour de mon anniversaire. Mais non, Naomy sait se faire attendre. Elle ne pointe le bout de son nez que trois jours après la date prévue, les plus longs jours de toute ma vie. Je crois bien que la belle aime se faire bercer dans le ventre de maman. Je suis impatiente de voir le petit ange qui dort en moi. Les contractions débutent le 7 octobre au soir, alors que nous sommes au restaurant avec des amis. Nous nous rendons vite à l'hôpital. Enfin, le grand jour est arrivé.

Ainsi, plusieurs mois et vingt et une livres plus tard, soit le 8 octobre 2000, je donne naissance à la plus jolie des petites filles. J'ai dix-neuf ans et des poussières. Elle n'est pas totalement sortie de mon ventre qu'elle observe déjà sa grand-maman et semble se demander pourquoi il y a tant de lumière. Elle plisse le front en regardant partout autour d'elle et ne pleure pas. Elle analyse la situation et profite de ce que la vie lui offre. Ses grands yeux sont bleus comme la mer, ou plutôt comme le ciel. Elle semble se demander où est passé son lit, dans mon ventre, si chaud et confortable. Le médecin la dépose sur moi. La peau rose comme une fleur, belle comme le jour, elle me regarde.

Il est 15 h 11. À l'extérieur, il fait très beau et le soleil distribue ses rayons dans les couleurs de l'automne. Ce jour est merveilleux pour moi; il me confirme que d'avoir des enfants constituera mon accomplissement le plus satisfaisant.

Notre fille pèse sept livres et onze onces et mesure dix-neuf pouces précisément. Elle est parfaite. Cette merveille est le résultat de notre amour. Lorsque je vois ses yeux bleus éclatants qui me regardent, je me dis que jamais je ne pourrai me passer d'elle, que je l'aime déjà d'un amour inconditionnel. Nous avons accompli quelque chose d'immensément grand. Comment peut-on aimer aussi fort quelqu'un qu'on ne connaît pas? Je n'ai jamais eu un tel sentiment d'attachement. Je ne vivrai plus que pour elle et Patrice. Nous sommes à présent une famille. Avoir un enfant comble notre soif d'amour. J'ai trouvé mon véritable bonheur. Cet amour, il est à moi et personne ne pourra me l'enlever. Je me sens invincible. Rien ne viendra briser notre nouveau nid familial. Si l'amour rend aveugle, le bonheur a ce même pouvoir. Par contre, j'ai toujours été anxieuse, du genre à ne rien tenir pour acquis. Vivre comme si le dernier jour de ma vie était arrivé fait déjà partie de ma façon d'être, à ce moment-là.

Je trouve que ma fille grandit trop vite et j'ai peur de tout oublier de sa petite enfance. Ses rires délicats, son odeur et la façon qu'elle a de se coller contre moi me chavirent. Je me demande comment je pourrais survivre sans sa présence et ne peux imaginer ma vie sans elle.

Mardi 20 février 2001

C'est la nuit, et Naomy se met à pleurer soudain très fort, bien trop fort. Je me réveille et, comme ce n'est pas dans ses habitudes de pleurer ainsi, je cours à sa chambre. Comme j'arrive à sa porte, la fenêtre éclate. Je suis incapable de faire quoi que ce soit, car mes pieds sont collés au sol. Mon enfant est projetée vers l'extérieur. Elle flotte et me paraît inconsciente. À ce moment-là, je crois voir la pire image qui puisse être : on m'enlève ma fille, mon amour. Je suis horrifiée. Je crie, je supplie qu'on la laisse tranquille et qu'on me la rende. Cette force qui emporte ma Naomy avec elle est effrayante. Elle s'est envolée vers le ciel, un ciel immense d'un noir impénétrable. Je ne peux rien faire pour l'aider ou l'atteindre. Elle est seule. Ma fille ne peut pas être seule, elle n'a que quatre mois et deux semaines.

Je crie à en avoir mal au ventre, crucifiée par la peur et la souffrance. J'implore Dieu de me la rendre et de me prendre à sa place. Rien à faire.

Je me réveille en sursaut. Je ne fais plus la différence entre le rêve et la réalité. Je cours jusqu'à la chambre de Naomy pour voir si elle va bien. Elle est là, avec son minois charmant comme le ciel. Elle a les yeux entrouverts parce que maman a crié. Rendors-toi, petite, maman est là et te protège.

Elle grandit et me ressemble. Elle est ma fierté, ma tendre merveille, et je l'adore. Je façonne mon bonheur avec elle et Patrice comme on ferait un cœur en pâte à modeler. C'est facile d'être heureuse en leur compagnie. Je prends soin d'emmagasiner toutes les infimes parcelles de joie, d'amour et de sourire pour m'en nourrir.

Naomy pleure seulement lorsque c'est essentiel. Elle babille et me raconte à sa façon des milliers d'histoires. Elle grandit à vue d'œil, et chaque jour me la montre un peu changée. Je ne me lasse jamais de la regarder. Curieuse et précoce, elle analyse tout ce qu'elle voit, cherchant toujours à découvrir quelque chose. Elle changera le monde, j'en suis convaincue. Elle le fera à sa façon et elle accomplira de grandes choses.

Mercredi 21 février 2001

Cela fait déjà quelques fois que Naomy se réveille, cette nuit. Comme ce n'est pas dans ses habitudes, je commence à m'inquiéter et décide de prendre sa température. Elle en fait un peu, mais rien d'inquiétant. Les heures passent, et elle se réveille toutes les trente minutes. Je la prends dans mes bras et la berce contre mon cœur. La coquine ne veut pas retourner dans son lit? Qu'à cela ne tienne, je l'emmène faire dodo dans celui de papa et maman. Elle dort très bien lorsqu'elle est avec nous. Je me dis qu'elle n'a besoin que d'un peu de réconfort et d'amour. Au milieu de la nuit, je la remets dans son lit et elle se rendort paisiblement. Elle se réveille de nouveau, mais cette fois-ci en criant. Elle ne s'arrête de pleurer que lorsqu'elle est dans mes bras. Je ne dors pas très bien, et c'est maintenant mon tour de me réveiller toutes les trente minutes. Mon instinct de maman me dit que quelque chose ne va pas bien.

Le lendemain matin, ce n'est pas mieux. Sa température est de plus en plus élevée et de nouveaux symptômes apparaissent. Je connais ma fille et je suis sûre qu'elle a quelque chose. Elle pleure et pleure à nous arracher le cœur. Elle souffre manifestement et a de la difficulté à tenir sa tête. Qu'est-ce qu'elle a, mais qu'est-ce qu'elle a? Ça a l'air d'un mauvais rhume, mais nous préférons tout de même vérifier et nous décidons qu'il est temps de l'emmener à l'hôpital. Patrice, qui doit absolument passer d'importants examens, se rend au cégep. C'est donc ma belle-mère qui m'accompagnera à l'urgence.

Rendue là, Naomy pleure de plus belle. Le médecin la voit deux heures plus tard. À l'urgence, lorsque j'entre avec mon bébé dans son cabinet et que je le vois, je sais tout de suite que je n'aimerai pas cet homme. Je crois à la compatibilité entre deux personnes et nous ne sommes pas faits pour nous entendre, lui et moi. Premièrement, plus ma fille pleure, plus elle a l'air de lui taper sur les nerfs. Il me dit sur un ton très froid de la garder dans mes bras parce qu'il n'est pas en mesure d'écouter son cœur. Comme si elle le faisait exprès! Elle est très souffrante. À cinq mois, il est évident que ce n'est pas normal. Une seule ligne suffit à décrire les moyens qu'il a mis en œuvre. Il a écouté son cœur et a regardé dans ses oreilles et sa gorge. C'est tout!

Je ne suis pas médecin, mais je sais que, la première chose à vérifier, c'est la fontanelle. On m'a précisé par la suite que la nuque est un endroit d'une grande importance qu'aucun médecin ne devrait négliger lorsqu'il examine un nourrisson. Lui ne fait rien de tel et il ne faut surtout pas le lui suggérer, il verra cette intervention comme une insulte, une atteinte à sa compétence professionnelle. Il ne lui enlève pas ses vêtements, ne cherche pas à voir si je suis inquiète ou si je trouve quelque chose d'anormal dans le comportement de mon enfant. Non, monsieur est médecin et personne ne peut lui en montrer.

— T'as quel âge? questionne-t-il.

Je lui réponds que j'ai dix-neuf ans. Il me demande alors si c'est mon premier bébé. Je lui réponds que oui et lui demande où il veut en venir avec ces questions. Il me répond que j'ai pris panique, que je dois retourner chez moi et revenir dans deux jours s'il n'y a pas d'amélioration. Je hausse le ton et lui dis que je connais très bien ma fille, que ce n'est pas dans ses habitudes de pleurer ainsi et que je sens que ça ne va pas bien. Je lui demande pourquoi on ne lui fait pas une prise de sang, pourquoi on ne pousse pas les tests un peu plus loin. Son état n'est pas normal, la vie de ma fille est entre ses mains et je n'ai d'autre choix que de lui faire confiance aveuglément. De son côté, il doit me croire; je suis sa maman et je sais qu'il y a un problème. Il me rétorque qu'un examen plus poussé ne donnera rien et que ma fille fait une bronchiolite. Je lui dis qu'elle ne tousse pas, de sorte que son diagnostic ne tient pas debout! Il fait comme si je n'avais rien dit et me renvoie chez moi avec un bébé mal en point.

Je sens qu'il me prend pour une idiote et j'en suis offusquée, en plus d'être très inquiète pour mon bébé. Je respire et reviens à la raison. Je me dis que tout va bien, puisque le médecin me l'a assuré, que je prends peur pour rien.

La journée passe et je vois la santé de mon bébé se détériorer de minute en minute. Ma belle-sœur a appris que Naomy est malade. Elle se dit que je suis seule et que j'aimerais sans doute avoir de la compagnie. Elle amène avec elle sa fille, Kristyna, qui a deux ans et demi et vient passer la journée avec moi. Je lui répète sans arrêt que ma fille a quelque chose de grave, que je le sens, et elle m'encourage à retourner à l'hôpital, au moins pour me rassurer. Le médecin m'a dit que tout allait rentrer dans l'ordre. Je ne le crois pas, mais j'essaie sans cesse de ne pas m'affoler, de me ramener à la raison, de me dire qu'il est médecin, que c'est un professionnel de la santé et qu'il ne peut pas me mentir au sujet de la vie de ma fille.

Trois heures ont passé et Naomy ne pleure plus. Elle dort ou bien elle est inconsciente, je ne le sais pas. Je la serre tout contre moi et prie pour qu'elle se réveille apaisée. Je décide d'appeler le CLSC. Vu la gravité des symptômes que je décris, on me recommande de rester en contact tout l'après-midi. L'infirmière à qui je parle me confirme mes inquiétudes et admet que ma fille n'a pas l'air de souffrir d'une bronchiolite. Elle ne semble pas non plus en accord avec ce que le médecin m'a dit. Sans l'exprimer ouvertement ni s'autoriser à poser elle-même un diagnostic, je sens qu'elle n'approuve pas la façon cavalière dont j'ai été éconduite. Elle n'en continue pas moins de me rassurer en me rappelant que le docteur a ausculté Naomy et qu'il n'y a pas de problème. À chacun de mes contacts, les infirmières me recommandent l'une après l'autre de voir à ce que ma fille ne se déshydrate pas, de vérifier sa température et son état général, mais le personnel du CLSC ne la voit pas. Ce n'est pas facile pour les infirmières d'évaluer la situation. Elles me répètent chaque fois :

— Si je la voyais…

Naomy ne réagit plus à rien, elle est molle comme une poupée de chiffon et elle dort. Moi, je pleure, horriblement inquiète. Je ne me sens pas écoutée et j'ai le pressentiment que toute cette histoire tournera très mal. Je vérifie chaque pouce carré de son petit corps, je la couvre de baisers en espérant qu'elle se réveille, comme si elle était la Belle au bois dormant. Je la serre contre moi, pour qu'elle sente que je ne la laisserai pas tomber, que je serai toujours là. Lorsque Patrice rentre de son travail, je lui dis à quel point je suis inquiète et lui indique que je veux retourner à l'hôpital. Il est presque 16 heures. Il examine Naomy et me fait remarquer une petite tache noire dans son cou. Comme j'ai observé chacune des parties de son corps, et ce, tout l'après-midi, je sais qu'il n'y a pas longtemps que cette tache est apparue.

À ce moment-là, la terre s'arrête de tourner. J'ai l'impression que les minutes durent des heures, et les heures, des journées. La vie de ma fille est en danger, et je suis prête à tout pour la sauver. Nous décidons de retourner à l'hôpital à l'instant même où ce point noir, aussi petit qu'un pois, nous frappe comme un coup de poing en plein visage. Je voudrais défoncer les murs, les arracher pour que nous arrivions plus rapidement. C'est trop long et le temps n'existe plus. Je suis terrorisée à la vue de cette tache noire dans le cou de ma fille, si petit, mais si important.

À l'hôpital, je me présente directement à la salle d'urgence pendant que Patrice va remplir la demande d'admission de Naomy. Je ne me possède plus et je crie, je supplie qu'on soigne mon bébé et qu'on le sauve. Une infirmière me dit d'aller m'asseoir et d'attendre, qu'on m'appellera. Je suis de nature plutôt diplomate et calme, mais je n'aime pas qu'on ne me prenne pas au sérieux. Quiconque verrait son enfant en danger de mort aurait une réaction similaire à la mienne et ferait tout son possible pour le sauver. C'est ce que je fais. Je m'approche de l'infirmière et, comme elle ne réalise pas ce que je lui dis, je lui crie :

— Amène-moi un médecin ou je vais aller le chercher moi-même! Mon bébé ne va pas bien! Va me chercher un docteur!

À ce moment-là, c'est la panique. On me prend mon enfant lorsqu'on se rend compte que, oui, la maman a de bien bonnes raisons d'être très inquiète. Ma fille devient la seule préoccupation de la place. On accourt vers elle et même moi, sa maman, je suis presque de trop.

C'est une question de minute si on veut la sauver. Je les regarde qui la secouent et la piquent. Il y a un docteur et environ cinq ou six infirmières, je ne sais plus. Je me dis qu'ils vont la blesser, qu'ils ne sont pas assez délicats avec elle. Ils n'ont rien de rassurant, rien du tout. Je pose mille questions, mais n'obtiens aucune réponse. Le médecin me regarde, baisse la tête et me regarde encore. Je tiens toujours la main de ma fille dans la mienne quand j'entends soudain :

— Sortez-la d'ici!

On m'oblige à lâcher la petite main, on me transporte de force dans le corridor et on me laisse là. Je ne reconnais plus les murs ni les couleurs. Je suis venue des centaines de fois ici et je me sens perdue. Je suis dévastée, anéantie, seule dans le couloir. Je me tiens debout devant ces gens qui m'observent et me regardent comme si j'étais sortie d'un film d'horreur. Ils m'ont vue tantôt faire une scène à l'infirmière. Ces étrangers savent que ça ne va pas bien, que mon histoire tournera à la tragédie. Patrice, de son côté, est allé s'informer auprès du médecin.

Je ne sais toujours pas pourquoi mon bébé est si malade. Une heure a passé depuis le moment où nous sommes arrivés. Je ne sais à quoi m'accrocher pour trouver du réconfort et la force de tenir le coup. Je me tourne et aperçois Patrice, qui vient tout juste de terminer son entretien avec le médecin. À ce moment-là, celles que j'appelle mes deux petites voix se manifestent. L'une est très positive. Elle me rassure et me dit que tout va bien se dérouler, de ne pas être inquiète. L'autre voix, contrairement à la première, raconte qu'il n'y a plus rien à faire. Comme dans les dessins animés, j'ai un ange sur une épaule et un petit diable sur l'autre.

Patrice s'approche de moi et m'annonce avec une voix très calme que Naomy est très malade. Elle souffre d'un empoisonnement du sang et se trouve présentement en état de choc septique.

Mais qu'est-ce qu'un choc septique? Je ne comprends pas ces mots-là. C'est sûrement grave, car Patrice a les yeux pleins d'eau. Est-ce qu'il pleure?

Il ajoute que les chances de survie de Naomy ne sont pas très grandes, et mes jambes disparaissent. Je m'effondre sur le plancher. Je n'entends et ne vois plus rien. Il fait noir tout autour de moi. Noir, comme la petite tache sur la nuque de ma fille.

Le transfert

Le personnel de l'hôpital a pris la décision de transférer Naomy à Québec vers les 20 heures. Alors que tu espères que ton enfant est sur la voie de l'amélioration, on t'annonce qu'on ne peut plus rien faire pour elle. Le médecin a fait le nécessaire pour la stabiliser et a effectué les tests pour savoir de quelle maladie ou infection elle est atteinte. Le diagnostic est très clair. Il s'agit d'une méningite à méningocoque de type C [1], une infection rare qui atteint environ une personne sur un million.

Naomy est transférée au CHUL de Québec en avion-ambulance. Je la vois qui sort de la salle de trauma sur une civière. Je m'approche pour lui donner un baiser. Je ne peux décrire à quel point je suis secouée par l'état de mon enfant.

Son corps, couvert de pétéchies, me semble si fragile! Je me demande si elle a mal et prie pour ne pas qu'elle souffre. Nous ne pouvons l'accompagner dans l'avion en raison du manque d'espace. C'est la première fois que je laisse mon enfant partir sans moi. Cette séparation m'est un déchirement. Dans combien de temps pourrai-je la revoir?

Elle est si petite, sur cette civière gigantesque! La porte de l'urgence s'ouvre brusquement en frappant le mur et ma fille s'éloigne sans moi. La confiance que j'avais dans la vie a soudain disparu. À présent, je la déteste parce qu'elle fait du mal à mon bébé. Je la déteste parce qu'elle a brisé notre bonheur.

Je retourne chez moi et prépare quelques vêtements. Nous recevons bientôt un appel du CHUL qui nous avise de nous y amener à l'instant en raison de l'état

---

1. Méningite cérébro-spinale épidémique. Le microbe le plus virulent et le plus dangereux est le méningocoque de type C. Il provoque une méningite dont les symptômes apparaissent brutalement: fièvre, céphalée, courbatures, raideur de la nuque, nausées, vomissements, sensibilité anormale à la lumière, taches rouges sur le corps ne s'effaçant pas quand on appuie dessus avec le doigt (chez plus d'un malade sur trois), éventuelle somnolence, coma et risque de mourir dans les vingt-quatre à soixante-douze heures.

alarmant dans lequel se trouve notre bébé. On craint qu'elle ne passe pas la nuit.

Sans perdre une minute, nous sautons dans la voiture et partons pour Québec en compagnie de ma mère et de mes beaux-parents. Les conditions routières, dans la réserve faunique des Laurentides, sont pitoyables.

Jeudi 22 février 2001

Nous arrivons à destination vers 3 heures du matin et nous attendons pour voir notre fille. Ce n'est que vers 7 heures, après une attente interminable, que la femme médecin nous indique que nous pouvons aller voir Naomy. Nous nous précipitons, mais elle nous arrête pour nous prévenir qu'elle est en isolation à cause de la méningite et que son teint a changé. Je ne réalise pas ce qu'elle me dit et la suis sans poser de questions.

Nous traversons deux grandes portes qui mènent aux soins intensifs. Je vois une petite chambre de verre. Elle marche tout droit vers cette chambre et m'indique que je dois enfiler une jaquette, des gants de caoutchouc, un casque et un masque. Je comprends alors la gravité de la maladie dont souffre ma fille, et mes mains se mettent à trembler.

— Pourquoi dois-je mettre tout cet accoutrement? demandé-je.

— Pour deux raisons, me répond la femme. D'une part, votre fille est peut-être contagieuse. En outre, il faut la protéger des infections; elle n'est pas en état d'attraper quoi que ce soit.

Je suis impressionnée par toutes les précautions qui sont prises et j'ai peur. Je n'ai jamais éprouvé ce sentiment. J'entre sur la pointe des pieds et l'aperçois. Dix-sept machines entourent le lit, et l'odeur est intolérable.

Je tombe par terre, accroupie, effondrée; mes jambes ne me portent plus. Patrice m'aide à me relever et nous pleurons tous les deux devant le spectacle émouvant qui s'offre à nos yeux. Je dois me ressaisir et être forte pour ma fille. Elle est enflée, et son petit corps fragile est comme nécrosé, presque noir. Il ne reste de couleur chair qu'une petite tache de la grosseur d'un dollar sur son ventre. Nous apprenons qu'on lui a administré un médicament qui a le même effet que la morphine.

Elle dort. Elle est méconnaissable, mais c'est mon bébé, ma fille, mon petit ange. De la voir dans une telle détresse physique, c'est comme si on me fouillait les entrailles avec un poignard. Je m'approche d'elle, pousse mon masque et colle mes lèvres contre sa joue froide. Je lui dis que je l'aime, que je suis là et qu'elle doit se battre. La responsable nous avise que les visites doivent être courtes, car il est nécessaire que Naomy se repose. Incapable de regarder son visage si dramatiquement changé, je colle ma joue contre la sienne pour lui parler un bref moment, après quoi nous quittons la chambre et les soins intensifs.

Lorsque j'arrive devant ma mère qui nous a accompagnés et qui est demeurée dans la salle d'attente, je m'écroule une seconde fois sur le sol, et Patrice doit à nouveau m'aider à me relever aussi bien qu'à me raisonner. Je tremble et je pleure. Je peux maintenant laisser libre cours à la peine, à la peur et à la souffrance qui a envahi mon cœur de maman.

Nous rencontrons la femme médecin, qui nous explique que Naomy souffre de purpura fulminans généralisé causé par la méningite.

Patrice m'impressionne. Il écoute et assimile les informations sur la maladie de Naomy comme personne ne pourrait le faire. Lorsque je ne comprends pas, il prend le temps de tout m'expliquer et me rassure.

Il suit les médecins pas à pas et s'assure que tout est fait dans les normes. Personne ne fera de mal à sa protégée. Il s'informe et pose des milliers de questions. Tourné vers l'action, il demande à voir le dossier de notre fille et regarde s'il peut faire quelque chose pour aider. C'est sa façon à lui de se battre pour son enfant. Il sait de quoi il parle et comprend les grandes théories des docteurs. Je ne sais pas comment il fait pour retenir tous ces grands mots qui, pour moi, ne veulent rien dire ou presque. Le personnel croit même qu'il est médecin et on me demande dans quel hôpital il travaille.

À chaque instant, nous sommes là l'un pour l'autre. Patrice, plus rationnel, analyse la situation et me rassure. Moi, plus près des émotions, je le serre dans mes bras et m'assure qu'il prenne le temps de verser quelques larmes. Nous formons une équipe et nous nous en sortirons. Nous nous battrons pour la vie de notre fille tant qu'il y aura de l'espoir. Nous l'accompagnerons de notre mieux dans son combat contre la maladie. À un certain moment, vu la gravité de son état, nous nous demandons si nous reverrons le ciel dans ses yeux, mais l'amour qui nous unit nous tiendra près d'elle jusqu'au bout. Il est encore possible de la sauver, et nous y mettrons toutes nos énergies, tous les trois. Nous sommes les parents de Naomy et nous tenons à veiller sur elle. Bien sûr, que j'ai peur, mais j'ai confiance dans la force de notre petite famille.

Le téléphone sonne dans la salle d'attente. Je regarde ma mère en me demandant si je dois répondre.

Elle semble aussi perplexe que moi, mais nous sommes seuls dans la pièce et je décroche le combiné. C'est pour moi. Une infirmière m'explique qu'elle m'appelle pour dresser la liste des personnes avec qui Naomy a été en contact pendant la dernière semaine; il s'agit de faire de la prévention. La méningite est extrêmement contagieuse et les personnes qui ont été en contact avec ma fille devront prendre des antibiotiques, alors que les proches de la famille seront vaccinés. Je pense à toutes les personnes que j'ai pu voir durant les derniers jours. Il y a en tout premier lieu ma belle-sœur et ma filleule qui ont passé la journée précédente avec moi. J'ai visité ma belle-mère et mes parents quelques jours auparavant. En faisant le compte, je réalise que toute la famille a vu Naomy cette semaine et que le nombre de personnes ayant été en contact avec elle directement est beaucoup plus élevé que je ne le croyais à première vue.

Soudain, je me souviens être allée voir ma mère à son travail trois ou quatre jours auparavant. J'informe l'infirmière que je suis allée avec ma fille au salon de quilles et qu'il y avait environ cent cinquante personnes sur place. Tout à coup, elle prend panique et me demande sur un ton de reproche quelle idée j'ai eue d'aller là avec elle. Elle me crie que la situation est terrible, que ma fille a peut-être contaminé ces personnes et que nous devrons les retracer toutes pour les avertir.

Là, c'en est trop. Je monte le ton et lui réponds :

—Je ne pouvais pas savoir que ma fille avait une méningite. Vous n'avez pas le droit de me taxer d'imprudence, ni de me mettre sur les épaules le poids d'une éventuelle contamination. Vous ne pouvez tout de même pas me reprocher de ne pas avoir deviné ce qui arriverait!

Elle se calme et s'excuse d'avoir réagi trop spontanément en précisant qu'il faut mettre sa saute d'humeur sur le compte de la frayeur. Elle me demande plus gentiment :

— Est-ce que ces personnes ont été en contact direct avec le bébé pendant plus de trois heures?
— Non, une trentaine de minutes environ.

Mon ton est sec, cassant. Je tremble, je suis furieuse et ses mots d'excuse ne m'ont pas apaisée. Elle n'avait pas le droit de me parler ainsi.

— Êtes-vous consciente que ma fille est entre la vie et la mort? insisté-je avec dans la voix un reproche parfaitement perceptible.

Après s'être à nouveau excusée, elle m'explique la procédure qu'il nous faut mettre en œuvre pour circonscrire tout risque d'épidémie.

La journée passe et notre fille continue de se battre pour rester en vie. Je ne suis capable de rien avaler et l'énergie commence à me manquer.

Nous rencontrons à nouveau le médecin de Naomy. Les nouvelles ne sont toujours pas bonnes. Je l'enjoins de ne rien me cacher, de ne pas essayer non plus de peser ses mots. Elle doit être franche avec moi; je serai capable de supporter n'importe quoi. Le choc insupportable, je l'ai eu la veille lorsque j'ai vu ma fille dans sa chambre en isolation. Lorsqu'on m'avait dit que son teint avait changé, je ne m'attendais pas à la voir aussi nécrosée. Ce n'est plus le temps de m'épargner, je veux tout savoir.

— Naomy est dans un piteux état, je ne vous le cache pas, me dit-elle. Est-ce que vous vous sentez capable de venir lui parler? Ça pourrait l'aider!
— Oui, bien sûr, je suis d'accord.

Je la suis sans hésiter. Au moment où j'entre dans la chambre, j'ai encore la même sensation de coup de couteau dans le ventre. Ça fait réellement mal. J'ai l'impression que mon utérus se tord, qu'il est transpercé de toutes parts. Et toujours cette même odeur qui me donne mal au cœur.

J'avance très doucement, comme pour me donner le temps d'accepter la situation, de m'acclimater à l'atmosphère. Elle est trop petite, trop fragile pour subir de telles souffrances. Je voudrais avoir mal à sa place. Son visage est sans expression.

— Peut-elle m'entendre? demandé-je au médecin. Peut-elle percevoir ma présence et saisir ce que je lui dis?
— Oui, je crois que votre fille peut ressentir votre présence. Elle est inconsciente, toutefois.

Cette femme travaille en pédiatrie. Elle adore assurément les enfants, et ce qui nous arrive la bouleverse. Elle me fait un clin d'œil et me pousse vers Naomy. Je m'approche et colle ma joue contre la sienne. Je ferme les yeux et lui parle:

— Ma chérie, je sais que tu es la plus forte. Je le sais parce que tu es toujours avec nous à te battre. Et tu sais quoi? Je vais te soutenir tant que tu en auras besoin, même s'il y a des complications. Je serai là! C'est toi qui mènes la barque et j'embarque avec toi! J'ai promis lorsque je t'avais dans mon ventre que je ferais tout ce que je pourrais pour toi. Tu es l'amour de ma vie et je ne peux pas te perdre. Je t'aime plus que tout. Tu ne bouges pas et ne souris pas non plus. Je n'aime pas te voir ainsi. Montre-moi que tu peux m'entendre. Tu es Naomy. Tu es une battante. Tu portes le nom de mon ange gardien et tu partages son âme de combattante. Elle t'accompagne, j'en suis certaine. Merci d'être dans ma vie. Repose-toi... Je ne suis pas loin. Je reste près de toi. Je t'aime.

Je pousse mon masque et l'embrasse, même si ça m'est interdit. Je veux sentir sa peau contre la mienne, douce et veloutée. J'en ai besoin. Je me retourne et vois le médecin qui sèche ses larmes.

— Pourquoi pleurez-vous?

Elle m'affirme que ma fille m'a entendue. Devant mon regard interrogateur, elle me raconte que son visage s'est doucement relâché pour laisser apparaître un joli sourire.

— Elle m'a souri pendant que je lui parlais!
— Avec tout ce qu'on lui a inoculé comme médicaments, c'était pratiquement impossible que ça se produise. Et pourtant, elle a souri. Je n'en reviens pas.

Moi non plus. Je me mets à pleurer. À cet instant, je suis convaincue que le lien qui nous unit, ma fille et moi, est très fort, comme je l'ai toujours senti. J'avais besoin d'avoir la confirmation qu'elle était toujours consciente et elle me l'a donnée. Plus rien ne m'empêchera de croire qu'il y a encore de l'espoir et que ce n'est pas terminé. Tout est encore possible. L'amour est plus fort que tout. Un sourire ne m'a jamais autant fait pleurer. Je ne l'ai pas vu, mais je l'ai reçu tout de même.

Toujours rien que de mauvaises nouvelles!

Je supplie le médecin de me dire quelque chose de positif, pour soutenir ma détermination à continuer, pour me permettre de m'accrocher au peu d'espoir qu'il me reste. Je voudrais une bonne nouvelle, une seule.

Elle me dit, pour me faire plaisir, que les reins de Naomy fonctionnent toujours, qu'elle a uriné. Une action qui devrait être innée devient un exploit. C'est néanmoins assez, sinon pour me satisfaire, du moins pour me rasséréner un peu. Je suis fière d'elle.

Les heures passent, et les spécialistes font tout ce qui est en leur pouvoir pour sauver mon enfant. D'après le médecin, elle a environ cinquante pour cent de chances de s'en sortir, mais les risques qu'elle ait des séquelles sont élevés. Si cela m'inquiète terriblement, je me console en me disant qu'elle sera toujours là et que je m'occuperai d'elle le temps qu'il faudra. Je vais à son chevet pour lui parler. J'enfile toujours le masque, les gants, la jaquette et le casque. J'entre avec un peu plus d'assurance, je m'approche d'elle, la regarde et la touche. Je voudrais la prendre dans mes bras, mais elle est entourée de toutes ces machines qui sont fixées à elle.

Je prends le temps de parcourir des yeux l'aménagement de sa chambre. Je n'avais pas examiné l'endroit encore. C'est très petit et rempli d'équipements qui tiennent mon bébé en vie. Le lit est gigantesque, et elle est si petite! J'ai soudain très peur pour elle.

Elle n'a ni son pyjama, ni sa doudou, ni sa suce. Est-ce que ça lui manque? A-t-elle conscience de ce qui se passe autour d'elle? Est-ce qu'elle souffre? Aimerait-elle se faire prendre, se faire bercer? A-t-elle faim ou soif? Des milliers de questions défilent dans ma tête. Le médecin m'a annoncé qu'il faudra peut-être lui amputer un, deux, trois ou quatre membres. Soit les pieds, une jambe ou les bras. On ne sait pas encore. Je trouve ça affreux, même morbide, mais, si ça me permet de garder ma fille près de moi, je dis oui sans hésiter. Elle s'adaptera. Elle est toute jeune et elle trouvera bien le moyen de compenser ses handicaps.

Je lui parle de son état de santé, de ce qui peut survenir, des interventions qui risquent de l'affecter. Je lui raconte mes angoisses et mes peurs reliées à tout ça. Je lui parle comme je parlerais à une amie en lui demandant de continuer si c'est son destin. Je l'assure que je serai toujours près d'elle si elle veut poursuivre, malgré ce que ça engendrera comme problèmes.

Je l'effleure d'un baiser. En m'approchant d'elle, je vois une larme qui coule sur sa joue. Je me demande si elle m'appartient ou si elle provient de ses yeux à elle. En regardant de plus près, j'en surprends une autre qui perle au coin de son œil. Qu'est-ce que ma fille peut bien vouloir me dire? Je l'embrasse à nouveau et tâche de lui faire sentir combien je l'aime.

Je quitte la pièce pour retourner m'asseoir dans la salle d'attente. Lorsque j'aperçois ma mère, je m'écroule par terre une fois de plus. Elle me relève, m'embrasse et me soutient pour m'aider à m'asseoir.

— Si tu savais comme je te trouve forte et courageuse, ma fille! me dit-elle. Tout ça est très dur pour toi! Pourtant, tu dois te battre encore et encore pour ton enfant. Il faut que tu trouves en toi l'énergie de continuer.

Une larme s'échappe de ses yeux. Je sais qu'elle est effrayée, autant pour moi que pour sa petite-fille, mais je la perçois comme une héroïne.

Une alarme retentit. Le médecin court vers Naomy qui fait son premier arrêt cardiaque.

Plusieurs minutes plus tard, elle vient nous expliquer la situation.

— Nous avons réanimé votre fille, mais elle n'est pas très forte et ses chances de survivre sont maintenant de trente pour cent. Elles sont limitées, mais elles sont là. Tant que l'espoir sera permis et que je pourrai encore faire quelque chose, je tenterai tout ce qui est en mon pouvoir pour la sauver. J'aimerais que vous alliez encore lui parler, que vous essayiez de la convaincre de continuer son combat. Je crois en votre pouvoir de maman. Le lien mère-fille, c'est fort, et je suis persuadée que ça peut faire une différence.

Cette femme est extraordinaire. C'est l'un des meilleurs médecins que j'aie jamais rencontrés. Elle est professionnelle, mais en même temps débordante d'humanité. Elle m'appelle « maman » et me tient la main lorsqu'elle m'annonce une nouvelle, qu'elle soit bonne ou mauvaise. Je la suis jusqu'à la chambre de Naomy.

Elle ne me dit pas que son cœur ne bat pas assez vite. Sans doute désire-t-elle que je reste détendue.

— Parlez-lui, maintenant! J'y tiens et j'insiste. Essayez de la motiver.

Je me dirige vers ma fille et pose mes lèvres sur sa

joue. Pendant ce temps, le médecin regarde le moniteur cardiaque qui se trouve à côté d'elle. Et ça fonctionne, comme elle me le dira après. Alors que son rythme cardiaque chutait à vue d'œil, voilà qu'il revient à la normale, que son cœur recommence à battre plus vite. En quelques secondes, il passe de cinquante pulsations à la minute à quatre-vingts, puis à cent vingt. La femme médecin est éblouie et verse des larmes. Moi, je ne sais pas ce qui se passe, je ne vois même pas l'appareil, qui est derrière moi. J'ai toujours le visage contre la joue de ma fille, à lui répéter que je l'aime et qu'elle doit continuer. Je ne réalise pas le miracle qui se produit à ce moment-là.

Menace de contagion

Je suis épuisée, au bout du rouleau. Je maigris littéralement à vue d'œil. J'ai déjà perdu pratiquement dix livres, et ceci en moins de trois jours. Il faut dire que je n'ai pas eu un moment de répit depuis que Naomy est tombée malade et que je n'ai absolument pas la tête à m'alimenter.

Ma mère me force à manger, et je crois qu'elle commence à être très inquiète pour moi. Elle confie au médecin que je ne me sens pas très bien. Celle-ci m'examine et constate que je fais de la fièvre. Elle me prescrit des prises de sang et le résultat est inquiétant. Mes globules blancs sont élevés, ce qui veut dire qu'il pourrait y avoir infection. En outre, j'ai un terrible mal de tête et j'observe sur ma peau des plaques rouges. Les risques que j'aie attrapé la méningite sont réels, puisque j'ai été en contact avec les urines, les selles et la salive de Naomy.

On m'accompagne à l'urgence pour me placer immédiatement en isolation.

— Mais à quel moment pourrai-je retourner à l'étage des soins intensifs? interrogé-je. Il faut absolument que je retourne tenir compagnie à Naomy. Pourquoi dois-je rester ici?

Il faut que je sorte de cette pièce à tout prix. Je suis prête à me battre pour qu'on me laisse partir.

— Madame, vous êtes peut-être contagieuse et vous pouvez contaminer d'autres personnes, m'explique-t-on. C'est pour cette raison que vous devez rester dans cette cage de verre.
— Si ma fille décède et que je ne suis pas avec elle, je m'en voudrai le reste de ma vie. Laissez-moi sortir, je vous en prie! Je ferai tout ce que vous voulez, je me conformerai scrupuleusement à vos consignes, mais autorisez-moi à m'en aller d'ici! Je comprends qu'il y a des risques de contagion, mais n'y aurait-il pas une solution possible?

Le personnel me comprend et se laisse attendrir. On consent à me laisser partir à la condition que je porte un masque chirurgical, au moins jusqu'à ce qu'on obtienne les résultats des tests. Je ne dois l'enlever en aucun cas ni sous aucun prétexte. Je suis bien déterminée à faire tout ce qu'il faut pour demeurer auprès de Naomy.

Cet épisode dramatique éprouve fortement Patrice et ma mère. S'il faut qu'en plus je contracte la maladie, la situation sera doublement tragique. Ce qu'il faut plutôt, c'est que je reprenne des forces pour tenir encore et encore.

Nous sommes en fin de journée, et les nouvelles sont catastrophiques. Plus le temps passe, plus les dégâts causés par la méningite dans l'organisme de ma fille sont importants. Une si petite bactérie peut-elle réellement faire autant de dommages à un être vivant en si peu de temps? J'ai de la difficulté à le croire, mais je suis anéantie devant le bilan de santé épouvantable de mon ange. Je m'adresse à ma mère :

— Qu'est-ce qu'on va faire? Comment est-ce que je peux vivre si elle doit mourir? Comment pourrai-je exister sans elle, sans son odeur et sans ses sourires?

J'ai eu si peu de temps pour l'apprécier, ma Naomy, pour la voir se développer au fil des jours et m'émerveiller de tout ce qu'elle manifestait de vigueur et d'intelligence! J'ai réellement peur de ne pouvoir lui survivre. Ça me déchire le cœur d'imaginer qu'elle pourrait ne plus être là avec nous. Je ne m'en sortirais pas. Ce n'est pas possible! Je ne cesse de dire :

— Si elle meurt, je mourrai avec elle!

Et je le pense vraiment. Ma mère me console et me dit :

— Si elle doit nous quitter, Naomy t'aidera à trouver la force dont tu as besoin pour t'en sortir.

Tant qu'il y a de la vie…

Naomy passe quantité d'examens que les spécialistes prennent le temps de nous expliquer un à un. Elle a des transfusions de sang, on l'examine régulièrement, on la surveille constamment. Son cas est particulier et son état dégénère très rapidement. De l'avis du personnel médical, les possibilités qu'elle s'en sorte sont très minces.

Il est environ 22 heures. Chaque fois que nous voyons les médecins courir vers les soins intensifs, notre pouls s'accélère follement.

Et voilà que l'une de ces ruées, c'est bel et bien pour notre fille, qui fait son deuxième arrêt cardiaque.

C'est toujours le même médecin qui s'occupe de Naomy depuis un peu plus de vingt-quatre heures. Aussi incroyable que cela puisse paraître, elle ne l'a pas quittée une fois.

— Il serait trop long d'expliquer son cas à un autre médecin, me dit-elle.

Nous la trouvons extraordinaire, de se dévouer ainsi corps et âme pour notre enfant, elle qui ne nous connaissait pas quelques heures seulement auparavant. Je lui en serai reconnaissante le reste de ma vie. Je la vois qui s'amène dans la salle d'attente et qui nous regarde, les yeux remplis d'eau. Je sais immédiatement que ce qu'elle a à nous annoncer sera pénible à entendre. Elle bégaie, hésite et ne sait comment nous annoncer la mauvaise nouvelle.

— La prochaine heure sera difficile, même déterminante. Naomy est une petite fille extraordinaire et elle combat pour sa vie comme une championne. Mais les séquelles de sa maladie sont très graves. Nous allons devoir l'amputer de ses quatre membres, les jambes et les bras. L'hémorragie ayant atteint son cerveau, il y aura assurément de graves conséquences. Elle sera lourdement handicapée, autant physiquement que mentalement.

Bien que nous ayons déjà été prévenus d'une telle

éventualité, nous sommes proprement anéantis par ces propos. La femme poursuit :

— Comme elle vient de faire un deuxième arrêt cardiaque, je me vois dans l'obligation de vous demander de prendre une douloureuse décision. La première option consiste à continuer de la maintenir en vie artificiellement en espérant qu'on la sauvera, malgré les conséquences que ça suppose. La seconde consiste à débrancher les appareils et à laisser la vie suivre son cours.

Je la regarde, bouche bée, atterrée, et ne trouve aucune réponse à lui donner. J'observe Patrice et je sens la panique monter en moi. Il s'empresse de me prendre dans ses bras et de me serrer très fort. Une souffrance intolérable nous envahit tous deux.

Au bout d'un moment, je lui dis :

— Nous ne pouvons pas prendre une pareille décision ! C'est impossible, de choisir entre la vie et la mort. Naomy veut-elle vivre ? Désire-t-elle encore se battre ? A-t-elle besoin d'aide pour s'en sortir ? Si on la débranche, je me demanderai toujours si nous aurons pris la bonne décision.

Je me moque bien des séquelles. Si son destin est de vivre handicapée lourdement, je serai là pour elle. Comment puis-je décider ?

Et si elle n'en peut plus et que je la force à se battre en la laissant en vie artificiellement ! Décidément, le dilemme est insoluble.

Comme s'il avait suivi le fil de ma pensée et saisi

exactement le cas de conscience dans lequel nous sommes enfermés, Patrice me dit :

— Tu sais qu'elle t'entend! Dis-lui de faire ce qu'elle désire et elle suivra ton conseil parce que tu es sa maman. Nous n'aurons rien à nous reprocher. Même branchée à tous ces appareils, si elle juge qu'elle doit partir, nous saurons que c'est parce qu'elle ne peut plus continuer. Assure-la que nous ne la retiendrons pas et que, peu importe ce qui arrivera, sa décision sera la nôtre.

Je suis émue par ce que Patrice me propose. Je suis surtout tout à fait en accord avec sa proposition, qui me paraît être la voix du bon sens. Nous partons en direction de la chambre de Naomy. Ma mère nous suit par précaution, pour s'assurer que tout va bien.

J'entre et je vérifie que tout est bien là et que tout est à sa place. Je contemple peut-être ma fille pour une dernière fois et cela me paraît inimaginable. Elle est méconnaissable. On ne peut se faire une idée des meurtrissures qui marquent sa peau. Elle est enflée et j'aperçois même une goutte de sang qui s'échappe de son nez. Ça me fait mal de la regarder, c'est un véritable calvaire. Je m'approche de sa joue et l'embrasse. Elle est froide. Il est 23 h 11. Je m'adresse à elle, ma joue collée contre la sienne.

— Ma belle Naomy, mon bébé, mon amour, je sais que tout ça doit être très difficile pour toi. Je ne veux pas que tu aies mal. On me demande de prendre une décision difficile et ta maman n'est pas capable de décider pour toi. C'est pour ça que je suis ici pour te parler. Je sais que tu m'entends. Je veux que tu saches que maman et papa seront toujours là pour toi et avec toi. Peu importe la décision que tu prendras, nous t'accompagnerons, nous t'approuverons. Si tu veux te battre et continuer, malgré tous tes bobos, nous t'aiderons et ne te laisserons jamais tomber. Par contre, si tu veux cesser de t'accrocher parce que tu es fatiguée, parce que tu ne désires plus souffrir et parce que ton destin est ainsi, maman et papa te laisseront partir. Nous ne pouvons pas être égoïstes au point de vouloir te faire souffrir juste pour te garder avec nous. Nous t'aimons beaucoup trop pour ne pas respecter ta volonté. Tu es un modèle de courage. Je me sens bien près de toi et je voudrais que ce moment ne prenne jamais fin. Je t'aime et je ne t'oublierai jamais.

Je reste tout près d'elle à lui répéter mon message d'amour. Au moment où je lui ai signifié mon acceptation de son destin, son cœur a ralenti. Je ne le sais pas encore, et personne ne tient à ce que je l'apprenne tout de suite. Patrice, ma mère et le médecin viennent nous rejoindre, Naomy et moi. La spécialiste s'approche et me suggère de laisser Patrice seul avec notre fille. Je comprends qu'il se sent plus fort que moi pour assister Naomy dans ses derniers moments, sans me douter qu'elle est en train de quitter son corps peu à peu.

Je sors de la chambre et des soins intensifs. Je parviens à passer les deux grandes portes sans m'effondrer. Une force m'envahit. J'ai dit ce qu'il fallait à ma fille, je pleure, mais je me sens bien et je n'ai pas de regrets.

Pendant ce temps, ma mère tient Patrice par la main, pendant qu'il chante une berceuse à Naomy dont le cœur cesse progressivement de battre. Il reste avec elle et lui tient la main jusqu'à ce que le moniteur cardiaque indique un arrêt complet. Ma fille avait compris mon message et choisi ce qui était le mieux pour elle.

Nous sommes le 22 février 2001 et il est 23 h 19. Naomy est décédée à l'âge de quatre mois et quatorze jours. Papa et grand-maman lui offrent un dernier baiser. Patrice lâche enfin prise et je le vois pleurer à chaudes larmes pour la première fois depuis le début de cet épisode tragique.

Je reviens dans la chambre. Ma mère me regarde, le cœur brisé. Comment annonce-t-on à sa fille que son bébé n'est plus parmi nous?

—Je le sais, qu'elle nous a quittés, lui dis-je pour soulager sa tension.

Je le sens au plus profond de moi. J'ai terriblement mal au ventre. Je ressens un immense vide à l'intérieur de moi et je n'ai plus de force. Ma mère ne trouve rien à ajouter. Je m'approche d'elle et lui présente mon bras qu'elle s'empresse de prendre. Nous restons là, sans un mot, et c'est très bien ainsi. Nos yeux se rencontrent pour se dire l'essentiel. Plus tard, je lui dirai:

— Maman, je t'aime et j'apprécie ta présence près de moi!

C'est à mon tour d'avoir besoin d'une maman.

Le néant

Patrice n'est pas là. Il est parti identifier le corps de notre fille et signer les papiers relatifs au décès. Une tâche ingrate et pénible, mais qui doit être faite. Pendant son absence, les médecins sont venus me dire qu'ils ont eu les résultats des tests que j'ai passés pour l'infection que je pouvais possiblement avoir. Finalement, ils n'ont rien trouvé d'inquiétant. On me conseille seulement de me reposer et de manger un peu. Lorsque Patrice revient, il ne nous reste plus qu'à quitter l'hôpital où nous n'avons plus rien à faire. Nous nous rendons au manoir Ronald McDonald. Là, un lit nous attend... Je prends de mon sac à main deux comprimés que le médecin de l'hôpital nous a prescrits, à Patrice et moi, un rouge et un blanc. Le rouge est un antibiotique et le blanc, lui, a pour fonction de m'aider à dormir. J'avale mon médicament et descends l'escalier. Tout à coup, mes jambes me trahissent. À partir de cet instant, je perds la notion du temps. Je ne sais plus où je suis ni ce que je fais. Je dors. Mon corps recharge ses piles et il en a franchement besoin.

C'est donc ce 22 février 2001 que ma vie bascule. Je suis perdue sans cette petite qui me faisait vivre, je retourne chez moi sans mon bébé. Je n'y crois tout simplement pas. J'ai l'impression que ce n'est qu'un mauvais rêve. Réveillez-moi, je vous en prie! Ne me laissez pas seule dans cette pièce où il fait si froid et si noir! Chez moi, c'est beaucoup trop grand et invivable. La mort y règne encore et je suis incapable d'y mettre les pieds. L'air est froid, et mon cœur est meurtri. Mon appartement n'est maintenant plus qu'un lieu sans âme, sans sourire et sans chaleur. Il n'y a aucune raison pour que j'y retourne, pour l'instant. Je ne sais même pas à quel moment je pourrai y retourner.

En attendant, mes parents nous hébergent, et nous apprécions autant leur sollicitude que leur générosité.

La tête dans les nuages

Il faut préparer les funérailles de Naomy. Comment est-ce qu'on s'y prend? On nous explique la marche à suivre. Est-ce que nous désirons l'enterrer ou l'incinérer?

Est-ce que nous achetons un terrain, ou nous souhaitons l'enterrer dans un lot familial? Faut-il un cercueil blanc ou crème, avec de la dentelle ou pas? Comment est-ce que je l'habille? Est-ce que nous voulons qu'elle soit exposée? Si oui, combien de jours? Qui portera le cercueil? Est-ce que nous voulons annoncer le décès à la radio, dans le journal ou les deux? Est-ce que nous voulons faire imprimer des signets? Qu'est-ce qu'on écrit dessus? Et qu'est-ce qu'on écrit dans le journal? Et sur la pierre tombale? Il faut aussi des fleurs, plein de fleurs.

Tant de préparatifs pour un événement qui nous frappe au visage et que nous ne voulons pas préparer. Comment pouvons-nous réfléchir à ce que nous voulons pour notre bébé alors que nous ne réalisons même pas qu'il n'est plus de ce monde avec nous? Nous prenons la décision d'acheter notre propre terrain et de l'enterrer là. Le cercueil choisi est blanc à motifs de dentelle. Il est très beau, malgré le fait qu'il soit insupportable à regarder. Il est si petit! Je mets à Naomy sa robe de baptême; elle sera sublime.

Un autre détail vient compliquer la procédure habituelle et ajouter à notre désarroi. C'est qu'on est en plein hiver et que la terre du cimetière ne peut être creusée. Notre petite sera donc déposée dans le charnier avec d'autres défunts, pour n'être inhumée qu'au printemps, lorsque la terre sera suffisamment meuble pour accueillir les disparus. Nous nous serions bien passés de cette étape supplémentaire, qui nous obligera à revivre une fois de plus notre malheur.

Elle sera exposée dans l'avant-midi, cercueil fermé, évidemment, en raison de l'état de son corps. La messe aura lieu dans l'après-midi. Nous allons célébrer ce qu'on appelle la *cérémonie des anges.* Nous discutons longuement, Patrice et moi, des détails des rites funéraires, de ce que nous voulons pour notre fille, mais notre peine est si vive que nous avons l'impression de nous y perdre un peu. Pourtant, ce sont des préparatifs d'une grande importance et nous n'avons pas droit à l'erreur. C'est très éprouvant et compliqué. Et surtout nous ne croyons toujours pas à ce qui nous arrive. Nous sommes en plein déni de la réalité. Je confie à Patrice :

— Je souhaite profondément que nous portions ensemble le cercueil de notre bébé.

Il me fixe d'un regard interrogateur et me demande gentiment pourquoi. Il n'est tout de même pas courant de voir les parents directs porter le corps. Je lui réponds :

— Tu sais, Patrice, lorsque je suis tombée enceinte, nous avons pris la décision de prendre soin de l'enfant ensemble. Nous tenions plus que tout à la venue de ce bébé. J'ai porté Naomy en moi durant neuf mois. Tu m'as accompagnée tout au long de ma grossesse et tu as toujours été très présent. Au moment de l'accouchement, on l'a mise sur moi et ensuite on te l'a donnée pour que tu prennes soin d'elle. Je t'ai tout de suite fait confiance et j'avais la conviction que tu serais un papa fantastique. Nous l'avons bercée et promenée. Nous étions choyés d'avoir la plus belle des petites filles. Nous l'avons accompagnée dans la maladie tout au long de son combat et lorsqu'elle est partie nous étions à son chevet. Cette histoire est simple. Je l'ai portée en moi et tu y étais. Tous deux, nous l'avons aimée et soutenue tout au long de sa courte vie et j'espère que nous pourrons toi et moi continuer jusqu'au bout à la serrer de près contre nous.

Je suis impatiente d'entendre sa réponse. Il accepte sans hésiter.

Nous demandons à mon frère et à la sœur de Patrice, les parrain et marraine de Naomy, s'ils acceptent de porter le cercueil avec nous. Je leur donne les mêmes explications, en leur laissant, bien entendu, le choix de nous accompagner ou non. Ils sont étonnés par notre demande, mais, touchés par notre geste, ils acceptent gentiment de se joindre à nous.

Le soir avant la cérémonie, j'écris un petit mot pour Naomy que je lui lirai durant la cérémonie religieuse. C'est un texte tout simple qui me vient des tripes et que j'écris d'un seul trait, sans corriger.

Le lendemain, à l'église, je gravis les marches qui conduisent au chœur en implorant Dieu de me donner un coup de main pour que je sois capable de le lire sans pleurer. Après une longue inspiration, je me lance :

— On s'accroche tous à quelque chose. Un jour que j'en avais besoin, quelqu'un m'a dit qu'un ange gardien veillait sur moi et qu'il se nommait Naomy. En janvier 2000, j'ai appris qu'un petit être allait grandir en moi. Je remerciais le ciel de me permettre d'abriter cet ange dans mon ventre. Je savais que cette petite fille à qui je donnerais la vie veillerait toujours sur nous, qu'elle nous donnerait tout l'amour dont nous aurions besoin. Patrice et moi avons alors décidé de lui offrir ce prénom de Naomy. Ma douce chérie, la première fois que j'ai senti ton pied frapper contre mon bedon, j'ai su tout de suite que tu dégagerais une force extraordinaire. Neuf merveilleux mois passèrent à attendre ta venue avec impatience et, soudain, dans la nuit du 8 octobre, j'ai aperçu ton visage. Tu étais blottie contre moi, et j'ai ressenti pour toi un attachement profond, insondable. L'expression de tes yeux me disait que jamais tu ne m'abandonnerais. Aujourd'hui, Naomy, j'ai retrouvé le sentiment que j'avais lorsque tu étais en moi. Je te sens tout près de mon cœur. Je te remercie de m'avoir choisie pour être ta maman. Patrice et moi, ainsi que tous tes proches, avons eu la visite d'un ange. Déploie tes ailes, mon enfant, envole-toi, je t'en prie, continue de veiller sur nous en tant qu'ange gardien. Reprends ce rôle de première importance. Je t'ai portée à tes premiers mois d'existence et tout au long de ta vie trop brève. Je te porterai jusqu'au bout de la mienne. Tu es de retour en moi, en sécurité. Tu es et tu resteras toujours notre petit bébé. Fais de beaux rêves. Tu réaliseras de grandes choses. Maman est avec toi. Donne-nous la force que tu as eue pour passer à travers. Je t'aimerai toujours et ne t'oublierai jamais.

CHAPITRE 3

On dit que la vie continue!

Une belle histoire

Le corps terrestre est comme une chenille. L'âme l'utilise pour se déplacer et accomplir sa mission sur la terre. La chenille se tisse ensuite un cocon dans lequel elle s'enferme. Le cocon, c'est comme la mort et on a de la difficulté à croire qu'il y a encore de la vie à l'intérieur de cette petite enveloppe. Alors même que nous nous convainquons qu'il n'y a plus rien, la chenille sort de son cocon sous la forme d'un magnifique papillon. Il est splendide. Il peut voler librement, sans s'embarrasser des frontières. Il est plus grand et plus fort.

Il en va ainsi lorsqu'une personne décède. Le corps n'est plus, mais l'âme de celui qui s'éteint reste toujours libre et épanouie.

Au jour le jour

J'essaie de me détendre, mais tout me rappelle la tragédie que nous avons vécue. De nombreux membres de la famille viennent nous visiter. Ils ne cessent de parler du drame et de nous poser des questions, ils s'informent de nos états d'âme. Cela me fait du bien de leur raconter cet épisode de notre vie. Chez Patrice, je crois que ça engendre l'effet contraire. Il préférerait vivre ces moments de tristesse seul avec moi. Il s'isole, et ça m'inquiète.

Il comprend par contre que nos proches ne désirent que nous accompagner. Il les trouve très généreux de leur temps. Nos familles respectives sont de la même trempe : charitables et prodigues de leurs encouragements. Les deux s'unissent instinctivement et forment ainsi une équipe plus consistante et davantage en mesure de nous aider. Ma belle-famille nous fait à manger et mes parents nous hébergent. Ils nous soutiennent en outre de mille et une façons.

Chacun nous réconforte à sa manière. J'apprécie énormément tout ce qu'ils font pour nous. Ils nous offrent un support constant et des moments de bonheur inappréciables. Grâce à eux, nous connaissons quelques instants de joie et de sublimes fous rires qui nous font du bien en nous permettant de rompre momentanément avec notre deuil. J'ai besoin d'avoir des gens autour de moi, de les sentir à mes côtés. C'est sécurisant d'avoir une épaule pour s'épancher lorsque c'est nécessaire.

Les journées passent très lentement. Je vois les heures s'écouler seconde après seconde. Elles sont interminables et pénibles. Respirer devient pratiquement une épreuve. Le plus difficile, selon moi, c'est de rester seul avec soi-même, avec ses pensées. Il est alors impossible de s'empêcher de réfléchir. Lorsque le soleil doit aller se coucher – parce que la vie continue –, nous devons nous aussi fermer nos yeux et tenter de nous reposer. Quand tout devient noir, l'image de ma fille s'impose à moi instantanément. Je me retrouve prisonnière de ce cauchemar, j'y suis coincée sans avoir la possibilité de me réveiller pour m'en échapper. J'ai besoin d'aide pour que cesse cette projection sur l'écran géant de mon cerveau.

Il faut que ça s'arrête. Je crie à l'aide, mais personne ne peut voir ce qui se déroule dans ma tête. Tous ces malheureux clichés doivent être anéantis. Il me vient une idée : je dois regarder des photos d'elle, des milliers d'images, empreindre de nouveau son adorable sourire dans ma mémoire.

Je demande à mes parents s'ils peuvent aller me chercher mon album de photos. Sans aucune hésitation, ils accourent à mon appartement en quête de ce que je pense être la solution à mes tourments. À leur retour, je me précipite sur l'énorme cartable et m'installe à la table de la cuisine. Dès que je l'ouvre, c'est comme si une bombe m'éclatait en pleine figure. Ma fille est ravissante, somptueuse et éblouissante, mais, plus je tourne les pages, plus je ressens les coups de couteau s'enfoncer dans mon ventre. J'ai terriblement mal, mais je me console en regardant son minois sculptural. Il n'est pas meurtri, sur ces clichés. Son teint est rosé et radieux.

Curiosité morbide

Je n'en peux plus. On en parle sans cesse à la télévision, dans les journaux et à la radio. Naomy est le premier cas de méningite en 2001. Ce type de souche se manifeste en général tous les huit à dix ans. On craint qu'il y ait d'autres cas. Les médias avisent la population d'être à l'affût des premiers symptômes. Ils parlent de Naomy et nous demandent, à nous, les parents, de les contacter pour connaître les détails de ce qui nous est arrivé.

Cela ne nous intéresse pas. Lorsque nous étions à Québec, les chaînes de télévision m'ont approchée pour que je leur dévoile le nom de ma fille et des précisions sur son état de santé. Selon les journalistes, je devais informer la population. Ça ne durerait que quelques minutes, me précisait-on. On voulait même filmer Naomy dans son lit, avec moi tout contre elle. On me disait que ça toucherait les gens… et quoi encore! Est-ce que j'avais bien compris? Plus qu'informer, ne voulaient-ils pas donner notre malheur en spectacle, en pâture à l'avidité publique?

— Pas question! leur ai-je dit fermement. Sortez d'ici tout de suite ou j'appelle la sécurité! Personne ne regardera ma fille dans cet état à la télévision ou dans tout autre média! Vous n'aurez pas son nom, ni celui de son père ni le mien! Est-ce que c'est bien clair? Sortez!

Dans tous les journaux, on discute de ma fille et de cette terrible maladie. Au bulletin de nouvelles, on informe la population sur la rapidité d'évolution de la méningite. À la radio, on bavarde sans cesse à propos de Naomy et de cette tragédie. On raconte même ma mauvaise expérience avec le premier médecin que j'ai rencontré. On dit avoir entendu parler d'erreur médicale. On nous demande, par l'entremise de la radio, si nous allons prendre des procédures contre le médecin en question. Chacun exprime son point de vue et son opinion sur ma vie. Je n'en peux plus de me faire dire par des étrangers ce que nous aurions dû ou devrions faire. Ça me fait mal d'entendre les milliers de ouï-dire sur ma famille et ma fille. Il y avait même des caméras postées devant l'église lorsque nous sommes sortis avec le cercueil. Je comprends que les médias font leur travail, mais jusqu'où sont-ils capables d'aller pour avoir la nouvelle la plus sensationnelle? Ce n'est pas nous qui avons choisi ce qui nous arrive. Je ne suis pas contre le fait que les journalistes fassent leur boulot, au contraire, et je conviens qu'ils doivent informer les gens. Tant que leurs interventions se font dans le respect de la famille endeuillée, je n'ai rien à dire sur leur comportement. Mais je suis d'avis que les médias ne montrent pas suffisamment d'empathie pour les gens affectés par le chagrin. Peu leur importent les deuils qui nous affectent, c'est le sensationnalisme et le cachet qui les intéressent.

Souffrir sous le regard des gens

Les secondes continuent de couler trop lentement, trop longues, interminables. Le temps ne passe pas assez vite. Il forme autour de moi une bulle presque immobile où je me sens seule, avec l'impression que la vie m'a laissée tomber. Je voudrais bien avoir quelqu'un avec qui parler, quelqu'un qui pourrait vraiment comprendre ce que je ressens. Je ne veux pas embêter Patrice avec mes peurs et mon chagrin. Il a sûrement suffisamment de peine et de tracas de son côté. Je me demande souvent ce que j'ai fait pour mériter ça. Je trouve la vie injuste. Il y a trop de questions dans ma tête, j'ai l'impression qu'elle va exploser. Quelle est ma motivation à continuer? Comment dois-je faire? Qui nous accompagnera dans notre traversée du désert? Ça ne devait pas se terminer ainsi. Je n'ai aucune réponse et c'est ce qui me désespère le plus.

Il y a maintenant quatre ou cinq jours que Naomy est décédée, je ne sais plus. Il faut que je retourne à l'hôpital. J'ai quelques symptômes qui pourraient s'apparenter à ceux de la méningite. J'ai mal à la tête et j'ai plusieurs taches rouges partout sur le corps. Ma famille est très inquiète. Je dois rassurer mes parents et aller me faire examiner. Je ne puis pas non plus prendre le risque de leur transmettre cette épouvantable maladie.

Mais je n'ai pas envie d'y aller. Les souvenirs que j'ai gardés de ces lieux sont trop douloureux. Il m'est indifférent d'être malade; je trouve que fuir est plus facile que de me soigner et que le résultat est plus instantané. J'ai peur d'entrer dans cet établissement et de ressentir cette douleur atroce qui continue de couver au fond de moi, qui ne guette qu'un moment propice pour m'assaillir à nouveau. Je crains de sentir encore cette odeur dont le seul souvenir m'empêche de m'endormir le soir. Je ne veux pas revoir l'endroit où Naomy a failli perdre la vie dans mes bras. Je ne pourrais pas supporter de rencontrer ce médecin qui a été à ce point incompétent ou négligent le matin où j'ai amené ma fille que j'ai finalement perdue pour toujours. Je lui en veux au point de ne pas pouvoir contenir mes paroles ou mes gestes, si je le rencontre.

Comme je n'ai pas de réponse à mes questions, le fait de lui en vouloir calme ma rage. Car je suis furieuse, ma fureur me semble inextinguible. Au-delà de l'erreur humaine qui m'a projetée dans la souffrance, j'en veux à la vie autant qu'au médecin qui n'a pas fait, selon moi, son travail. J'en veux aux milliers de gens qui peuvent encore serrer leurs enfants dans leurs bras et qui ne le font pas, aux parents qui ne s'occupent pas de leurs gamins et qui ne les embrassent pas chaque jour. Je leur en veux de ne pas apprécier ce qu'ils ont. Il n'y a rien de plus précieux que les enfants, et ceux qui ne s'en avisent pas ne les méritent tout simplement pas. Mes réflexions amères m'amènent à prendre conscience que bien des gens ne savourent pas la vie de la bonne manière. Pourquoi ne comprenons-nous que lorsque nous perdons une personne qui nous est chère?

Depuis le décès de ma fille, je suis intolérante et incapable d'être autrement. Je pleure sans arrêt, même si j'essaie de demeurer forte. Je tente sans cesse de me convaincre de ce qui s'est passé. Car je n'y crois toujours pas.

Je retourne enfin à l'hôpital, en amenant ma mère avec moi. À mon arrivée, les gens me reconnaissent et chuchotent dans mon dos. Les infirmières m'examinent. La nouvelle de ma présence se répand vite dans la salle d'attente et tout le monde me dévisage.

Bientôt, chacun sait que c'est moi qui ai perdu mon bébé à cause de la méningite, il y a de ça quatre ou cinq jours. Je suis un phénomène de foire. Les gens aiment être au courant de la véritable histoire, et la mienne est d'autant plus intéressante qu'elle est tragique. J'ai l'impression qu'ils ne sympathisent avec moi que pour obtenir les détails de mon malheur et s'en nourrir. Sans doute se disent-ils que, quand on se compare, on se console, comme le veut la sagesse populaire. Pour ma part, je crois en cette maxime plus que jamais.

On me regarde et je déteste ça. Je ne me sens pas bien et il faut que je sorte d'ici. Je demande à ma mère de m'accompagner, mais elle me rétorque que je dois rester, que ma santé est en jeu et que je n'ai qu'à laisser faire et ne pas m'occuper des autres. Je suis persuadée d'avance qu'elle ne me laissera pas partir et, au fond, je ne puis le lui reprocher; j'aurais probablement fait la même chose pour ma fille. De toute façon, il n'y a rien à faire; je devrai apprendre à vivre avec le regard et la pitié des gens. Mais ce n'est pas si simple. Chaque fois qu'on m'observe et que je croise un regard, je ressens encore et encore comme un coup de couteau dans le ventre. C'est chaque fois comme si ces gens me rappelaient que ma fille, mon ange, est bel et bien décédée. On réveille en moi ma souffrance à chaque instant.

Mon estomac se noue; j'ai mal au cœur. Comme ces événements sont récents et frais à l'esprit des gens, ma mère demande à une infirmière si je peux m'éloigner des regards et m'installer dans une autre pièce pour attendre. Cette femme constate à quel point on me dévisage et elle remarque mon malaise. Elle comprend tout de suite la situation et me demande de la suivre. Lorsque je me retrouve dans la petite salle, les souvenirs douloureux de ce qui s'est produit dans ce lieu reviennent avec force à mon esprit.

Je revois Naomy dans la salle numéro trois, inerte et quasiment sans vie. J'entends les portes battantes se fermer et les infirmières courir. Mon cœur bat de plus en plus vite, et ma respiration s'accélère. La senteur qui flotte ici m'est familière et exacerbe ma mémoire, si bien que je suis incapable de faire la part des choses. J'ai l'impression que Naomy est toujours de l'autre côté de la porte. Pour une seconde fois, je me retrouve au commencement de ce drame. Je regarde la civière et l'aperçois. Je veux savoir de quelle maladie elle souffre. On doit me le confirmer avec insistance, car je ne crois toujours pas ce qu'on me dit. Je me surprends même à espérer que ce ne soit qu'un cauchemar. Je vais me réveiller sous peu et je retrouverai ma fille.

Je ne fais plus la différence entre ce qui est vrai et ce qui est faux. J'ai peur et je suis étourdie. Les murs dansent autour de moi. Je dois quitter ces lieux, partir au plus vite. Je me lève et demande à l'infirmier combien de temps je devrai encore attendre. Je m'impatiente.

— Madame, me répond-il avec un ton arrogant, le cas de méningite de votre fille a été fulgurant, et plusieurs personnes craignent d'avoir contracté la maladie. Il y a beaucoup de gens qui attendent de voir un médecin pour cette raison. Vous n'êtes pas la seule personne inquiète ici, alors vous devrez attendre comme tout le monde et être patiente; le temps d'attente est considérable. L'hôpital est débordé depuis que les gens savent qu'il y a eu un décès en raison d'une méningite.

Il m'offre un calmant. Il a dû remarquer mon état d'énervement. Mais moi, je le prends mal. D'autant plus qu'il semble insinuer que c'est ma faute et celle de Naomy si le personnel de l'hôpital a une surcharge de travail. Insultée, je reste bouche bée. C'est quoi, cette affaire? Il veut que je me taise et que je dorme, en plus? Je n'ai pas le choix d'être ici et je suis effrayée par ce décor, en plus de faire face à une possible contagion. Je n'ai pas choisi ce qui m'arrive. Et cet homme ose me dire que les gens ont peur! Je n'en crois pas mes oreilles. Comment peuvent-ils ramener à eux un événement qui ne leur appartient pas? Je suis furieuse, et ma mère s'en rend compte tout de suite. Elle me saisit le bras pour que je m'asseye et se lève brusquement à son tour, bien déterminée à dire le fond de sa pensée à cet infirmier qu'elle connaît personnellement. Elle lui lance un regard furieux et prend tout de suite ma défense.

—Je ne te pensais pas capable d'agir ainsi. Je te croyais beaucoup plus tolérant et sensible. Est-ce que tu peux essayer de comprendre un peu ma fille? Elle vient de perdre son bébé et nous avons peur pour elle. Elle a été en contact direct avec Naomy, et les risques de contagion sont très élevés, dans son cas. Peux-tu, s'il te plaît, t'occuper d'elle ou est-ce qu'il va falloir que je me fâche pour que tu le fasses? La situation et les événements font en sorte que nous n'avons pas envie de perdre notre temps ici pendant des heures. Nous sommes en droit de nous attendre à un minimum de compassion et de compréhension de votre part. C'est extrêmement difficile pour elle d'être ici. Ça ne fait même pas une semaine que tout ça s'est produit. Peux-tu prendre ma fille en charge ou est-ce que je dois l'amener dans un autre hôpital?

Il est mal à l'aise et regarde ma mère qui tremble de tous ses membres. C'est à mon tour de lui prendre la main et de la convaincre de s'asseoir près de moi. L'infirmier semble attristé et désolé. Il nous présente ses excuses et nous assure qu'il va faire de son mieux pour nous aider. Il m'offre quand même le calmant en m'expliquant que ça m'aidera à surmonter mes angoisses. Il nous sourit. Tout le monde s'est calmé enfin et mon tour arrive bientôt. Je sors de l'hôpital quelques heures plus tard avec des relaxants musculaires et une ordonnance. Je dois recommencer à m'alimenter adéquatement si je veux reprendre des forces; j'ai beaucoup maigri. J'ai perdu quinze livres en quelques jours. Je dois aussi dormir, mais je n'y arrive pas depuis le décès de Naomy. Le médecin me prescrit quelques somnifères. Je dois me reposer et me laisser la chance de réapprendre à vivre sans la présence de ma fille. Je vis ce qu'on appelle un choc post-traumatique.

Le temps arrangera les choses... Mon œil!

Les jours passent et je suis toujours chez mes parents. La vie suit son cours et, moi, je traîne derrière elle. J'ai un immense vide à l'intérieur de moi. La disparition de ma fille m'a causé un indescriptible manque.

Je tiens absolument à avoir un autre bébé, et le plus tôt sera le mieux. Je ne me demande pas si retomber aussi rapidement enceinte est sain. Non. J'ai un besoin irrépressible de ressentir l'amour et la douceur de son enfant contre soi. J'en parle à Patrice.

— Es-tu certaine de vouloir un autre enfant tout de suite? Je ne voudrais pas que tu souffres encore plus que maintenant.

— Je t'assure que c'est mûrement réfléchi. J'éprouve un besoin viscéral de m'occuper d'un petit être. Ça ne va pas me faire souffrir, au contraire, mais m'aider à passer à travers.

Il m'avoue lui aussi avoir la sensation d'un vide et désirer fonder une famille avec moi. Il souhaite avoir un autre bébé, mais il n'osait pas m'en parler de peur de me brusquer ou de me faire sentir coupable de refuser. Cette nouvelle me donne envie de sourire, un réflexe inné que pourtant je n'ai pas eu depuis bien longtemps, me semble-t-il. Je me découvre soudain l'envie de relever la tête et d'aller plus loin dans ma vie. Je me surprends à vouloir connaître la suite de mon histoire. Patrice vient de faire de moi une femme comblée. Je l'aime et je suis ravie d'avoir cet homme dans ma vie.

Je me tâte le ventre doucement. Il ne contient encore aucune trace d'un quelconque fœtus, mais il est porteur de promesses et l'espoir naît doucement.

Quelques semaines se sont écoulées. Je me rends à la pharmacie pour y acheter un test de grossesse, même si je ne suis pas en retard. Demain, je devrais avoir mes règles, mais je ne les aurai pas. Non! Je suis convaincue d'être enceinte. Je le suis, c'est certain. Je peux le sentir, le percevoir, le ressentir. Une intuition maternelle indiscutable. Dès mon retour à la maison, je cours dans la salle de bains, pendant que Patrice me demande si je ne ferais pas mieux de voir d'abord si j'aurai mes règles et d'effectuer le test demain matin. À part huit dollars, je n'ai rien à perdre à essayer maintenant.

Je m'empresse de faire le nécessaire et j'attends deux interminables minutes. Les secondes ne passent pas assez vite à mon goût. Je fixe le dispositif sans arrêt. Impatiente, je le tiens dans mes mains et immobilise mes yeux sur la petite fenêtre. C'est plus qu'un minuscule orifice, c'est l'ouverture vers mon bonheur. J'en ai assez de pleurer, j'ai soif de bien-être et de consolation. Ma vie doit redevenir positive, constructive, et je ne vois rien de mieux pour cela que de la consacrer au développement d'un enfant. Juste d'y penser, une infinie douceur envahit mon cœur de maman. Et, dans la géhenne où je suis plongée, chaque parcelle de joie prend son importance; je m'en nourris.

Le test est positif. Mon cœur se remplit d'un immense ravissement. La vie s'est installée en moi pour une seconde fois.

En même temps, je me surprends à avoir peur, à être assaillie par l'angoisse. Et si, une fois de plus, on allait m'enlever mon enfant? Non, je dois faire confiance. Ça ne peut pas m'arriver une deuxième fois. C'est impossible, sinon hautement improbable. Tout va bien aller et je suis certaine que l'avenir me réserve beaucoup de bonheur.

Bienvenue chez vous

Le temps n'arrange pas les choses, mais assèche quelque peu nos larmes. Deux mois se sont écoulés, et je dois retourner chez moi. J'ai peur. L'endroit sera vide et froid. Je tiens à y retourner seule avec Patrice. Cela nous fera le plus grand bien de nous retrouver uniquement tous les deux.

Mes jambes flageolent lorsque j'aperçois l'escalier

qui mène à notre appartement. Je cherche du réconfort dans les yeux de Patrice, qui s'approche aussitôt et me serre contre lui. Je ferme les yeux et profite de ce tendre moment pour m'emplir d'énergie.

Ce n'est pas la première fois que Patrice revient à la maison. Il y est passé à quelques reprises prendre des biens personnels dont nous avions besoin. Il me rassure :

— Viens! Ne t'inquiète pas, tout va bien aller. J'ai confiance dans tes capacités. Tu es forte et il fallait bien qu'on revienne chez nous un jour!

Je gravis les marches péniblement, une à une, et revis instantanément les moments où j'y montais avec Naomy dans les bras. Les images passent et repassent dans ma tête. Je me souviens à quel point je trouvais l'escalier interminable. Devant la porte, je m'arrête. Je regarde à l'intérieur et sens mes tripes se tordre. J'ai mal. Je m'accroupis par terre et respire profondément. Le souffle me manque et j'ai de la difficulté à reprendre mon air. Le monde devient minuscule autour de moi. J'ai l'impression que des siècles se sont écoulés depuis le décès de ma fille.

Une force soudaine succède à la peur. Je me relève et tourne la poignée. L'endroit semble plus petit qu'avant. Une odeur familière m'assaille et me souhaite la bienvenue. Me voici chez moi. Je regarde partout et cherche des points de repère. La place est comme je l'avais laissée. Rien n'a bougé. Ma frayeur s'apaise tout à fait et je me sens soulagée. Je marche doucement et ramasse le pyjama laissé par terre au moment de notre départ pour l'hôpital. Je le porte à mon nez et emplis mes poumons de l'odeur de ma fille. Je peux la sentir, et des milliers de papillons envahissent mon estomac.

Je reviens vite à la réalité. Ma raison m'envoie en plein visage que, ce que je tiens dans mes mains, ce n'est qu'un banal morceau de tissu. Une larme s'échappe de mon œil et va s'échouer sur mes lèvres.

— Patrice, va fermer la porte de la chambre de Naomy. Je suis incapable d'y entrer pour l'instant. Une étape à la fois! C'est déjà assez dur comme ça.

— Ta mère l'a fermée, déjà. Moi aussi, j'étais incapable de le faire.

Je dois faire un peu de ménage. Patrice me dit de prendre le temps d'arriver, ce avec quoi je suis d'accord, mais mon corps ressent la nécessité de bouger. Je ne peux rester en place. J'éprouve un besoin urgent de purifier la place, d'apporter des changements. Demain, j'irai acheter quelques trucs. Je m'offrirai quelques petits plaisirs. Je dois associer cet appartement à des souvenirs agréables, à des moments magiques. Présentement, il me rappelle ma fille sans relâche et c'est trop douloureux.

Tout ce que je désire, c'est de me sentir à nouveau à la maison. J'ai l'impression que la vie m'a jetée dehors de chez moi et je dois me réapproprier l'endroit sans délai pour y être à nouveau confortable.

Le soir venu, je me sens toujours aussi angoissée. Je prends un très long bain, histoire de me relaxer. Le moment est venu pour moi d'aller dormir. Je me glisse sous les couvertures et respire profondément. J'ai encore l'impression d'entendre le matelas de Naomy craquer sous son poids. Je me ressaisis et secoue la tête vigoureusement. Je trouve le silence de la nuit très pénible à supporter. J'entends chacune des respirations de Patrice à côté de moi. Il dort profondément. Comme j'aimerais être à sa place! Moi, je ne puis fermer les yeux, sous peine de voir revenir la douleur, atroce, intolérable.

Chaque fois, c'est la même chose. Je la vois étendue sur son lit d'hôpital. Je vois précisément la couleur indigo de sa peau. Son visage et son corps sont enflés. Je sens l'odeur ambiante et perçois sa souffrance. Je revis chaque seconde et ressens exactement la même détresse que lorsque j'étais à l'hôpital. Le mauvais film revient chaque fois que j'abaisse mes paupières pour essayer de dormir. J'entends le cri d'un enfant dans la pièce voisine. Je sursaute et me lève brusquement. Je cours devant la porte close et m'arrête subitement. Le retour à la réalité me frappe de plein fouet lorsque je comprends qu'il n'y a aucun enfant dans cette chambre. Je retourne au lit et m'allonge doucement pour ne pas réveiller Patrice. J'ai envie de crier, de hurler tellement je souffre. Je ne peux contenir mes sanglots ni endiguer mes larmes.

Je décide de me lever et d'aller prendre un verre d'eau. Je traverse le long corridor qui sépare la chambre de la cuisine. Il me semble plus étroit qu'à l'habitude. Mon regard croise un petit cadre de bois qui contient une photo de Naomy. Comme elle est jolie! J'ai pris cette photo la semaine avant son départ. On dirait qu'elle me regarde et qu'elle me sourit. Je lui rends son sourire et essuie la larme qui perle au coin de mon œil. Je dois aller dormir. Je caresse mon ventre et invite mon bébé à me suivre. Je dois combattre mes craintes, fermer les yeux et affronter mes pensées. Mais il est impossible pour moi de lâcher prise, ce drame m'envahit. C'est un horrible film, et ma fille en est la principale actrice. Comme j'en connais la fin, ça m'effraie à un point que je ne puis exprimer.

La mise en terre

C'est le printemps et le soleil est de plus en plus présent. Les journées s'allongent, la neige disparaît doucement. Nous devrons bientôt mettre Naomy en terre. J'appréhende le mois de mai. Ça me terrifie de devoir regarder de nouveau le minuscule cercueil blanc. Pour la première fois de ma vie, le printemps me donne envie de vomir. D'habitude, j'adore cette saison, j'aime l'odeur qu'elle dégage.

Le printemps est une renaissance, il nous fait revivre et nous sort de notre hibernation. Il nous réveille et nous fait sourire. Le printemps a habituellement sur moi des vertus magiques, mais pas cette année. Je l'ai en horreur. S'il est censé annoncer un renouveau, moi, il me donne l'envie de m'enfuir à toutes jambes. Je voudrais courir très loin, m'éclipser pour ne pas sentir l'odeur de la terre qui redevient molle et malléable sous mes pieds. Le dégel me rebute, me déplaît et me dégoûte. Je devrai voir cette petite boîte blanche, si précieuse et délicate, se faire ensevelir sous une tonne de terre grasse et sale. Je trouve ce rituel douloureux et ingrat, mais je ne peux pas y échapper. Nous aurions pu choisir de faire incinérer Naomy, mais j'en étais incapable. Il ne reste donc que l'inhumation comme avenue. Le soleil me tend la main et se fait rassurant. S'il peut être assez éblouissant, lors de cette journée, pour m'aveugler et que je ne voie rien. J'ai une impression de déjà-vu, comme si ma fille mourait une fois de plus.

Nous nous rendons au cimetière. La famille immédiate nous accompagne. Nous sommes très nerveux. Je ne sais pas trop à quoi m'attendre. Il y a plusieurs voitures dans le stationnement et beaucoup de gens sur place. Eux aussi doivent mettre en terre les personnes qui leur sont chères. Une dizaine de fosses ont été creusées. Je trouve ça désolant de voir tant de visages endeuillés. Nous avons besoin de figures réconfortantes en ces moments de souffrance, mais tout ce que nous voyons ici semble triste. La place exhale le malheur de toutes les façons possibles. Plusieurs âmes voyagent en même temps au-dessus de nous et les énergies qu'on sent dans l'air ambiant sont accablantes.

Chacun de ces morts a sans doute connu une fin différente de celle des autres. Certains sont décédés accidentellement, d'autres d'une maladie, d'autres encore par suicide, peut-être. Il y en a sûrement de tous les âges et ce sont des femmes ou des hommes. Est-ce que tout le monde ici a pu dire à l'être disparu qu'il l'aimait? Est-ce que celui qui est parti a eu la chance d'entendre ces mots tendres avant de quitter pour un monde que l'on dit meilleur? Je me demande si ceux qui restent et qui se tiennent là ont des remords. Et ont-ils réellement de la peine? Sont-ils sincères envers la famille endeuillée?

Le grand-père de Patrice doit aussi être mis en terre ce même après-midi. Comme si mon compagnon n'en avait pas déjà assez! Nous avançons vers le lot que nous avons acquis, et Patrice me serre contre lui. Rien ne peut nous séparer. Nos parents proches et plus éloignés nous entourent, mais ils laissent un espace entre eux et nous deux, comme s'ils sentaient que nous aspirons à être seuls un moment pour traverser l'épreuve de l'inhumation de notre fille. Nous baignons, lui et moi, dans une énergie commune pratiquement perceptible. Une force invisible, mais bien présente nous enveloppe et nous investit. Mes larmes sont intarissables. J'aperçois mon petit trésor blanc déposé sur un support de métal. Pourquoi est-il nécessaire de vivre ça? Pour que je fasse mon deuil, bien sûr, me répond ma petite voix intérieure. Est-ce possible de faire le deuil de son enfant?

Le curé arrive et nous tend la main. Il parle de Naomy et la louange. J'ai le regard vide et ne l'écoute pas réellement. Je fixe le tas de terre en me disant qu'il recouvrira le cercueil de ma fille. Je ne veux pas la laisser partir. Je réalise à cet instant que tout est vraiment terminé. Je ne la sentirai plus jamais contre moi. Je ne pourrai plus jamais l'embrasser. Je touche mon ventre, tout à coup horrifiée à l'idée de mettre au monde un enfant dans une vie remplie d'injustices. Un sentiment de vulnérabilité m'envahit et je me sens soudain fragile, comme si la vie se transformait en verre. «Aide-moi, explique tout à maman, Naomy, songé-je. Je veux comprendre ce qui m'arrive. Mes sentiments et mes idées se bousculent. Je m'en veux d'avoir voulu combler aussi rapidement le vide d'amour que tu m'as laissé en me quittant. Est-ce malsain ou égoïste d'avoir voulu un autre enfant? Je ne pourrai jamais te remplacer et j'en suis consciente. Je t'aime, mais ton corps n'est plus, il se fond déjà dans la terre. Te toucher, te sentir et t'embrasser me manquent tellement! Je ne sais pas si je vais bien, je me contente de suivre le courant. Je sens mon utérus se tordre de douleur lorsque je regarde aujourd'hui ton lit vers l'éternel. Est-ce que tu le perçois? Est-ce que tu as mal? Est-ce que tu ressens ma douleur? Parce que toutes ces émotions sont physiques. Je les ressens, les perçois et les vis. Je ne veux surtout pas courir de risque durant ma grossesse, mais, comprends-moi, j'ai peur de perdre cet enfant aussi. Elle m'est indispensable, cette passion innée et inconsciente que nous procure l'amour inconditionnel. Je ne sais pas si c'est égoïste de ma part, de vouloir retrouver cette plénitude, mais, si ça l'est, je l'assume totalement. Envoie-moi un message, un signe pour me réconforter. Montre-moi que tout va bien aller. S'il te plaît!»

Mon regard se tourne vers le cercueil et je reviens à moi. Patrice me demande si je tiens le coup. Mes genoux fléchissent. Je n'entends plus rien autour de moi. Je crois perdre connaissance. Patrice me prend dans ses bras, et nous nous assoyons par terre. Rassurant, il me dit:

— Il n'y a rien de plus fort que l'amour et il nous unit tous les trois. Naomy nous aidera à nous en sortir. Nous nous battrons ensemble, nous formons une équipe. Un ange veille sur nous… Elle est là. Je le sens et tu le sens aussi. Elle veille sur notre enfant et nous protège. Il faut le croire.

Je me noie dans ses mots et veux croire que c'est Naomy qui parle à travers lui. Le vent se lève, mais le soleil est toujours aussi radieux. Je sens le printemps qui m'imprègne de son odeur. Je quitte les lieux en tenant toujours Patrice par la main. Le stress est tombé.

Je sors du cimetière, mais une partie de moi y reste. Je laisse ma fille fusionner avec le printemps. Elle deviendra mon soleil, ma chaleur, ma sécurité. Elle me réconfortera lorsqu'il y aura des nuages. Je ne pourrai plus jamais sentir l'odeur du printemps sans penser à ma fille. Mon bébé, à l'intérieur de moi, m'accompagne dans ma reconstruction du bonheur. Nous le poursuivons ensemble. Même si j'ai l'impression qu'il ressent toute ma douleur, je sais qu'il pourra s'en sortir sans trop de blessures… Enfin, je le souhaite de tout mon cœur.

Ma planche de salut

Je m'accroche à cet enfant à naître comme à une bouée de sauvetage. Il me tient en vie. Sans lui, je ne sais pas où j'en serais aujourd'hui. Je dois passer une échographie cet après-midi. Je me demande de quel sexe sera le bébé. J'espère avoir réponse à ma question. Patrice et mes parents, de leur côté, sont inquiets. Ils ne me le disent pas, mais ils désirent au plus profond de leur cœur que ce soit un garçon, craignant que la venue d'une autre fille ne me replonge de plus belle dans mon cauchemar. Cette grossesse précipitée ne règle pas tout et mon deuil est encore loin d'être fait. J'ai encore l'impression que j'ai rêvé la mort de Naomy et je suis toujours en phase de déni. Ma mère pressent que si je porte une fille la coupure ne se fera pas. J'aurai naturellement tendance à la comparer avec Naomy.

Je dis souvent à ma mère:

—J'espère que le bébé va ressembler à Naomy. Si c'est une fille, je l'appellerai Noémia.

Mes parents n'aiment pas cette attitude. De plus, ils me trouvent très vulnérable, même s'ils ne m'en parlent pas de peur de me contrarier ou de me brusquer. Ils souhaitent fortement que je m'en aperçoive moi-même. Ils ont confiance en moi, mais restent néanmoins craintifs et anxieux.

Patrice m'accompagne à l'hôpital. Cet examen, sans doute, me confirmera que mon bébé est parfait et il apaisera mes peurs. Je me dis bien que Naomy veille sur cet enfant, que rien ne peut m'arriver, que je dois faire confiance. Il n'en reste pas moins que des doutes persistent malgré moi dans mon esprit. La vie m'a joué un bien vilain tour et je me méfie d'elle, à présent. J'ai éprouvé dans ma chair ce dont elle est capable.

Dès que l'examen commence et que mon bébé, cet être tout menu qui bouge à l'intérieur de mon abdomen, apparaît sur le moniteur, j'oublie tout, émerveillée. Les larmes me montent aux yeux. C'est bien vrai qu'il est là et, à partir de ce moment, le sexe m'importe peu. Cet enfant me comble déjà de son amour, et j'en suis aveuglée. J'entends en sourdine une voix qui s'adresse à moi, mais je ne lui réponds pas. Je suis prise dans cette boîte à images avec mon bébé. Patrice me prend la main et me demande si j'écoute ce que l'échographiste me dit. Je sors subitement de la lune et le regarde les yeux bien ronds.

—Vous allez avoir un beau gros garçon, madame, m'annonce-t-il. Il est très costaud. Félicitations!

Sur le coup, j'éprouve un pincement de déception qui m'arrache une larme. Allez savoir pourquoi, au plus profond de mon cœur, j'espérais probablement que ma fille vienne nous rendre visite une seconde fois. Que ce soit un garçon m'inonde de joie, mais me confirme du même coup que Naomy ne reviendra pas. Elle est une fille et ne peut être un garçon. Je réalise que cet enfant ne la remplacera pas, mais qu'il aura une personnalité bien à lui. Sa présence m'est un choc, mais je dois comprendre à présent que chaque être est unique et que je n'ai pas à hypothéquer émotionnellement cet enfant avant sa naissance.

Je suis fière de mon garçon. Déjà, il prend la place qui lui revient, et je le trouve courageux. Patrice a les yeux remplis de bonheur. Nous sommes enchantés et partons le cœur gorgé d'amour.

Ma mère est rassurée de m'entendre lui dire la chance que j'ai d'avoir en moi un petit garçon. Je lui confie ma prise de conscience. Soulagée, elle me met au courant des recherches qu'elle a faites pour m'aider à vivre l'attente de ce bébé le plus sainement possible.

Elle a lu sur le sujet, et ma grossesse prématurée après le décès de Naomy l'inquiétait beaucoup. Elle a appris que le syndrome du bébé de remplacement[2] existe réellement et que je présentais plusieurs des symptômes de cette affection. Son souhait s'est réalisé et elle est convaincue que Naomy y est pour quelque chose.

— Mon petit ange veille sur sa maman! conclut-elle.

Dans les yeux d'un enfant

Kristyna, ma filleule de trois ans, me demande :

— Marraine, tu as un bébé dans ton ventre… Est-ce que c'est Naomy qui va revenir me voir? Je m'ennuie de ma cousine, moi.

J'ai le cœur brisé. C'était son bébé et elle en raffolait, Kristyna. Je trouve bien ardue la tâche qui nous revient de lui expliquer la mort. Comment lui dire les bons mots? Que doit-on s'abstenir de lui raconter? C'est encore une petite fille, mais elle veut comprendre ce qui s'est passé. Je crois personnellement que, si elle pose la question, c'est qu'elle est prête à recevoir et à saisir la réponse.

— Oui, il y a bien un enfant qui grandit en moi, mais ce sera un garçon.

---

2. C'est généralement après une mort subite qu'on parle d'enfant de remplacement. Ce syndrome affecte les parents dont le deuil d'un premier enfant n'est pas résolu normalement avant la venue d'un autre enfant. L'absence de deuil influe sur le développement de l'enfant né ensuite. Il peut être perturbé, en particulier lorsqu'il est du même sexe que l'enfant décédé. Les parents, dans leur tête, ne parviennent pas à distinguer le second enfant du premier. Pour eux, il n'y a pas d'enfant de remplacement, mais bien deux enfants, l'ancien et le nouveau. Ils existent simultanément, et le nouvel enfant demeure, aux yeux de ses parents, sans possibilité d'existence propre.

Elle est surprise, comme si c'était impossible. Ça me fait bien rire de voir ses yeux émerveillés, mais son attitude exprime la déception. Je lui demande ce qui ne va pas.

— Si c'est un garçon, réplique-t-elle, ça veut dire que ce n'est pas ma cousine qui est dans ton ventre. Où elle est, Naomy?

Kristyna doit ressentir le même déchirement que moi. Je sais que c'est douloureux, mais elle doit savoir la vérité. Il ne faut pas mettre en doute la capacité des enfants de comprendre.

— Naomy, elle est au ciel avec les anges. Maintenant, elle a de petites ailes, elle aussi. Elle veille sur toi. Ce n'est pas ta cousine, qui est là, tu as raison. C'est un petit garçon qui grandit dans le ventre de marraine. Malheureusement, Naomy, tu ne pourras plus la voir et la serrer contre toi. Par contre, elle sera toujours dans ton cœur. Quand tu auras de la peine, tu pourras lui parler et elle sera toujours là pour te consoler. Il faut pleurer, Kristyna, lorsqu'elle te manque et que tu as mal. Tes larmes vont adoucir ton chagrin. Tu dois nous poser toutes les questions qui te trottent dans la tête. Ne garde pas ta tristesse à l'intérieur de toi… Et j'ai une surprise à t'annoncer. Tu recevras un cadeau de plus à Noël. Marraine va t'offrir le plus gentil des petits garçons.

Son regard s'adoucit et elle a l'air soulagée.

— Veux-tu venir avec moi et maman au cimetière, porter des fleurs à Naomy? demandé-je.

Elle me répond oui en criant et en sautant. Elle est heureuse et se sent concernée, à présent. Pour elle, c'est un privilège de nous accompagner.

Je ne suis pas retournée au cimetière depuis la mise en terre et je me sens un peu anxieuse à l'idée d'y remettre les pieds. J'essaie de voir la vie à travers les yeux d'un enfant; ça a l'air bien plus facile si je regarde Kristyna. Elle gambade et sautille. Pour elle, le bonheur est là, maintenant, tout de suite, car elle va voir sa cousine. Je lui ai pourtant expliqué qu'elle ne la verrait pas en réalité, qu'elle ne verrait que la pierre tombale, une grosse roche, en fait, sur laquelle sont inscrits le nom de Naomy et toutes les informations qui la concernent. Mais je me sens incapable de lui dire qu'elle y est inhumée; je trouve ça macabre et je crains que d'imaginer qu'on a fait ça à sa cousine ne la bouleverse trop. Je ne me fais pas à l'idée qu'une si petite fille pourrait concevoir une telle chose. Elle me regarde et me dit:

—Je sais, marraine, que je ne la verrai pas. C'est normal, elle est dans mon cœur. Nous allons lui porter des fleurs et elle sera contente... Tu as de la peine, marraine? Je suis là.

Elle s'approche de moi et me serre contre elle. Je la trouve courageuse, forte et émouvante. C'est probablement ce geste banal qui me donne la force de passer la grande barrière.

Nous entrons dans le cimetière. Kristyna sautille et explore les alentours. Perplexe, elle regarde partout et réalise que marraine a eu raison. Il n'y a personne ici, surtout pas un enfant. Elle se remet à se dandiner. Elle doit se dire que ce n'est pas si dramatique. Après tout, je l'avais avertie.

Je continue à l'observer en me disant que j'aimerais bien avoir le tiers de son courage. Tout à coup, elle s'immobilise. Je la vois regarder droit devant elle. Son attention semble attirée par quelque chose. Qu'est-ce qu'elle peut bien faire? Elle se penche, ramasse les fleurs de plastique tombées par terre et les dépose dans le petit vase collé sur une pierre tombale juste à côté. Je trouve son geste délicat, typique d'une petite fille. Par contre, son regard affronte encore le vide. Elle se redresse et répond naturellement:

— De rien, ça me fait plaisir!

Comme si cette mascarade était normale, elle se retourne et repart à l'aventure. Nathalie, la mère de Kristyna, observe ma réaction pour s'assurer qu'elle n'a pas imaginé ce qu'elle a vu. J'ai aussi le réflexe de la regarder. Je lui demande de me confirmer que ce qui vient de se passer était bien réel. Nous sommes bouche bée. Nathalie a l'air horrifiée à l'idée que l'enfant ait pu être témoin d'un phénomène paranormal et elle s'empresse de suivre sa fille, qu'elle ne veut plus laisser seule. Je lui emboîte le pas en riant. Moi, ça ne m'affole pas du tout. Ça me trouble, mais je reste confiante, car elle n'a pas eu peur. L'idée que tout n'est peut-être pas terminé lorsque quelqu'un décède me rassure et me touche. J'en étais déjà persuadée, mais cet événement me le confirme un peu plus, c'est tout.

Nous poursuivons la petite aventurière. Comme elle n'est pas venue au cimetière depuis la mise en terre de Naomy, elle ignore où se trouve sa pierre tombale. Cependant, l'endroit lui est familier, car elle vient fréquemment s'y promener en compagnie de sa grand-mère, qui lui explique qu'il faut rendre souvent visite à nos disparus. Elle s'aventure vers le terrain de Naomy. Nathalie me regarde et me demande si tout va bien. Je lui confirme que oui et nous suivons la petite. Lorsqu'elle se trouve au-dessus de la tombe de sa cousine, elle penche la tête et fixe le sol. Elle lève le menton vers moi et me regarde droit dans les yeux en disant:

— Marraine, Naomy a tellement de beaux yeux!

Elle semble émue et perplexe, comme si elle l'avait vue. Je pleure et n'en reviens tout simplement pas. Est-ce qu'un enfant de trois ans peut imaginer de telles choses? Pourquoi inventerait-elle de pareilles histoires? Nathalie n'est plus effrayée, mais elle a les yeux inondés de larmes. Elle paraît bouleversée.

Kristyna continue son chemin le plus naturellement du monde. Nathalie et moi demeurons immobiles au milieu du cimetière. Nous sommes subjuguées. Est-ce que les enfants ont une plus grande sensibilité à la présence des disparus? J'aime bien le croire. Ce qui vient de se produire me rassure, apaise ma douleur et calme mes peurs. Un soulagement immense m'envahit de savoir que même après sa mort l'expression des yeux de Naomy est toujours aussi remarquable. J'aurais voulu prendre la place de Kristyna et pouvoir profiter du plus infime moment de sa présence, sentir son souffle pendant quelques secondes. J'envie cette enfant de trois ans, j'en suis profondément jalouse. Naomy a donné à Kristyna une permission exclusive, un privilège qui, sans doute, m'est inaccessible. Ma filleule tient mon bonheur entre ses mains et je sais qu'elle voudrait bien partager ce qu'elle a vécu avec moi. Je ne peux lui en vouloir. Peut-être que je n'aurais pas supporté de voir Naomy et de ne pas pouvoir la toucher.

Nous déposons les fleurs, et je m'assieds par terre en ayant le sentiment de me trouver près d'elle. Je respire à pleins poumons et laisse sortir l'air furtivement pour me calmer, car je suis toujours bouleversée par le phénomène dont j'ai été un témoin aveugle. Finalement, je dois me rendre à l'évidence, je ne peux prolonger ma présence en ces lieux. Je me lève et, Nathalie et Kristyna sur les talons, je quitte le cimetière rapidement en ayant comme chaque fois l'impression d'y laisser une partie de moi. Je me glisse dans la voiture et je tremble. J'entends mon cœur qui bat à tout rompre. Est-ce que la douleur diminuera un jour? Est-ce que la plaie finira par cicatriser un tant soit peu? Je m'épuise, à souffrir ainsi sans jamais connaître de répit.

Une surprise peu agréable

Je me rends à l'hôpital pour subir des examens de routine. Je me sens de plus en plus à l'aise de fréquenter cet établissement. Par contre, quelques peurs nouvelles se font jour en moi. Ainsi, je me surprends à ressentir de l'anxiété lorsque je ne me lave pas les mains fréquemment. Je n'ai surtout pas envie d'attraper quoi que ce soit; il faut être prudent lorsqu'il s'agit de bactéries, je sais de quoi je parle. Le milieu hospitalier me paraît redoutable à cet égard et je traque sans cesse ses possibles empreintes sur mes mains.

Une fois les tests effectués, je ne traîne pas et quitte l'hôpital sans délai. Passé la porte, le soleil chaud de juin me frappe en plein visage. J'adore sentir sur ma peau ses puissants rayons. Je marche lentement vers ma voiture afin d'en profiter le plus possible.

Je ne vois pas très bien devant moi, éblouie par la lumière, mais quelqu'un attire mon attention. Je plisse les yeux et reconnais Patrice qui s'avance vers moi. Un bref moment de panique me retourne le sang. Pourquoi vient-il me rejoindre ici? Je n'aime pas beaucoup ça; ce n'est pas dans ses habitudes. Son visage me laisse croire qu'il s'est produit quelque chose.

— Est-ce que tout va bien? questionné-je.

Il me fait signe que oui, mais je ne le crois pas. Je connais cet air qu'il arbore et je sais quand il est contrarié.

— Je voulais juste venir te rejoindre. Je voulais savoir si tout s'était bien passé.
— Tu ne me dis pas la vérité! répliqué-je, inquiète et impatiente. Qu'est-ce qui te tracasse?

Il se met à bégayer et me tend une enveloppe. Perplexe, j'en retire la feuille qui se trouve à l'intérieur et ce que j'y lis me jette par terre. C'est une mise en demeure. Un individu que je ne connais pas exige que nous exhumions le corps de notre fille d'ici une semaine, prétendant qu'il aurait été enterré sur son terrain. Si nous ne nous exécutons pas dans le délai qu'il nous signifie, il nous poursuivra en justice. Est-ce que j'ai bien lu? Ce n'est pas possible, une pareille histoire!

Patrice est désolé d'avoir dû m'annoncer la chose de cette manière, mais le temps presse et il nous faut prendre des dispositions. Je m'accroupis sur le sol et applique mes mains sur mon ventre. Malgré le soleil chaud de juin, je frissonne de tout mon corps. Qu'allons-nous faire?

Patrice s'installe à mes côtés, et nous regardons le vide sans savoir quoi penser. Est-ce que le malheur va finir par nous foutre la paix? Je sens au creux de mes mains mon petit garçon qui bouge. Il me console et me fait sourire. Il joue un grand rôle auprès de moi. Il est précieux, ce trésor enfoui dans mon utérus. Patrice tend la main vers moi et la pose à son tour sur mon ventre. Un sourire lui vient, à lui aussi, qui retrousse le coin de sa bouche. L'espoir renaît. Nous pouvons encore surmonter cette épreuve.

Un épisode révoltant

Nous prenons rendez-vous chez l'entreprise funéraire avec laquelle nous avons fait affaire lorsque nous avons acheté notre lot, pour en savoir plus au sujet de ce papier de malheur. Le cimetière, en effet, appartient à la Fabrique de la paroisse Saint-Michel, dans le secteur Mistassini, mais c'est l'entreprise de pompes funèbres qui en assure la gestion. Le propriétaire nous accueille, visiblement nerveux et inconfortable. Il joue avec un trombone sans arrêt.

— Je suis vraiment désolé de ce qui vous arrive et des désagréments que cela va vous causer, nous dit-il. Mais je crains fort qu'il n'y ait rien à faire. Le plaignant est malheureusement dans son droit.

Évidemment, cette réponse ne nous satisfait pas et nous le pressons de nous fournir des explications plus consistantes. Il commence par bafouiller quelque chose que nous ne comprenons pas, après quoi il s'arrête, respire profondément et reprend sur un ton plus posé :

— Partons du début; c'est une affaire assez compliquée. L'homme avec qui vous avez un litige a fait avec nous un arrangement funéraire préalable un certain temps avant que vous ne veniez nous rencontrer pour acquérir un lot. Dans un premier temps, il avait acheté un espace pour quatre adultes et y avait fait placer un monument funéraire, qui a cependant été déposé de manière à être décentré par rapport au lot et à empiéter sur la droite, c'est-à-dire vers celui que vous avez choisi par la suite. Lorsqu'il s'est rendu compte de la chose, plutôt que de faire déplacer son monument, il a préféré acheter la parcelle voisine et a signé en conséquence le contrat en bonne et due forme. Mais la secrétaire, malade ce jour-là, a oublié de noter sur le plan que le lot n'était plus disponible.

« Lorsque vous êtes venus nous voir par la suite, nous avons identifié ensemble un espace qui vous plaisait et qui semblait libre. Nous avons complété les formalités de la transaction, mais avons omis de vous faire signer les contrats.

« Une fois votre bébé inhumé, le premier acquéreur est passé voir son terrain et il a été sidéré en constatant qu'une fosse y avait été creusée et qu'un enfant l'occupait. Bien sûr, il est dans son plein droit de le réclamer, étant donné que toutes les procédures ont été suivies correctement dans son cas et que l'arrangement qu'il a pris avec nous est antérieur à la vente que nous avons conclue avec vous en raison d'une erreur. En plus, nous ne pouvons produire la preuve que ce lot vous appartient. Vous ne pouvez savoir à quel point nous sommes désolés! Mais cela ne change rien, cet homme tient mordicus à récupérer son terrain. La solution la plus facile est d'exhumer le corps de votre enfant et d'effectuer le transfert dans un autre emplacement. »

A-t-il réellement dit que c'était la solution la plus facile? Pour lui, peut-être. Dans notre cas, ce qu'il nous offre paraît insensé.

—Je veux voir le plan, lui dis-je.

Sur l'immense feuille qu'il déroule devant nous, il nous indique du doigt l'endroit où se situe le litige.

— Est-il normal que notre opposant ait un terrain aussi grand?
— Comme je vous l'ai expliqué, l'acquisition s'est faite en deux temps à cause d'un malentendu au moment de l'installation de la stèle funéraire. Son lot peut maintenant contenir six adultes, puisque le vôtre est prévu pour deux. Votre fille étant placée en travers, à la base du terrain, à trois pieds de profondeur seulement, il aurait été possible d'y ajouter deux cercueils.
— Sans doute prévoit-il faire enterrer ses enfants avec lui, dis-je.

Notre vis-à-vis est manifestement très embarrassé lorsqu'il me répond qu'en réalité il n'a besoin que de deux places, que son lot est présentement inoccupé et que le problème vient vraiment du monument funéraire décentré en raison d'une mesure erronée du terrain. Pour une question simplement esthétique et pour éviter d'avoir à déplacer la pierre tombale, il a été convenu de régler le problème en ajoutant un lot supplémentaire, complètement inutile, au terrain initial. Je sais pour ma part que ce cimetière est trop petit pour les besoins et qu'on y économise l'espace au maximum. Je suis renversée qu'on en soit venu à cette solution. On me ferait exhumer mon enfant pour satisfaire les caprices d'un vieil emmerdeur?

— Êtes-vous conscient de ce que vous nous demandez? Il y a seulement un mois que nous avons mis notre fille en terre. Tout ça n'est pas notre faute et je ne vois pas pourquoi nous aurions à en assumer les conséquences. Je comprends que cet homme a été surpris de retrouver quelqu'un enterré à sa place, mais ne peut-il pas comprendre que c'est le corps de notre fille, qui s'y trouve? Ce n'est pas notre choix, ni un caprice, comme pour lui. Cette accumulation d'erreurs de votre part est d'une extrême gravité et je suis très en colère. C'est nous qui devrions vous poursuivre en justice pour nous faire vivre de telles émotions. Vous travaillez avec des personnes éprouvées et endeuillées. Nous vous livrons le corps de notre enfant pour que vous en preniez le plus grand soin, nous vous faisons confiance et voilà ce qui arrive! Comprenez-moi, je n'ai pas à vivre ça en plus de tout ce qui m'est advenu au cours des derniers mois. Nous avons eu notre content d'épreuves, Patrice et moi... Pour le moment, je ne vous autorise à poser aucune action. Nous devons prendre le temps de réfléchir et décider de ce qu'il y a de mieux pour notre fille... Au fait, on ne pourrait pas faire déplacer la pierre tombale et racheter à cet homme sa partie de terrain? À vos frais, naturellement! Il me semble que ce serait un bon compromis: il lui resterait quatre places pour deux personnes.

— Cette solution semble évidente, qu'on me répond, mais le propriétaire du terrain n'est pas malléable et il est bien décidé à faire valoir son droit. Il est prêt à tout pour ça et il a le moyen d'engager des procédures judiciaires.

De mon point de vue, cet homme est un monstre. Je suis enceinte de trois mois, ma sensibilité est exacerbée et je suis peu disposée à la patience et à la compréhension des tocades injustifiées. Il a lui-même des enfants, ce type! Comment peut-il être à ce point sans cœur et dépourvu d'humanité? Je me découvre une capacité de haïr que je ne me connaissais pas. Pourquoi ne veut-il pas faire de compromis avec nous, ni même nous parler, sauf par avocats interposés? Je suis prête à payer pour qu'on laisse ma fille en paix.

— Vous devez prendre une décision rapidement, ajoute notre interlocuteur au moment où nous nous apprêtons à quitter. Pour procéder à l'exhumation d'un corps, il faut obtenir un permis et cette procédure peut prendre des mois.

J'appréhende de revoir le petit cercueil blanc de ma fille. Sera-t-il endommagé? Y a-t-il un danger de le fracasser en le retirant du sol? Et s'il faut autant de temps pour avoir un permis, dans quel état sera-t-il?

Je veux qu'on laisse ma fille tranquille, que son corps repose en paix. Je ne peux pas les laisser faire. Je vais me battre. Ils ne la déterreront pas. Je ne veux pas prendre le risque d'endommager son lit de repos éternel.

Quelques jours passent. Nous allons rencontrer les personnes responsables à nouveau afin d'essayer de trouver un arrangement satisfaisant pour toutes les parties. Cette seconde rencontre a lieu au presbytère, en présence du curé de la paroisse Saint-Michel. Lui aussi cherche la solution qui va faire le moins de vagues possible. Je pars bien préparée, prête à faire face si nécessaire et déterminée à tout faire pour que notre bébé dorme en paix. Si je souhaite que nous trouvions une solution, je n'entends pas faire de compromis inacceptables.

— Nous avons peut-être la solution à notre problème, nous dit le propriétaire de l'entreprise funéraire. Comme préalable, je vous signale que des démarches ont été faites auprès du plaignant dans cette affaire et qu'il ne veut pas prendre le risque d'endommager son monument funéraire en le déplaçant.

Cette attitude me semble inqualifiable. La pierre

tombale est donc plus importante que le défunt dont elle signale la présence… Il poursuit :

— Comme il est très compliqué et difficile de se procurer un permis d'exhumation, voici ce que je propose. Le terrain qui se trouve au bout du vôtre est libre. Comme votre fille n'est enterrée qu'à trois pieds de profondeur, nous pourrions creuser, à ses côtés, une tranchée en pente légère qui irait rejoindre l'autre terrain, à six pieds de profondeur. Ainsi, nous n'aurions qu'à glisser délicatement le cercueil jusqu'à son nouvel emplacement, sans le soulever. Étant donné que nous ne le retirerions pas de la fosse, le risque de l'endommager serait minime et, en plus, nous n'aurions pas besoin d'un permis d'exhumer. Si vous acceptez ce scénario, croyez bien que nous mettrons tout en œuvre pour que les travaux soient faits dans le respect de votre fille. Nous comprenons votre préoccupation dans ce sens et nous y souscrivons entièrement.

Je regarde Patrice qui semble rassuré. Cette solution lui agrée manifestement. Il pose quelques questions de précision et prend soin de me demander si je suis d'accord. De mon point de vue, l'idéal aurait été de ne toucher à rien, mais il semble que nous n'ayons pas le choix, et ne pas avoir à attendre me paraît avantageux dans les circonstances. Selon l'entrepreneur de pompes funèbres, le cercueil a toutes les chances d'être encore en parfait état. Étant de très bonne qualité, il devrait durer une vingtaine d'années et l'inhumation ne date que d'un mois. Je n'en reste pas moins sceptique à ce sujet.

« Ne perdons pas de temps, que je me dis. Tout ça sera de l'histoire ancienne dans une semaine ! » Les fossoyeurs procéderont dès le samedi suivant. Patrice affirme avec vigueur qu'il tient à être présent au moment de l'exécution des travaux, pour s'assurer que tout se déroule comme promis. Moi, je ne tiens pas à être là; tout ça m'angoisse trop. J'irai lorsque le déplacement aura été effectué. On promet à Patrice de l'appeler vers 9 heures pour qu'il se rende sur place avec les ouvriers.

Le samedi, nous nous levons très tôt et je me fais belle pour ma fille. La tension dans notre appartement est tout près d'être intolérable. Il est 8 h 30; Patrice fixe le téléphone. Il est plus que jamais résolu à assister aux travaux et je le trouve très courageux, moi qui en serais incapable. Mes parents arrivent pour me tenir compagnie jusqu'à 11 heures. À 8 h 55, le téléphone n'a toujours pas sonné. Y a-t-il eu un pépin qui les a mis en retard? On ne peut tout de même pas l'avoir oublié. Il a exigé d'être présent, et sans ambiguïté. Après l'erreur qu'ils ont commise, s'ils ne respectent pas leur parole, ils sont mieux d'avoir une bonne excuse.

9 h 15, le téléphone ne sonne toujours pas. Patrice s'impatiente. Il prend ses clés et, inquiet, il décide d'aller voir ce qui se passe.

Environ trente minutes plus tard, je le vois par la fenêtre qui tourne le coin de la rue. Pourquoi revient-il? À peine a-t-il franchi le seuil qu'il se met à jurer comme un charretier en invoquant à peu près tous les saints du ciel.

—Lorsque je suis arrivé là-bas, m'explique-t-il, la machinerie était là, mais immobile. Ils ne doivent pas avoir commencé, me disais-je, mais plus je m'avançais, plus je réalisais qu'au contraire les travaux étaient terminés. Je me demandais pourquoi ils ne m'avaient pas téléphoné. Mais ce n'est pas le pire: ils n'ont pas effectué les travaux comme ils l'ont promis. Ils ont creusé un trou au-dessus du cercueil de Naomy qu'ils sont allés déposer dans le charnier. Là, ils l'ont emballé dans un plastique et ont creusé la seconde fosse dans le terrain voisin. Ces salauds ont exhumé le corps de notre fille sans permis et sans la moindre autorisation de notre part. On l'a trimbalé d'un endroit à un autre. J'ai demandé au gars qui était là pourquoi on ne m'avait pas téléphoné. Il m'a répondu qu'il n'avait pas de consigne dans ce sens et qu'il n'avait fait que son travail. Il attendait le responsable des pompes funèbres et le curé d'un moment à l'autre. Il voulait que je les attende avec lui, mais j'étais trop furieux. Ils n'ont pas respecté leur engagement, ils ont profané le corps de notre fille!

Je reste sans mots. Bien sûr, il ne s'agissait que de nous faire taire. On nous a menti sans vergogne, on nous a trahis, au mépris même de la loi. J'ai mal au ventre. Ces ouvriers ont transporté de leurs grosses mains sales le coffre au trésor blanc, souillé de terre noire. Ils l'ont trimbalé d'un endroit à un autre, probablement sans trop de précautions. Ils l'ont couvert d'un plastique, assurément disgracieux, qui effacera dans ma mémoire l'image d'un lit douillet pour mon enfant adorée. Les milliers de craintes que j'éprouvais sont revenues en force. Ont-ils endommagé le cercueil? Ils ne me le diront certainement pas après ces manœuvres inavouables. Je croyais que seul l'homme à l'origine du problème était un sans-cœur, mais je me rends compte que l'humanité entière a du chemin à faire lorsqu'il s'agit de compassion.

Nous partons pour la cérémonie, une vive amertume en bouche. C'est la troisième fois que nous disons adieu à notre fille et j'en ai assez. J'ai envie de dire ma façon de penser à tous ces tartufes, mais je m'abstiendrai par respect pour mon bébé. Je m'approche de la fosse creusée pour elle et m'aperçois que le cercueil y est déjà. Ils l'y ont mis avant notre arrivée.

Les fleurs qui ornaient le sol au-dessus de ma fille sont écrasées, piétinées, irrécupérables. Je m'effondre à genoux devant l'image insupportable du cercueil de ma fille six pieds sous terre. On ne peut pas montrer ça à de pauvres parents éplorés, déjà anéantis par la mort de leur enfant. J'ai envie d'y sauter et d'aller la rejoindre.

Le curé s'approche de nous. Il ose affronter mon regard noyé de larmes. Je me relève, passe près de lui et chuchote à son oreille :

— Pour ma fille, parce que nous sommes devant son cercueil, je ne ferai pas de scène. N'empêche, vous êtes des monstres! Sachez que je vous en voudrai le reste de mes jours!

Il regarde par terre, sachant qu'il a perdu notre confiance sans retour. Peut-être a-t-il honte. Mais pourquoi ont-ils agi ainsi? En fonction de quel enjeu sournois? Je ne le demanderai probablement jamais. J'ai assez de peine pour le moment, je ne veux pas en rajouter. Je ne veux plus connaître les motifs de leurs gestes cruels ni gratter ma plaie. Je dois apprendre à vivre avec cette image.

Un homme attire mon attention. Il regarde l'endroit où Naomy était enterrée. Il a un air très froid et ne montre aucun intérêt pour ce qui se passe autour de lui. Soudain, il lève la tête vers moi, se retourne et marche vers le responsable du cimetière. Il lui parle en faisant de grands gestes dans notre direction. Je comprends à cet instant qu'il s'agit de l'individu qui nous a envoyé la mise en demeure. Qu'est-ce qu'il fait ici? Je m'approche furtivement et surprends leur conversation. Mon indiscrétion est pardonnable, puisque l'homme parle très fort comme s'il voulait que je l'entende. Il exige en pointant le doigt vers le sol qu'on remette au plus vite son terrain en bon état. Quel culot il a, de venir nous relancer jusqu'ici! Sa méchanceté, à ce que je vois, se double d'une odieuse effronterie. Outrée, je m'avance vers lui d'un pas plus rapide en soutenant son regard qui ne m'impressionne pas. Arrivée à sa hauteur, je lui dis, toujours dans un murmure respectueux de la tombe de ma fille :

— Fichez-nous la paix et ayez au moins un minimum de respect pour mon bébé. Partez, sinon je vais vous frapper… Quittez les lieux immédiatement!

Soulagée de lui avoir dit son fait, je retourne retrouver les miens. Avant de quitter l'endroit, je ramasse les fleurs de Naomy qui traînent sur le sol. Je me sens comme elles, écrasée et fanée. Je voudrais être ailleurs avec mon enfant défunte, voler avec elle, jouer sur les nuages. Je prends la décision de revenir le jour suivant lui porter des fleurs dans la matinée.

Le lendemain, ma mère veut bien m'accompagner au cimetière. J'ai acheté un joli rosier dont la délicatesse me rappelle Naomy. La terre est encore humide et recouvre le terrain complètement. La fraîcheur du gazon me donne quelques frissons. Il est tôt et la rosée perle toujours sur le sol. Je plante le rosier près de la pierre tombale. Sa beauté illumine l'endroit et le rend moins déprimant. Il dissimule la cicatrice que cette fosse, qui contient mon trésor blanc, a laissée sur cette parcelle de terre. Il réussit à me faire sourire. Pour un instant, j'aime la vie, moi que chaque petit bonheur nourrit. Je perçois et goûte l'odeur incomparable des roses. Elles sont belles comme mon petit ange. Ma mère me regarde sans dire un mot. Soudain, un énorme monarque se pose sur mon épaule, émouvant de beauté.

Je n'ai qu'un sursaut devant sa familiarité. On dirait qu'il veut me dire quelque chose. Lorsque je fais mine de quitter les lieux, le papillon se met à voler autour de moi comme s'il refusait de me laisser partir. Il atterrit de nouveau sur moi, sur ma main cette fois. Je le caresse et l'examine. Ma mère est sérieusement impressionnée.

— Te souviens-tu, maman, du film dans lequel un médecin perd une collègue de travail, alors qu'elle vient de lui confier qu'elle aimerait se réincarner en papillon pour voler, libre comme lui? Après son décès, alors qu'il la pleurait, un joli monarque était venu se poser sur lui.
— Bien sûr, que je m'en souviens! J'y pensais justement.

C'est magique et nous ne pouvons empêcher nos yeux de se remplir d'eau. Le papillon continue de tourner autour de moi. Il virevolte et se pose sur mon nez. Je peux le toucher et le déposer où j'en ai envie, il me suit partout et m'accompagne jusqu'à l'auto. Je confie à ma mère:

— Maman, je ne sais pas ce qui se passe, mais je me dis que c'est ma fille qui m'offre un câlin. C'est comme si je sentais sa présence. Je me dis surtout que tout ne se termine pas avec la mort. Si je m'invente des histoires, c'est tant pis. Mais ça me fait tellement de bien de savoir Naomy libre, belle et sereine. Regarde ce papillon! Il me suit partout où je vais. Si je tourne, il change de direction. Si je cours, il se précipite sur moi. Ma fille me manque terriblement et je crois qu'elle me transmet un message… Je dois partir, papillon. Envole-toi et surtout reviens me visiter… J'attends et j'espère un clin d'œil.

Il s'envole vers le ciel et les nuages. Le temps est merveilleux et l'air est chaud. Le soleil de juin me fait plisser les yeux et chauffe doucement la peau de mon visage. Mon fils se rappelle à moi d'un coup de pied réconfortant. Un ange veille sur lui, je n'en doute pas à cet instant. En quittant le cimetière, j'ai moins l'impression d'y laisser une partie de moi. Ce papillon est libre, il peut voler où bon lui semble. Lui aussi peut sentir les rayons exquis de l'été. Pour une première fois depuis plusieurs mois, je me sens épanouie. Il est encore possible d'être heureuse… Je le serai!

CHAPITRE 4

La prochaine étape

Les sacs verts

Dans les jours qui suivent nos démêlés avec le gestionnaire du cimetière, Patrice et moi consultons un avocat pour savoir si les manœuvres douteuses du curé et de l'entrepreneur de pompes funèbres peuvent ouvrir la porte à des poursuites judiciaires. On nous confirme que c'est en effet le cas. L'exhumation sans permis, en particulier, ne peut être mise sur le compte de l'erreur et elle est passible de sanctions. Mais l'avocat nous décourage bien vite de porter plainte en nous entretenant des délais nécessaires pour qu'une action aboutisse et en estimant devant nous les coûts que nous devrons éventuellement encourir pour obtenir justice. Nous n'avons carrément pas les moyens de nous engager dans cette avenue, alors que Patrice est toujours aux études et que je me prépare à une nouvelle maternité. De toute façon, les événements font partie du passé et la mémoire de notre fille n'a rien à gagner dans des avocasseries interminables.

Ma grossesse se déroule à merveille. Je suis de retour à une vie un peu plus normale. Mon ventre grossit à vue d'œil. L'été est chaud et le décor, à l'extérieur, est superbe. Je remercie le ciel chaque matin de me laisser contempler une telle beauté. La chaleur de cette saison m'apaise et me détend, même malgré cette gigantesque bedaine qu'il me faut trimbaler partout. Lorsque les rayons puissants du soleil me forcent à plisser les yeux, l'effet est magique. Cette saison me rend ma bonne humeur.

Je m'accroche toujours au bonheur que me procure cet enfant à l'intérieur de moi. Il fait battre mon cœur et me fait aimer la vie. Sans lui, je ne sais pas dans quel état d'esprit je serais. J'en suis à plusieurs mois de grossesse.

J'ai un peu le cafard, aujourd'hui. Pour me changer les idées, je décide de faire l'inventaire de ce que je possède déjà pour le bébé et de dresser la liste de ce que je dois acheter. Je lave de minuscules pyjamas bleus et me dis en examinant mon ventre qu'ils ne lui feront jamais. Ces vêtements sont bien trop petits. Je souris et porte le tissu à mon nez pour le sentir longuement. De prendre un bébé dans mes bras me manque beaucoup. Coller ma joue contre le doux visage d'un enfant et respirer son odeur, quelle sensation unique! J'ai hâte de plonger mon nez dans le cou de mon fils. La douce fragrance que dégage un bébé, il n'y a rien qui égale ça.

Je touche mon ventre. J'ai peur de le perdre, lui aussi. Je crains qu'il ne nous arrive encore malheur. La venue de cet enfant me cause de l'anxiété et j'ai beaucoup de difficulté à gérer mes émotions. C'est sans doute normal, après ce qui m'est arrivé, sans compter que la grossesse est une étape pendant laquelle on se pose des milliers de questions. Sera-t-il en santé? Est-ce que mon accouchement va bien se dérouler? Et si je meurs, mon enfant n'aura pas de maman; qu'est-ce qui va se passer?

Je tremble et mon corps devient fébrile, il vibre de partout, en proie à la douleur. La vie ne tient qu'à un fil, j'en ai fait l'expérience. Je prends ma tête entre mes mains. Je dois me ressaisir. Je respire profondément et me rassure en me disant que ça ne peut pas arriver deux fois. Une tragédie, c'est bien assez. Comme je suis étourdie, je reste par terre un instant. Lorsqu'enfin je reprends mes esprits, je me relève et regarde les vêtements de bébé qui recouvrent la sécheuse.

Je ne suis toujours pas retournée dans la chambre de Naomy. Je devrai y aller bientôt, c'est sûr, mais j'appréhende le vide que je vais y trouver. Cette pièce est pourtant remplie de choses porteuses de souvenirs. J'y retrouverai les vêtements de mon ange, ses doudous et ses peluches. Mais pas ma fille. La place sera remplie d'émotions et de souffrance. J'ai mal au cœur juste à passer devant la porte. Mais il faut que j'y aille. Je dois me préparer à la venue du bébé et lui assurer une chambre confortable et douillette. Et je ne veux pas avoir mal au ventre toutes les fois que j'y entrerai pour consoler mon garçon. Il ne doit pas avoir à supporter mon malaise, à souffrir lui aussi de ma peine, ce pauvre trésor endormi, blotti contre moi dans un nid agité et orageux.

Tout ce qui concerne la maternité et les soins d'un bébé ont été entreposés dans la chambre de Naomy et je dois me résigner à y entrer. J'appelle ma mère et lui demande si elle veut bien venir me retrouver. Plutôt mal à l'aise, je lui explique que je suis prête à aller dans cette chambre, mais que je n'y arrive pas toute seule, que j'aurais besoin d'un peu d'encouragement, du réconfort de quelqu'un.

Ma mère m'assure que ma réaction est bien normale. À plusieurs reprises, déjà, je lui ai parlé de mon indécision lorsqu'il s'agit d'entrer dans cette chambre et elle sait que c'est un moment qui m'effraie beaucoup.

— Il te faut prendre le temps de bien vivre ce moment, de respirer et de ne pas brûler les étapes, me dit-elle.

Elle est sûrement surprise de mon appel, mais elle m'assure qu'elle s'amène à l'instant. Je suis bien décidée à ce que son intervention serve à quelque chose.

Avec une larme qui perle au coin de mon œil, je prépare quelques sacs verts qui me serviront à vider les tiroirs. Est-ce que c'est ça, bien vivre ce moment et ne pas brûler les étapes? Au point où j'en suis, je n'irai sûrement pas dans la chambre pour y pleurer tout l'après-midi. J'en ai assez des sanglots, j'en ai assez d'avoir mal. C'est le bébé qui est important. Je prendrai soin de moi plus tard. Mon visage est aussi froid que de la glace. Je ne laisserai rien paraître. Ma mère serait inquiète de me voir effondrée et elle aurait peur de me laisser seule par la suite. Je dois me tenir debout et être forte.

En arrivant, ma mère me demande comment je vais, ce à quoi je lui réponds que tout est pour le mieux, ce qui est faux. Je suis effrayée et mes extrémités sont si engourdies que je ne les sens plus. À la limite de la paralysie, j'ai du mal à avancer. Même si je sais que ma mère connaît la vérité, je suis incapable de lui avouer cette panique qui m'envahit, de lui dire que je manque d'air et que j'ai envie de lui hurler que je ne peux pas pénétrer dans la chambre de ma fille. Au lieu de cela, je lui souris. Je sais qu'elle souffre de me voir malheureuse et je ne veux pas la blesser encore plus. Je pose ma main sur la poignée et la tourne doucement.

Je ne vois plus rien de la réalité. Un film se déroule dans ma tête. Je me rappelle lorsque je suis revenue de l'hôpital avec ma fille à peine née. Je l'avais couchée dans son lit qui me paraissait bien trop grand. Comme elle était belle! Je me revois choisir ses vêtements pour la journée, la changer de couche, lui mettre de la crème après son bain. Je peux percevoir l'odeur des produits pour bébé, suivre le déroulement exact des soins que je donnais à Naomy. Je retrace chaque souvenir dans ma tête comme on regarde un album de photos. De revivre ces moments de tendresse crée en moi la sensation de la revoir, comme si je revenais en arrière. Je ne vis plus au présent, je suis de retour dans le passé, qui se confond avec la réalité. Je me vois la promener des heures et des heures la nuit pour qu'elle s'endorme. Je revis chaque bisou, chaque câlin.

Je secoue vivement la tête et reviens dans cette chambre vide et froide. Ma mère me fixe et attend une réaction de ma part. Il s'est passé à peine quelques secondes, pendant que je visionnais tout ça. Je suis encore fébrile, mais je réalise que le pire est enfin accompli. Comme si je me relevais d'un coup de poing en plein visage, je reste un peu assommée.

J'ouvre les tiroirs: tout est terriblement rose, un rose lui aussi trop chargé d'émotions. Par nervosité, je dis à ma mère:

— Il n'y aura sûrement pas la moindre trace d'un pyjama pour garçon là-dedans.

Ma mère rit faux et je m'empresse d'en faire autant. La glace est enfin brisée et je me sens soulagée. J'ai mal, mais je suis moins nerveuse.

Vider cette foutue commode reste pour moi l'une des choses les plus difficiles que j'aie eu à accomplir de toute ma vie. Chaque vêtement me rappelle la disparition de ma fille et me tord le ventre. Le contenu des tiroirs ramène sans cesse mon ange à ma mémoire et j'ai la cruelle impression de mettre la vie de Naomy dans des sacs verts. J'envoie au sous-sol une partie d'elle et ça me dégoûte. Mais je le fais sans broncher, comme une grande. Je fais aussi le ménage des lieux. La pièce ne sent plus la poudre de bébé, mais les produits ménagers. C'est comme si j'avais effacé les empreintes laissées par ma fille. C'est horrible, mais je n'ai pas le choix. Mon bébé aura une belle chambre toute propre. J'ai l'impression de devoir reconstruire mon bonheur encore et encore.

Nous jetons les biberons comme s'ils étaient encore porteurs de la bactérie qui a emporté Naomy. Nous les mettons à la poubelle avec dégoût, en les tenant du bout des doigts. Six malheureuses poches remplies d'objets de toutes sortes attendent sur le balcon d'être entreposées. Cette étape de ma vie, si importante, est à présent contenue dans six pitoyables sacs verts.

Elle est là…

Patrice s'approche de moi. Il semble tenir un enfant dans ses bras. Je plisse les yeux pour mieux voir ce qui se passe, car je ne crois pas ce que j'aperçois. Il est souriant, mais je ne reconnais pas ce sourire. Ses yeux sortent anormalement de ses orbites. Il n'a pas l'air dans son assiette. Ses gestes sont saccadés, sa démarche est spasmodique. Il s'avance de plus en plus vite, et je reconnais soudain Naomy dans l'enfant qu'il tient. Mes yeux s'arrondissent et je me surprends à avoir très peur. Tout ça est irréel et inconcevable.

Où l'a-t-il trouvée? Naomy est décédée. Je dois rêver! Qu'est-ce qui arrive à Patrice? Il me tend l'enfant et me force à la prendre en me rappelant cruellement à quel point j'ai insisté pour lui dire que je m'ennuyais d'elle. Il la tient à bout de bras et me presse de la prendre. Je ne sais plus si c'est mon ange qui est devant moi. Je recule en me disant que c'est impossible. Patrice monte le ton et s'acharne sur moi. Je ne le reconnais plus, il est différent, ses yeux distillent une colère que je ne lui connais pas. Il semble possédé par je ne sais quelle force maléfique. Plus je regarde ma fille, plus elle a l'air d'une poupée de chiffon. Je trébuche en reculant et me retrouve sur le plancher, sans mot et en larmes. Je lui crie de cesser son manège sur-le-champ, qu'il ne s'agit pas de notre fille, que mon bébé, mon ange, est décédé. Ça ne peut pas être elle. Je le supplie de me laisser seule. J'ai terriblement mal au ventre. Naomy disparaît. Enfin, j'aperçois le regard attendri de Patrice, celui que je lui connais. L'autre ne lui appartenait pas. Il me prend dans ses bras…

À cet instant, j'ouvre les yeux et ressens un douloureux serrement à la poitrine. Patrice me tient déjà contre lui. Il a pressenti que j'aurais besoin de sa présence avant même que j'ouvre les paupières, avant que je hurle ma frayeur. Je sens son cœur palpiter tout contre moi et asséner des coups violents contre sa cage thoracique. Il a été secoué par le cri de détresse qu'a laissé échapper ma gorge. Je me rendors en écoutant les battements de son cœur qui reprennent doucement leur cadence habituelle.

Vision d'horreur

Je me lève et j'ouvre les stores pour mieux voir ce que Dame Nature nous a réservé comme température aujourd'hui. Il y a un soleil éclatant à l'extérieur. Mon garçon m'envoie quelques coups de pied pour me souhaiter une bonne journée. Je souris et lui réponds à voix haute :

— Bonjour, garçon!

Je me trouve bien drôle de lui parler comme s'il était devant moi. Depuis qu'il est là, je m'adresse à lui tous les jours à voix haute. J'ai l'impression qu'il m'entend mieux et ça comble un peu le vide de mon appartement. Comme à mon habitude, je me prépare un gros déjeuner, le pose dans un plateau et m'assieds sur le divan pour manger. Je me sers régulièrement de mon ventre comme d'une table. Je saisis la télécommande, allume le téléviseur et zappe sans fin.

Je prends une immense bouchée de pomme et m'arrête au canal des nouvelles, ce qui n'est pas habituel chez moi. Le souffle coupé, j'avale mon morceau de travers en prenant brutalement conscience de la vision d'horreur que j'ai devant les yeux. Nous sommes le 11 septembre 2001. L'Amérique est frappée de plein fouet par le terrorisme islamiste.

L'attaque se déroule pratiquement en direct devant des milliards de gens. C'est un choc psychologique international. Nous n'aurons plus la même vision du monde à partir d'aujourd'hui, la terre entière changera. À ce moment-là, je me demande sérieusement dans quoi j'embarque mon enfant. Dans quel monde va-t-il se retrouver? J'ai peur de ce qui pourrait lui arriver. Les images que le poste me renvoie sont terrifiantes, horribles et inimaginables. J'essaie de me mettre à la place des milliers de personnes atteintes de près ou de loin par cet attentat délibéré. C'est effrayant et tragique.

J'éteins le téléviseur et vais poser mon plateau sur le comptoir. Je n'ai plus faim. Il y a de quoi avoir mal au cœur. Je m'habille en essayant d'oublier cet événement dramatique, mais les images hantent mon esprit comme c'est certainement le cas pour des millions de personnes. Je sors dehors faire une promenade. Je respire profondément. L'air est pur et réconfortant. Je me trouve privilégiée de demeurer ici, dans ma petite ville calme et tranquille. Je l'apprécie plus qu'à l'habitude. Le destin peut parfois être horrible et il nous réserve bien des surprises. Je trouve ça vertigineux quand j'y pense. Il se passe en ce moment dans ce monde des centaines d'histoires différentes pour des milliers d'individus. Ils ne se connaissent pas, mais plusieurs auront aujourd'hui quelque chose en commun. Leur destin a été réuni. Un pompier sauvera un homme des décombres, une femme aidera un enfant à retrouver sa maman, tandis qu'une autre personne aura détourné un avion. Des milliers d'épaules seront imbibées de larmes. Des milliers de gens gravitent autour de ce drame et chacun aura sa version, sa façon unique et mémorable de raconter les événements. Je suis bouleversée. Des milliards de personnes n'oublieront jamais cette journée du 11 septembre 2001.

8 octobre 2001

L'automne et ses magnifiques couleurs sonnent à notre porte. Lorsque j'ai ouvert les paupières, ce matin, une larme s'est échappée discrètement de mes yeux pour aller s'échouer sur mon oreiller. Aujourd'hui, c'est l'anniversaire de naissance de Naomy. J'essuie délicatement et secrètement mon visage et me lève sans tarder. Il règne un réel silence dans l'appartement et ni Patrice ni moi ne nous résignons à prononcer un mot. Un simple bonjour briserait le malaise, mais nous ne devons pas être prêts à l'entendre. Nous nous regardons et partageons un timide sourire. Il s'approche de moi et m'offre ses lèvres. Je saisis tout de suite l'occasion de l'embrasser et me blottis sans attendre contre lui pour ne pas être seule avec cette détresse. Il ferme les yeux, et j'écoute sa respiration. Trois mots se font entendre en duo, en même temps: «Je t'aime...»

Nous n'ouvrons pas la bouche de l'avant-midi. J'allume une chandelle pour célébrer le premier anniversaire de Naomy, en me remémorant cette journée du 8 octobre 2000 où j'ai mis au monde ma fille adorée. Un an déjà s'est écoulé. J'ai de la difficulté à le croire. Il me semble que ça vient tout juste de se produire.

Je prends une douche, m'habille joliment et mets du mascara. Je me pousse à accomplir ces choses plutôt banales mais combien difficiles en cette journée plutôt grise. Je le fais pour ma fille, pour ne pas qu'elle voie sa maman dans un état lamentable.

Patrice et moi partons acheter de belles fleurs fraîches pour notre ange disparu. Sur la route du cimetière, nous parlons pour la première fois des sentiments que nous éprouvons. Une fois arrivés, nous avançons très lentement, main dans la main, en parlant d'elle, de sa personnalité et des souvenirs qui nous viennent à l'esprit. Pour la première fois, je parle de ma fille avec Patrice et je souris, je ne pleure pas. Je sens sa présence, elle est avec nous, je le sais. Finalement, le jour de son anniversaire aura été un beau moment. Malgré la peine, nous aurons réussi à passer une belle journée.

23 décembre 2001

Mon accouchement est prévu pour le 30 décembre. J'ai hâte et je suis prête à accueillir mon petit garçon. Il s'appellera Joshua. Kristyna me téléphone et me demande si j'aurai son bébé demain, pour Noël. Je pouffe de rire. Ma filleule m'a prise au sérieux quand je lui ai dit qu'elle l'aurait en cadeau.

Je lui explique qu'on ne maîtrise pas tout à fait ce genre de choses, qu'il est possible que l'arrivée de son cousin soit retardée de quelques jours. Le ton de sa voix me révèle un peu de tristesse, mais je la rassure en lui expliquant que ce sera pour très bientôt. Ses beaux grands yeux noirs doivent être pleins d'étoiles. Sa voix est remplie de fierté. Elle aura un cousin, ce sera son petit garçon. Je raccroche le combiné et pose mes mains sur mon ventre. Je le sens devenir très dur et ma peau s'étire au point de me faire très mal. Je parle à voix haute et dis à mon fils :

— Il reste encore une semaine.

Il ne doit en effet pas prendre maman au sérieux lorsque je dis à sa cousine qu'il arrivera pour la fête de Noël. Je me fais couler un bain et m'y repose un instant, histoire de voir si mon malaise diminue. Tout rentre dans l'ordre et je suis malgré tout soulagée. J'ai bien hâte de voir la binette de ce petit trésor, mais rien ne presse; j'adore être enceinte.

Le message

Tout me semble couvert d'une épaisse couche de brouillard. C'est flou, blanc et surtout très angoissant.

Je ne sais pas exactement où je me trouve, mais l'endroit m'est familier. Une ombre s'avance très lentement vers moi. C'est un homme pas très grand, mais tout de même costaud.

L'atmosphère s'éclaircit graduellement. Je me trouve dans une maison familiale invitante. Je reconnais tout à coup mon grand-père maternel, décédé en janvier 1998. Je reste sidérée sous le coup de la surprise. Il désire me parler, et son visage est rassurant. Je n'ai plus peur. Il a de beaux yeux bleus qui rappellent la couleur de l'océan. Il me tend la main et je la saisis sans hésiter. Je ne comprends pas ce qui passe, mais j'ai confiance en mon grand-père.

— Tu as de la chance d'être ici aujourd'hui, me dit-il. Tâche de ne pas la manquer, cette fois!

Je le regarde, perplexe, et le laisse continuer.

— Vois-tu, il y a des personnes qui sont plus susceptibles d'entrer en contact avec les disparus par leurs rêves. Tu en fais partie. C'est une chance inouïe.

Il se tourne, prend Naomy dans ses bras et la caresse.

— Elle est venue te voir, sachant que tu t'ennuies beaucoup. Profites-en pleinement, elle ne peut rester que quelques heures. Son énergie disparaîtra doucement. Le temps t'est compté.

Je n'ai pas envie de pleurer et je n'ai pas peur. Je me sens merveilleusement bien et légère. J'apprécie ce tendre moment que mon bébé m'offre. Je la prends dans mes bras et colle ma joue contre la sienne, comme je le faisais avant son départ. Je peux sentir la chaleur que son corps dégage et je perçois sa respiration. C'est comme si tout était réel. Est-ce que ça l'est?

Je ne me réveille toujours pas et je profite de ces instants au maximum. Je remarque que Naomy a les mêmes yeux que mon grand-père. Je me tourne vers lui et il sourit. Ma fille a l'air confortable. Je la touche partout comme pour me convaincre qu'elle ne sort pas de mon imagination et surtout pour me rappeler chaque détail, chaque sourire, chacun de ses longs cils. Je ne me lasse pas de la regarder et de la couvrir de baisers. J'aimerais pouvoir la garder ainsi l'éternité durant. Je peux respirer sa délicate odeur, caresser doucement son nez tout froid et toucher ses doigts un à un. Elle est resplendissante, sa peau est satinée et le souffle de sa respiration est chaud.

J'ai l'impression que le temps passe doucement, que rien ne presse. Je suis comblée d'amour et de bonheur. Mon grand-père s'approche lentement de moi et je prends conscience que ce délicieux moment est sur le point de se terminer. J'apprécie tellement d'avoir eu cette inexprimable chance que je peux laisser partir ma fille. J'ai reçu ce à quoi j'aspirais et je suis satisfaite. J'avais demandé à Dieu de me permettre de la prendre dans mes bras une dernière fois et j'ai été exaucée. Je suis privilégiée.

— Viens, me dit mon grand-père, je vais te montrer où aller déposer Naomy.

Même si j'éprouve une certaine réticence à la laisser partir, je dois faire confiance. Je ne peux rien changer au cours des choses, j'en suis bien consciente. Je sais que Naomy est bel et bien décédée et que je ne peux la faire revenir. De la savoir en sécurité avec grand-papa me réconforte grandement. Il m'ouvre une grande porte que je franchis. Je suis aveuglée par l'intensité de la lumière ambiante. Tout est si blanc et si pur que j'ai de la difficulté à voir devant moi. Il n'y a ni murs ni plancher. Je retrouve le même brouillard que tout à l'heure. Je distingue un objet; mon grand-père me demande de m'en approcher. Un berceau blanc se trouve au milieu de la pièce. À l'intérieur, une belle couverture tout aussi blanche me semble des plus confortables. Mon grand-père me dit:

— Dépose-la dans son lit, ça demande beaucoup d'énergie à un ange de venir voir sa maman aussi longtemps. Elle doit reprendre des forces pour veiller sur vous.

Je donne à mon grand-père un baiser sur la joue.

— Je te remercie, grand-papa. Je te serai éternellement reconnaissante de ce que tu as fait pour moi.

Je me penche au-dessus du berceau. Naomy dort déjà. Je ne voudrais plus partir d'ici. Je voudrais pouvoir la contempler indéfiniment, mais je dois la laisser reprendre des forces. Ça devrait m'angoisser, mais, étrangement, je me sens bien. Je lui caresse le front une dernière fois. Je ne peux détacher mon regard d'elle. Mon grand-père se tient debout derrière moi et me dit:

— Allez, Mélanie, il est temps de partir.

Il me tend la main. Je la prends et me redresse. Lorsque je jette un dernier coup d'œil vers le lit de Naomy, il a disparu. Au même moment, une vive douleur me tord le ventre.

Je me réveille en me tenant l'abdomen. J'ai ma première contraction. Joshua arrive, avec une semaine d'avance, semble-t-il. Je m'assieds difficilement. La douleur se résorbe progressivement et je me rends à la salle de bains pour m'y faire couler un bain chaud.

Je m'y étends doucement, sans cesser de penser à ce rêve étrange. Il avait l'air tellement réel! Je peux encore sentir Naomy contre moi, comme si elle avait marqué mon corps. Je perçois toujours son odeur sur moi. Est-elle venue me voir juste avant la venue de mon fils pour me dire qu'il faut maintenant que je pense à lui? C'est comme si elle m'en avait donné la permission pour ne pas que je me sente coupable. J'ai de la difficulté à faire la part des choses, mais je vois ce rêve comme un message de sa part. Elle est venue m'aider à passer à une autre étape.

24 décembre 2001

Les contractions sont de plus en plus rapprochées et je quitte la baignoire. On dirait bien que ce poupon a envie de nous rencontrer aujourd'hui. À force de m'entendre dire à ma filleule qu'elle aurait son bébé à Noël, ce petit bonhomme a pris sa maman au sérieux. C'est un garçon de parole, à ce que je vois.

Je marche et marche sans arrêt et j'ai de plus en plus mal.

Huit heures et des poussières plus tard, à 14 h 20, le plus beau des bébés vient au monde. Il pèse huit livres et mesure vingt-trois pouces. J'ai vécu un bel accouchement, qui a tout de même été difficile et douloureux. Je veux qu'on me remette mon fils au plus vite pour le serrer contre moi. Lorsque le médecin le dépose sur ma poitrine, j'éprouve enfin cet amour bienfaisant que je recherche depuis plusieurs mois déjà. Mon garçon, il est là, devant moi. Je n'en crois pas mes yeux. Je contemple son visage parfait. Il a des yeux noirs et ronds qu'il garde fixés dans les miens. Je me demande à quoi il pense. Il est grand et costaud. Ce sera un enfant très robuste, s'il continue à croître au même rythme qu'il s'est développé dans mon ventre.

J'ai peur qu'on me le reprenne et l'angoisse s'ajoute à mon émerveillement.

En ce 24 décembre, j'ai donné naissance à un enfant qui m'a mise au monde en retour au même moment. Il vit et je revis. Cette seconde naissance annonce pour moi un nouveau départ et j'ai envie plus que tout de recommencer à sourire chaque matin.

CHAPITRE 5

Joshua

Une séparation trop hâtive

Je suis bientôt de retour à la maison. Je ressens un peu d'anxiété devant la nécessité d'apprivoiser le nouveau venu, mais le processus d'acclimatation se déroule très bien tout de même. Il est adorable. C'est un bébé patient, très calme et extrêmement attentif à tout ce qui l'entoure.

Les jours passent et il est de plus en plus éveillé. J'ai la chance de le voir grandir, d'apprécier chaque nouveau sourire et d'essuyer les larmes qui coulent sur ses joues.

Pourtant, il n'y a pas une journée où je ne pense pas à Naomy. Elle me manque énormément. Lorsque je m'ennuie d'elle, je prends aussitôt Joshua et le serre tendrement dans mes bras.

Patrice arrive du cégep et m'annonce qu'il a obtenu un stage au gouvernement. Il recevra enfin son diplôme d'études collégiales en tant que technicien programmeur analyste. Je suis très contente pour lui. Je lui demande à quel endroit le stage en question devrait avoir lieu et il devient soudain anxieux. Il se met à bégayer et à tourner autour de la question. Il me donne des explications qu'il s'efforce de rendre claires, mais que je ne saisis pas bien en raison de ses hésitations. Il me raconte que, dans sa recherche de stage, il a accordé priorité aux possibilités d'embauche par la suite, qu'il désire plus que tout avoir rapidement un emploi stable pour améliorer la qualité de vie de sa petite famille et qu'en conséquence il a cherché un endroit où les avantages sociaux sont intéressants.

Il finit par m'avouer que le stage a lieu à Québec. Je reste sans voix sur le coup. Sa nervosité lui venait donc du fait qu'il avait peur de ma réaction. Je ne sais trop quoi dire. Je lui demande quand il doit commencer et il me répond que ce sera au début de février, dans un mois environ. Nous discutons des possibilités qui s'offrent à nous, pour en venir à la conclusion que je devrai rester à Dolbeau pendant les six mois que durera son stage. Par la suite, s'il obtient l'emploi et que tout se déroule comme prévu, nous déménagerons à Québec.

Ainsi, Joshua n'a pas tout à fait deux mois lorsque Patrice nous quitte. Il me faut m'armer de courage pour traverser cette période, seule avec mon enfant.

22 février 2002

C'est l'anniversaire du décès de Naomy. Déjà un an qu'elle m'a quittée et privée de sa présence. Je suis mélancolique et un grand vide m'habite en cette journée propice aux souvenirs tristes. Une chance que Joshua est avec moi. Il réussit à me faire sourire et apaise ma douleur.

Il fait très froid à l'extérieur, et je n'ai pas envie de sortir. Je préfère rester au chaud dans une couverture et me bercer avec mon bébé. Je ne peux m'empêcher de penser à Naomy et je me demande si elle nous voit, si elle nous entend. J'explique à Joshua qui est sa sœur.

Il n'a que deux mois, mais il me regarde dans les yeux. J'ai l'impression qu'il m'écoute et s'intéresse à ce que je lui raconte.

— Comme elle était belle, gentille et adorable! Comme toi! De là-haut, je suis certaine qu'elle veille sur toi...

Je prends le cadre et lui montre sa photo. Une année s'est écoulée, au cours de laquelle j'ai tellement vécu dans la douleur de son absence que j'ai l'impression que sa maladie et son décès se sont produits la veille.

Ça me fait beaucoup de bien de confier à mon fils mes joies et mes peines à son sujet. Ce petit garçon est d'une immense importance dans ma vie. Je m'accroche à lui. Il calme mon ennui et comble mon besoin physique d'amour. Mais Naomy me manque toujours autant.

L'angoisse du quatrième mois

Joshua a quatre mois et je me dis qu'il faudrait que nous soyons très malchanceux pour qu'il lui arrive quelque chose précisément à cet âge. Je reste tout de même nerveuse, comme s'il y avait une malédiction rattachée à cette étape de la vie. Je le surveille plus qu'à l'habitude et reste très vigilante. Je l'examine à chaque instant pour m'assurer que son corps ne présente rien d'anormal.

En changeant sa couche, je remarque tout à coup un vilain bouton rouge sur ses fesses. Mais qu'est-ce que c'est que ça? Je prends immédiatement le téléphone et appelle mon médecin. La secrétaire, très aimable, me rassure en me disant qu'il me rappellera d'ici quelques minutes. Environ une heure plus tard, il retourne mon appel et me dit de venir le voir à l'hôpital le lendemain matin. Rassurée, je raccroche et respire un peu plus normalement.

Je ne dors pas très bien la nuit durant, je fais des cauchemars et me réveille en sursaut à plusieurs reprises. Je vais vérifier fréquemment, peut-être trop souvent, si Joshua n'est pas mal en point. Le soleil se lève enfin, et j'examine à nouveau mon fils pour voir si quelque chose a changé. C'est encore là, c'est bien plus gros et très rouge, quasiment bleu. Je n'aime pas ça, et je ne crois pas que c'est un simple bouton. J'appelle Patrice et l'informe sans tarder du problème.

— Tiens-moi au courant, me recommande-t-il. Si ça ne rentre pas dans l'ordre, je m'amène.

Je raccroche, habille Joshua et pars pour l'hôpital. Il est âgé exactement de quatre mois et deux semaines. Pourquoi est-ce que je dois vivre ça? Que dois-je comprendre? Est-ce encore un test pour savoir si je maîtrise parfaitement mes émotions?

Le médecin examine Joshua et diagnostique une fistule anale; ce n'est rien de bien grave, quoique ce soit très douloureux, selon lui.

Il faut tout de même procéder à une opération, précise-t-il, sinon le problème reviendra à coup sûr. Cela nécessite une hospitalisation de deux jours au cours de laquelle je pourrai demeurer auprès de mon fils. Je ne suis pas trop emballée par l'idée, mais je me résigne en me convainquant que je dois faire ce qu'il y a de mieux pour Joshua.

Aussitôt arrivée chez moi, je préviens Patrice de la

date de l'intervention et il me confirme qu'il sera là sans problème.

Le jour venu, nous nous présentons au bloc opératoire pour préparer notre garçon pour sa chirurgie. Nous y rencontrons le chirurgien. Il nous assure qu'il s'agit d'une intervention très simple, de routine, d'après lui.

— Par contre, je dois vous informer des possibles dangers de l'anesthésie…

Aussitôt, une alarme clignote dans ma tête. Je fixe le spécialiste, les yeux ronds, et je tremble intérieurement. Assurément, il ne ferait pas exprès de mettre mon enfant en danger et cette opération est certainement indispensable s'il tient à y procéder. Malgré tous mes efforts pour me rassurer, une petite voix continue à me dire que je suis condamnée à ce qu'il m'arrive malheur. J'ai de la difficulté à me convaincre que tout ira bien. Le chirurgien me demande si j'ai bien compris tout ce qu'il y a à savoir au sujet de l'intervention. Toujours aussi compréhensif, Patrice me confirme que je n'ai pas à m'inquiéter, qu'il a bien saisi ce que le docteur lui a expliqué. Ça apaise un peu mes angoisses, mais je ne suis toujours pas tranquille.

Joshua dort dans mes bras à poings fermés. Je l'embrasse sur le front et colle ma joue contre son visage. Nous devons maintenant attendre longuement qu'on nous appelle. Je respire profondément en évitant de laisser paraître ma frayeur. Néanmoins, ces mots se répètent en boucle sans arrêt dans ma tête : « Il va y avoir des complications… Je ne veux pas qu'on l'endorme. Il est trop petit. » Je me lève et donne Joshua à Patrice pour aller demander à l'infirmière si je pourrais rester auprès de mon fils le temps que l'anesthésiste l'endorme.

—Je ne le sais pas, mais je m'informerai auprès d'elle dès qu'elle arrivera.

Il s'agit donc d'une femme. À peine quelques minutes plus tard, l'anesthésiste entre dans la pièce et vient s'asseoir à côté de moi. Elle a une voix douce et parle calmement.

—Est-ce qu'on ne s'est pas déjà vus? J'ai l'impression de vous connaître.
—Vous étiez là lors des deux accouchements de Mélanie, répond Patrice.

Elle se rappelle alors les deux événements et prend un air interrogateur. Je sais à quoi elle pense. Je réponds avant même qu'elle le demande que notre fille est décédée l'année dernière d'une méningite et que c'est sûrement pour cette raison que nos visages lui sont familiers. Elle fait signe que oui et nous adresse ses plus sincères excuses en baissant les yeux vers le sol. Je lui pose ma question.

—Vous comprenez sûrement que l'opération de mon fils m'angoisse au plus haut point. Est-ce que je pourrais être là, lorsque vous procéderez à l'anesthésie?
—Je suis vraiment désolée, c'est formellement interdit. Mais je vous promets que je vais prendre toutes les précautions possibles. Quand il s'agit d'un bébé, je mets tout le temps qu'il faut pour le rassurer et pour éviter qu'il ait peur ou qu'il pleure pendant qu'il est avec moi. Si vous voulez, je peux même le bercer pendant que je l'endormirai. Je ferai comme si c'était mon garçon que j'anesthésiais. Et je vous assure qu'il n'y a aucun danger.

J'ai le cœur gros, et elle s'en aperçoit. Malgré tout,

je la trouve compréhensive, sympathique et digne de confiance. Je lui tends mon bébé qu'elle prend doucement en lui murmurant des paroles d'apaisement. Je m'approche de la porte vitrée et la vois qui s'installe sur la chaise berçante, Joshua dans les bras. Je reste là, les yeux remplis d'eau, à regarder mon garçon s'endormir doucement.

Un peu plus d'une heure plus tard, on le transfère à la salle de réveil. Tout s'est déroulé comme prévu. Je suis soulagée et enfin délivrée des pensées négatives qui m'envahissaient. Mon enfant ouvre les yeux. Il examine cette grande pièce blanche et ne reconnaît pas les murs qui l'entourent. Il a l'air un peu perdu. Je le sécurise en prenant ses deux mains dans les miennes et en l'embrassant sur le front. On l'envoie à l'étage en pédiatrie où on lui a réservé une chambre. Nous sommes reconnaissants à l'établissement de nous avoir attribué une chambre privée où Joshua ne sera en contact avec aucun autre enfant malade. Nous partageons la même salle de bains que les gens de la chambre voisine, c'est tout.

Ma mère nous a rejoints, toujours prête à nous prodiguer ses encouragements et à apporter son aide. Mon anxiété a diminué depuis que le chirurgien m'a annoncé que l'opération s'est déroulée comme prévu et que tout va bien. Je me sens beaucoup mieux. Mon enfant est dans une position inconfortable et j'ai le cœur gros de le voir ainsi. Il me fait pitié, d'autant qu'il doit éprouver de la douleur à cause de l'opération. L'infirmière nous avise qu'on lui laissera son soluté jusqu'au lendemain en guise de prévention.

Entre-temps, une petite fille est admise dans la chambre voisine de celle de Joshua. Elle semble très mal en point. C'est une bien belle enfant dont j'évalue l'âge à environ dix ans. Sa mère vient fréquemment dans la salle de bains pour rafraîchir une compresse, afin de faire baisser la forte fièvre de son enfant. Elle me paraît terriblement inquiète. Par les deux portes entrebâillées, je la vois qui s'assied au pied du lit de sa fille. L'enfant semble dormir depuis quelques minutes. Je reconnais cette inquiétude qui imprègne son visage et lui ronge certainement le cœur. Elle a peur pour sa fille, et je comprends fort bien son angoisse.

La fillette se met à vomir anormalement. La maman demande rapidement de l'aide et l'infirmière accourt. Un employé est réquisitionné pour nettoyer les dégâts, pendant que l'infirmière s'occupe de la petite qui continue de vomir sans arrêt. Je remarque que l'infirmière n'a pas mis de gants. En plus, elle utilise la même salle de bains que nous et rien n'est nettoyé par la suite. Je comprends qu'ils n'ont pas le temps, qu'ils sont dépassés par les événements, mais je crains en même temps la contagion pour mon fils et pour nous. Je demande à Patrice :

— Est-ce que c'est mon imagination, ou si j'ai raison de croire qu'il pourrait y avoir du danger pour nous? Elle pourrait prendre plus de précautions, pour sa sécurité et celle des autres. Il me semble qu'elle devrait mettre des gants pour s'occuper de l'enfant. C'est elle qui examine Joshua et sa plaie, vérifie son soluté, prend sa température rectale, toujours sans gants. À l'hôpital de Québec, on ne pouvait même pas entrer dans la chambre sans en mettre. J'ai beaucoup de compassion pour la petite fille, mais on ne sait même pas encore ce qu'elle a.

Patrice est d'accord avec moi et il s'empresse d'aller s'informer à l'infirmière, pendant que j'observe la scène par les portes de la salle d'eau en lisant tant bien que mal sur les lèvres.

— Notre bébé vient juste d'être opéré. Croyez-vous qu'il y a un risque de contagion pour lui et pour nous?

La femme est nerveuse et elle fuit son regard. En fait, tout le personnel connaît notre passé et les préposés sont mal à l'aise avec nous.

— Je ne suis pas en mesure de vous répondre. On ne sait toujours pas ce qu'a cette enfant.

— Vous n'en avez aucune idée?

— Il s'agit peut-être de la méningite, répond l'infirmière spontanément.

Cette nouvelle a sur nous l'effet d'un coup de tonnerre. Je me précipite et demande à l'infirmière pourquoi on ne place pas la fillette en isolation. Mon garçon est plus vulnérable qu'à l'habitude et on l'expose sans précaution à cette bactérie meurtrière. Je n'obtiens qu'une réponse évasive. Comment peut-on être à ce point négligent? Je voudrais qu'on me ramène chez moi avec mon garçon.

Quelque temps plus tard, l'infirmière retourne dans la chambre adjacente à la nôtre et, toujours sans mettre de gants, fait une prise de sang à la jeune malade. Cette fois, j'éclate de rage, à bout de patience. Je lance un regard de colère à Patrice et à ma mère et leur dis de ne pas me retenir. Patrice ne veut pas me laisser aller, mais ma mère l'attrape par le bras. Je marche d'un pas ferme jusqu'au comptoir et m'adresse à l'infirmière:

— Je voudrais m'adresser au responsable du département, s'il vous plaît. C'est d'une grande importance.

Elle semble contrariée par mon approche directe, mais, honnêtement, mon but n'est pas de lui plaire; je veux parler à qui de droit. Elle me guide vers un homme qui semble lui aussi contrarié et inquiet. Il me tend une main molle sans rien dire, visiblement en attente de ce que je veux lui communiquer. Comme je ne veux pas déranger les occupants de l'étage, je lui demande délicatement mais fermement de m'accompagner dans la pièce voisine. Il acquiesce et m'indique le chemin du bureau. Je me précipite à l'intérieur et lui lance :

— Qu'est-ce qui vous passe par la tête, lorsque vous voyez un enfant qui vomit, fait de la forte température et semble extrêmement malade? Vous vous dites qu'il ne peut pas être contagieux, qu'il ne peut contaminer personne? Vous le mettez en contact avec des dizaines de personnes sans vous préoccuper du danger qu'il peut représenter. Vos infirmières s'occupent de la petite hospitalisée à côté de notre chambre, elles lui font des prises de sang et viennent ensuite s'occuper de mon garçon qui est malade et vulnérable, et ce, sans mettre de gants. Pourquoi prendre un tel risque et pourquoi ne pas mettre cette enfant en isolation immédiatement? Vous craignez qu'elle ait une méningite et vous n'appliquez aucune procédure particulière! Ma fille est décédée l'an dernier, précisément de la méningite, et il n'est pas question que j'expose mon garçon une seconde de plus à cette bactérie. Croyez-moi, j'ai beaucoup de compassion pour la famille, mais je n'ai aucune envie de faire courir un risque à mon fils. Pensez à tous ceux qui se trouvent dans cette partie de l'hôpital. Regardez combien d'enfants vous mettez en danger aujourd'hui. Il y a des nouveau-nés, sur cet étage. Pour je ne sais quelle raison, ce sont les mêmes infirmières qui s'occupent des nouveau-nés et des enfants gravement malades et probablement contagieux. Comme vous n'avez pas de chambre d'isolation, je veux que mon fils soit déplacé dans un autre département immédiatement, sinon je porterai plainte. Selon moi, vous avez manqué grandement aux règles élémentaires de sécurité. Pensez aussi au danger que vous faites courir à votre personnel. Lorsque nous étions dans un hôpital de Québec avec notre fille, nous n'aurions jamais pu être témoins de ce genre de choses. Je ne veux plus voir quiconque s'approcher de mon fils les mains nues.

Je crois que mon intervention l'a secoué et qu'il prend conscience de la gravité de la situation. Je le vois parler aux membres du personnel qui ont soudain l'air effrayé et qui prennent panique à l'idée qu'ils pourraient contracter la maladie. Ils demandent des informations sur les risques qu'ils courent et la tension à l'étage devient palpable.

Je suis satisfaite et soulagée devant ces réactions et je me dis que mon intervention pourra avoir un effet bénéfique pour beaucoup de gens. Le responsable du département revient nous voir, tandis que nous ramassons nos objets personnels. Il tient à s'excuser personnellement de son manque de vigilance et nous promet que des correctifs seront apportés aux mesures d'asepsie. Il nous indique dans quelle chambre Joshua sera transféré et nous demande de le suivre.

— Désirez-vous que nous administrions par précaution un antibiotique à votre fils? me demande-t-il. Cela pourrait prévenir la méningite, advenant qu'il l'ait contractée.

J'accepte d'emblée en le remerciant de son dévouement.

De mon côté, je suis plutôt mal à l'aise en songeant à la vive réaction que j'ai eue. Je ne me comportais pas ainsi, auparavant, j'étais plus pondérée dans mon approche. Lorsque j'en parle à ma mère, elle se fait rassurante en me disant que ce que j'ai vécu ne peut avoir fait autrement que de me changer et que ma réaction est plutôt normale, puisqu'un possible danger menaçait mon fils. Elle ajoute que d'autres enfants vont profiter de mon intervention. Quoi qu'il en soit, je ne puis supporter un seul instant qu'il puisse arriver quelque chose à Joshua.

Dans l'heure qui suit notre déménagement, une infirmière vient lui administrer un antibiotique à large spectre, un liquide aux grandes vertus, une potion magique qui efface en moi toute crainte qu'il puisse lui arriver malheur. Ses mains tremblent, pendant qu'elle prépare l'équipement nécessaire. Mais je constate qu'elle met des gants avant de procéder à l'injection et cela me rend ma tranquillité d'esprit.

Joshua et moi… moi et Joshua!

Je trouve bien difficile d'être seule toute la semaine, sans mon conjoint pour me rassurer, ou simplement me parler et m'écouter. Cependant, bien que nous soyons seuls, tous les deux, Joshua et moi nous en sortons très bien. Je découvre mon fils jour après jour, semaine après semaine. Nous nous construisons notre petit nid à nous deux et développons une très grande dépendance affective l'un envers l'autre. Je m'accroche à ce sourire qui m'aide à continuer et à tenir bon toute la semaine. Je me découvre par contre des craintes que je n'avais pas lorsque Patrice était avec moi. Ainsi, je me surprends à avoir de plus en plus peur du feu ou d'une catastrophe naturelle. Je me couche seule dans mon grand lit en me racontant d'horribles histoires qui m'empêchent de bien dormir. Je crois parfois si fort aux fables que je m'invente que ma respiration s'accélère et je crains de faire une crise d'hyperventilation. Je dois souvent me lever pour me calmer. Le meilleur truc que j'ai trouvé est d'aller donner un baiser à Joshua en me disant qu'il ne peut rien nous arriver, puisque Naomy veille sur nous.

Chaque matin, en me réveillant, j'ai la larme à l'œil, triste de ma solitude et de l'absence de ma fille. Mais ma bonne humeur revient lorsque je vois le sourire de Joshua. Mon petit bonhomme se réveille toujours en souriant. C'est un enfant merveilleux. Il fait de belles nuits et ne pleure pratiquement jamais. Comme je passe la plus grande partie de mon temps seule avec lui, je lui parle continuellement et j'ai la certitude qu'il m'écoute. Un enfant, c'est si pur! Mon fils ne me juge pas, il ne fait jamais rien dans le but de blesser ou de nuire à quelqu'un, il aime inconditionnellement et me fait confiance en tout, inconscient de ce qui pourrait survenir et qui me remplit de frayeur. Je voudrais quelquefois redevenir un enfant pour ne pas avoir à vivre la dure réalité des grands.

Les mois passent, et je tiens bon. Je me surprends même à avoir hâte de déménager à Québec, sûrement parce que je me languis de mon amoureux. Je suis impatiente de retrouver notre petite vie à trois. Joshua et moi débarquerons dans une nouvelle ville dans quelques semaines, et je commence à mettre dans des boîtes tous nos effets personnels. Je m'ennuie facilement et je sais que ma famille me manquera beaucoup, mais j'irai tout de même retrouver Patrice sans hésiter. Je partirai avec mon cher enfant et nous nous forgerons tous les trois une nouvelle vie remplie de belles aventures.

C'est le grand jour. Nous chargeons, ma mère et moi, les derniers bagages dans la voiture et installons confortablement le bébé dans son siège d'auto. Nous sommes prêts à partir. Ma mère n'a toujours pas vu l'endroit où j'habiterai et que Patrice a choisi soigneusement. J'ai bien hâte de lui faire découvrir mon nouvel appartement. J'ai envie de hurler au monde entier que je retrouverai enfin Patrice et que je suis follement excitée à cette idée. Arrivée à Saint-Romuald, je tombe éperdument amoureuse de l'endroit. Lorsque je suis venue visiter le quartier la première fois, la neige couvrait encore le sol. En ce superbe mois de juillet, tout est différent. Notre appartement se trouve au bord du fleuve. L'emplacement est à couper le souffle. Le vert des feuilles prend toute la place et la beauté du paysage est époustouflante. Je me vois déjà faire d'interminables promenades sur le bord de l'eau avec mon bébé, aller jouer avec lui au parc ou récolter les carottes de notre jardin. Patrice nous a déniché un coin de paradis.

Je fais du mieux que je peux pour me sentir enfin chez moi, mais je trouve ça difficile. Patrice travaille tous les jours et je me retrouve bien vite seule de nouveau avec Joshua, de retour à une vie normale dans une autre ville, un nouvel appartement et un nouveau décor, mais plus seule encore en raison de l'éloignement de ma famille, dans ce milieu où je ne connais personne.

Joshua s'adapte facilement, beaucoup mieux que moi, en fait. Il me vient souvent le goût de pleurer et de crier, mais je m'abstiens de le faire pour ne pas l'effrayer. Nous habitons au troisième étage de l'immeuble. C'est haut et je me demande comment je ferais pour sortir avec mon bébé si un feu se déclarait dans la cuisine, bloquant la seule porte d'entrée de l'appartement.

Je dois penser à autre chose, me changer les idées. Je dois trouver une occupation pendant les siestes de Joshua, sinon je trouverai le temps long.

Un ange juste de passage

Mon grand garçon grandit à vue d'œil; le temps passe beaucoup trop vite et ça m'effraie un peu. Il a presque six mois, et je suis de nouveau enceinte. J'ai vingt ans. Plusieurs diront que je suis un peu cinglée, mais Patrice et moi sommes très heureux ainsi, peu importe ce que les gens peuvent en penser.

J'éprouve quelques fois par jour d'étranges douleurs dans le bas du ventre, mais je me convaincs que tout ira bien. Il faut faire confiance, après tout. Il ne peut pas ne nous arriver que des choses négatives.

C'est le mois d'août. Patrice et moi fêterons bientôt le troisième anniversaire de notre rencontre. Je suis aux alentours de ma treizième semaine de grossesse. Nous partons en vacances dans notre coin de pays, le Lac-Saint-Jean, et j'en profite pour prendre rendez-vous avec mon médecin de famille. J'ai hâte de me faire confirmer que le bébé va bien. En arrivant chez mes parents, je m'étends sur le divan, car mon mal de ventre revient continuellement, probablement exacerbé par la fatigue du voyage. Ma mère m'encourage à aller me reposer dans le lit qu'elle m'a assigné. Je m'endors en quelques minutes.

Soudain, une douleur atroce me poignarde le ventre. Je me tords de douleur et des larmes coulent de mes yeux. Je veux appeler Patrice et mes parents, mais aucun son ne sort de ma bouche. Je suis pliée en deux, incapable de me mettre debout. Lorsque Patrice me découvre dans cet état, il se précipite et m'aide à me lever. Nous partons immédiatement pour l'hôpital, où, toujours aux prises avec une douleur intolérable, je dois attendre mon tour. Je vois enfin le médecin, qui m'examine sur-le-champ. On me fait passer une échographie, et le résultat à l'écran est très clair. Le bébé n'est plus en vie depuis au moins dix jours, mais mon utérus n'arrive pas à expulser l'embryon. Il me faut subir un curetage d'urgence, prévu très tôt le lendemain matin.

De retour à la maison de mes parents, je raconte froidement à ma mère ce qui se produit. J'ai énormément de peine, mais ne pleure pas. Je suis fatiguée d'avoir du chagrin et j'ai besoin de prendre une pause. Ce qui m'importe, c'est qu'on m'enlève cet enfant mort que j'ai en moi. L'échographiste m'a fait la remarque qu'il est en état de décomposition, mais je n'aurais pas voulu le savoir.

Je ne dors presque pas de la nuit. Dès que je parviens à fermer l'œil, je rêve à des bébés morts et fais des cauchemars à répétition. Je me réveille constamment en sursaut, inondée de sueurs froides. J'ai de plus en plus mal au ventre et, dès que le soleil finit par se lever, nous quittons pour l'hôpital. L'intervention est prévue à 7 heures. J'ai de la difficulté à tenir les yeux ouverts, non pas parce que j'ai sommeil, mais bien parce que l'élancement dans mon ventre est insupportable. Je faiblis et Patrice doit me soutenir pour que je puisse marcher.

À l'hôpital, j'avise la première chaise qui se présente à ma vue et je m'y laisse tomber aussitôt. Mais une infirmière m'annonce qu'elle doit me faire des prises de sang. Je veux me lever pour la rejoindre et m'effondre par terre. C'était un effort de trop. Je n'en peux plus.

Mon ventre est si enflé que j'ai l'air d'être enceinte de

six mois. Mon bébé est en train de m'empoisonner. En outre, je fais une hémorragie. Patrice et l'infirmière me relèvent tant bien que mal pour m'installer sur le fauteuil prévu pour les prélèvements sanguins. On m'asperge le visage d'eau froide pour que je reprenne connaissance, de manière à ce qu'on puisse procéder aux tests sans que je risque de tomber à tout moment. Le personnel me transporte à la salle d'opération où je subirai une intervention d'une durée d'une heure environ. Le chirurgien m'explique ce qui va se passer, pendant que l'infirmière s'occupe des formalités administratives et prépare les formulaires qu'on me fait signer.

Est-ce parce que je ne suis pas totalement consciente de ce qui m'arrive ou parce que je suis vraiment impatiente qu'on retire ce petit corps décédé de mon utérus? Toujours est-il que je ne suis pas du tout nerveuse, pour une fois. Je ferme les yeux avant même que l'anesthésiste ne soit là. Lorsqu'elle entre, elle me reconnaît tout de suite. J'entrouvre les yeux pour savoir de qui il s'agit et elle n'a qu'à me couvrir de son regard réconfortant pour que je comprenne que tout va bien aller. Elle caresse mes cheveux de sa main gantée et la lumière s'éteint lentement.

En me réveillant, la première chose que je constate, c'est que je n'ai plus de mal comme au moment de m'endormir. Mon ventre est quasiment plat. Il me reste un malaise au niveau du bas-ventre, comme si on en avait gratté l'intérieur avec du papier sablé. Je sens aussi la douleur due à l'inflammation.

— Tout s'est bien passé, madame, m'explique le chirurgien, mais le fœtus était solidement collé. Vous devrez attendre quelques mois avant de retomber enceinte. Il faut que tout soit bien guéri et cicatrisé avant.

Après qu'il a quitté la pièce, je m'avise de la présence d'un dossier, posé à côté de moi, sur le meuble qui me sert de table de chevet. Comme mon nom est inscrit dessus, je me donne la permission de le lire. Je le saisis et l'ouvre sans hésiter, sans me méfier que les résultats de l'intervention y sont peut-être inscrits. Le bébé était une fille…

Au gré du temps…

L'automne arrive et, dès que le soleil se couche, l'air devient plus frais. Les journées se font de plus en plus courtes et les feuilles changent de couleur pour adopter de belles teintes de rouge et d'orangé. Ces couleurs chaudes participent au réconfort que je ressens déjà en cette saison, du fait précisément des températures plus fraîches, qui conviennent à mon tempérament. Le quartier est totalement transformé et le paysage est superbe.

J'ai résolument tourné la page sur ma fausse couche, à laquelle je tâche de ne plus penser. Mon médecin m'a renseigné sur le sujet et m'a expliqué ce qu'était exactement ce genre de mésaventure.

— Plusieurs femmes en font, m'a-t-il dit, et cela ne signifie pas qu'elles auront de la difficulté à avoir des enfants par la suite.

Depuis ma conversation avec lui, je vais bien. Enfin, je crois. J'essaie de m'accrocher aux petits bonheurs de la vie qui passe, comme les belles couleurs qui illuminent le paysage extérieur.

Le bien-être que je ressens en ce temps-ci de l'année n'est pas forcément contagieux. Il y a de la tension dans l'air et je trouve Patrice de plus en plus irritable le soir lorsqu'il revient de travailler. Tous les jours, c'est la même routine, pour lui. Il se lève et déjeune seul parce qu'il est tôt et que nous dormons encore. Il fait une heure de route chaque matin pour se rendre à son travail qui, à l'entendre, n'a rien de passionnant. Il passe sa journée à faire aller ses doigts sur son ordinateur pour n'avoir que peu de considération. Il finit tard en fin de journée pour accumuler des heures, qui lui permettront de prendre deux ou trois jours de congé occasionnellement pour aller rendre visite à nos familles au Lac-Saint-Jean. Au retour, il doit à nouveau se taper une heure de route, si la circulation est fluide bien sûr. Il rentre tous les soirs vers 6 heures, affamé. C'est à peine s'il voit Joshua pendant une heure; il est bientôt temps pour lui d'aller au lit. Je le vois triste et malheureux. Quand je lui demande s'il aime ce qu'il fait, il me répond que ça n'a pas d'importance. Il se met bien de la pression sur les épaules.

Une période difficile

Nous nous rendons au Lac-Saint-Jean fêter l'anniversaire de Joshua et Noël en compagnie de notre famille. L'ambiance est à la fête.

Ce que je ressens est contradictoire. Les gens qui nous entourent parlent de moins en moins de Naomy, mais, pour moi, la deuxième année du deuil s'est avérée infiniment plus difficile que je ne l'aurais imaginé. Je croyais que le temps arrangeait les choses, comme dit l'adage, mais ce n'est pas mon cas. Le jour de son deuxième anniversaire de naissance, seuls mes parents m'ont téléphoné pour savoir comment nous allions, Patrice et moi. Ma mère m'a alors dit qu'ils étaient allés, mon père et elle, porter des fleurs à notre fille au cimetière à notre place. Nous demeurons à Québec depuis quelques mois déjà et nous ne pouvons pas nous recueillir sur la tombe de notre fille. Ça m'a fait bien plaisir de savoir que mes parents prennent soin d'elle.

Que les gens ne me parlent plus de Naomy me blesse. J'aimerais pouvoir croire qu'ils pensent toujours à elle, qu'elle fait toujours partie de leurs souvenirs impérissables. Mais si ma vie est imprégnée d'elle, j'ai parfois l'impression qu'il n'en va manifestement pas ainsi de tous. Ceux qui m'entourent voudraient que rien ne se soit passé, ils pensent conjurer le malheur en le fuyant. Ils évitent donc de nous en parler. Moi, je ne peux pas faire comme si rien ne s'était passé. Naomy fait trop partie de moi.

Nous sommes le 24 décembre, et je n'arrive pas à croire que mon garçon a un an. Je lui fais le plus gros gâteau possible et le laisse découvrir le bonheur de se planter les doigts dedans. Il s'en met partout. C'est la première fois qu'il croque dans quelque chose de sucré. Il a les yeux ronds et le visage badigeonné de glaçage au chocolat, mais il s'habitue vite à ce nouveau goût. Il en mange encore et encore et pleure dès qu'on fait mine de le lui enlever. Nous avons même de la difficulté à en donner à tout le monde. La journée de son premier anniversaire se termine sur un grand garçon malade d'avoir trop mangé de gâteau et une maman bien résolue à ne plus lui en servir pendant un certain temps.

Il m'est toujours bien difficile de me faire à l'idée qu'il faut retourner à la maison, à la fin de nos courtes visites dans la famille. Je resterais ici bien volontiers. Je retiens mes larmes pour ne pas mettre mes parents mal à l'aise.

J'apprends d'ailleurs depuis déjà un bon bout de

temps à dissimuler mes émotions, pour ne pas déplaire ou déranger. Lorsque les gens me demandent comment je vais, je sais qu'ils n'ont pas envie de m'entendre dire que j'ai de la peine ou que j'ai constamment peur qu'il arrive quelque chose à mon garçon. Je n'ai pas non plus envie de leur raconter ma vie ou mes peurs. Je ne veux pas qu'on me pose des questions à n'en plus finir. Parée d'un grand sourire de façade, je réponds que tout va comme sur des roulettes. Je suis consciente que la plupart du temps je leur mens, mais c'est mieux ainsi. C'est moins engageant aussi pour moi : je n'ai pas à m'étendre sur le sujet. C'est la même chose avec Patrice. Je ne veux pas qu'il ait à supporter mes états d'âme ou qu'il s'inquiète de mes tracas, lui qui a déjà suffisamment de préoccupations avec son travail et ses propres peines, qu'il garde trop souvent à l'intérieur de lui.

La route du retour à Québec n'est pas très belle. Il neige, la visibilité est réduite et la chaussée, glissante. Joshua dort à l'arrière, dans son siège de bébé. J'admire son visage qui semble sourire. Je me penche par-dessus le dossier du siège pour toucher le dessus de sa main. Les longs voyages en voiture, l'hiver, me causent de l'anxiété, bien que je n'en parle pas à Patrice. Tant que je ne suis pas arrivée à destination, je demeure fébrile.

Un anniversaire toujours pénible

Il y a aujourd'hui deux ans que Naomy nous a quittés. Je ne sais pas si un jour cette date du 22 février ne me fera plus revivre exactement ce que j'ai ressenti lorsqu'elle est décédée. Si je pense à elle chaque jour, cet anniversaire est toujours particulièrement difficile, au point que j'ai de la difficulté à m'acquitter de mes tâches ordinaires. Ma tête n'a pas l'air d'être sur mes épaules et je suis constamment dans la lune. J'aimerais que ma mère soit là, près de moi, mais je la sens au contraire très loin. J'aurais besoin d'un câlin.

Joshua passe en courant à côté de moi. Je l'intercepte dans sa course folle, l'attrape, le serre contre moi et le couvre de baisers. Il rit aux éclats et me pousse pour que je le dépose par terre. Depuis qu'il a fait ses premiers pas, il y a environ cinq semaines, il ne marche pas, il court sans arrêt. La vie pour lui est sans frontières. Il grimpe sur son bureau à l'aide de ses tiroirs, qu'il ouvre un à un pour se faire un escalier, saute en bas de sa couchette et se cache dans les armoires à travers les plats et les chaudrons. C'est un garçon très énergique. Avec ses yeux noirs et espiègles, il ferait craquer n'importe qui. Impossible de remettre ce gamin à l'ordre, il te fait fondre.

Mon regard retourne dans le vide, et ma mémoire ne cesse de ressasser ce tragique événement. Le téléphone sonne. C'est ma mère. Elle a dû sentir que j'avais besoin de me changer les idées. Elle ne me parle pas de Naomy, mais elle comprend à ma voix que je ne vais pas très bien et que je m'ennuie beaucoup. Elle me parle de la pluie et du beau temps en attendant que je lui glisse un mot au sujet de mes tristesses. Le simple fait de parler de tout et de rien me fait le plus grand bien. Elle me fait rire et me distrait de mes pensées sombres. Pendant que nous conversons, j'allume une chandelle et, sans m'en apercevoir, je cesse de parler. Ma mère me demande ce que je fais. Je lui confie que je fais brûler un lampion à la mémoire de ma fille à chaque anniversaire de son décès et que je le laisse se consumer toute la journée. Nous n'en disons rien de plus. Je la rassure en lui disant que je vais bien, qu'elle n'a pas à s'inquiéter et que je profiterai du temps doux pour sortir me promener avec Joshua. Je la remercie pour son coup de fil et l'assure que je la rappellerai si quelque chose ne va pas.

J'habille chaudement mon garçon pour l'amener faire une promenade. Il fait un soleil radieux. Je marche en poussant le traîneau dans la neige, le regard fixé sur les traces qu'il laisse. Lorsque je lève la tête pour voir Joshua, je constate qu'il me regarde dans les yeux avec l'air de vouloir me dire quelque chose. Est-ce qu'il ressent ma peine? Il me tend les bras en souriant. Je m'arrête le temps de lui donner un baiser. Son sourire ne s'efface pas. Il le gardera tout au long du trajet.

De nouvelles perspectives

Je vois mon conjoint se dévouer dans un travail qu'il n'aime pas, qui le rend malheureux, mais qu'il s'obstine à conserver pour nous. Ses yeux sont tristes lorsqu'il revient le soir à la maison. La fin de semaine, il déborde d'énergie. C'est le Patrice que j'aime, qui ne se manifeste pas assez à mon goût et qui me manque. Lorsque le lundi arrive, son air maussade, sérieux et peu communicatif refait surface. La routine s'installe pour la semaine, grise et sans joie. Bien sûr, il lui faut assurer les revenus de la famille, mais le peu de satisfaction qu'il retire de son emploi me chagrine et je lui demande s'il n'aurait pas envie d'explorer d'autres possibilités, de relever de nouveaux défis.

Au fond, il m'inquiète beaucoup. J'ai peur qu'il ne couve une dépression. Il n'est pas dans son état normal. Il travaille sans arrêt et se lance dans des projets continuellement, comme s'il ne pouvait demeurer une heure sans rien faire. On dirait qu'il veut fuir quelque chose. Je veux qu'il se confie à moi, mais c'est en vain que j'essaie de le faire parler.

Un soir, il rentre à la maison à 18 heures comme d'habitude, mais il a le sourire aux lèvres. Bien que ça me fasse plaisir de le voir ainsi, je trouve que son attitude est presque exagérée. Qu'est-ce qu'il me cache? Il me dit qu'il tient à me parler d'un projet bien spécial, ce qui m'inquiète encore davantage. Lorsque Patrice élabore des plans, ce n'est pas toujours pour les bonnes raisons. C'est lorsqu'il ne se sent pas bien et je le trouve justement tout à coup nerveux, fébrile. Ses mains s'agitent sans arrêt. Dans le moment, il fait tourner inlassablement la cuillère à café. Je m'assieds près de lui à la table, et il me révèle enfin le fond de sa pensée.

— Tu sais, Mélanie, que j'ai toujours tenu à ce que Joshua et toi ne manquiez de rien. Je suis très anxieux à l'idée que vous pourriez ne pas être bien, et c'est pourquoi j'ai choisi un travail qui me procure la stabilité, un bon salaire et des avantages sociaux intéressants. Tu m'as suivi dans cette ville et je sais bien que tu t'ennuies beaucoup de ta famille et de tes amis. Ce n'est sûrement pas facile pour toi de te refaire un nouveau réseau social, surtout en étant à la maison avec Joshua. J'aimerais bien ça si on pouvait retourner vivre au Lac-Saint-Jean et j'ai peut-être trouvé une solution. J'ai vu qu'il se donne des cours de massothérapie et je crois que ça pourrait m'intéresser. Le côté humain me manque terriblement dans mon travail et j'ai toujours eu le goût d'aider les gens. Ton père a une clinique de massothérapie qui fonctionne bien. Peut-être pourrions-nous nous associer! Ou bien je pourrais travailler pour lui? Je ne sais pas ce que tu en penses, je ne suis même pas encore certain de ce que je désire, mais j'ai envie d'explorer cette option davantage. Je vais en parler à ton père et je prendrai une décision par la suite. Il me semble que la réalisation de ce projet pourrait être possible.

Il a les yeux qui brillent. Je remarque qu'il a mis la cuillère de côté et qu'il est maintenant à l'aise de me parler de ses rêves. Et de les évoquer le fait sourire, ce qui est en soi positif. C'est la première fois depuis plusieurs mois qu'il me parle d'un éventuel travail avec enthousiasme. Je ne dis rien, je ne veux surtout pas lui couper la parole. Je n'ai qu'à écouter. Je l'observerais ainsi jusqu'aux petites heures du matin, sans dire un mot. Je le suivrais partout. Peu importent les décisions qu'il prendra, je ferai tout mon possible pour que ses vœux se réalisent, parce que je l'aime. À partir du moment où ses yeux se remplissent d'espoir, qu'il a envie de regarder devant lui et qu'il se sent bien dans ce qu'il accomplit, je suis heureuse. Aussi longtemps que ses yeux me diront qu'il va bien, moi aussi, je serai comblée. Il me fait un clin d'œil accompagné d'un sourire des plus resplendissants. Sa joie fait la mienne.

De mon côté, je me suis récemment inscrite à un cours en décoration par correspondance. Les projets de Patrice attisent ma motivation à poursuivre dans ce sens. Je pourrai certainement exercer la profession de décoratrice dans notre ville où je connais tout de même beaucoup de gens.

Un tour pendable d'un destin malicieux

Quatre mois après ma fausse couche, nous décidons d'avoir un autre enfant, mais trois autres mois s'écoulent avant que notre désir se concrétise. Lorsqu'un bébé germe dans mon ventre, je suis très contente. Le médecin qui m'a fait mon curetage m'avait dit que je pourrais avoir une certaine difficulté à retomber enceinte, mais, tout compte fait, ça s'est plutôt bien passé. La venue de l'enfant est prévue pour le mois de décembre, le 24 plus exactement. Joshua aura-t-il son frère ou sa sœur le jour de son anniversaire?

Tout en continuant de travailler, Patrice suit maintenant son cours en massothérapie dans une école spécialisée et il adore ça. Nous retournerons dans notre région, notre vrai chez-nous, en juin. C'est là un autre motif pour moi de trouver la vie belle. Une fois muni de son diplôme de massothérapeute, Patrice secondera mon père à sa clinique.

Peu avant notre déménagement, ma mère vient nous donner un coup de main pour placer nos affaires dans des boîtes. Elle entend bien par la même occasion passer un moment avec moi. J'en suis à ma neuvième semaine de grossesse. Nous allons magasiner. Lorsque nous mettons les pieds dans un centre commercial, nous sommes comme deux enfants dans une boutique de jouets. Nous faisons l'inventaire des boutiques à visiter quand, soudain, j'ai une crampe douloureuse au bas du ventre. Aussitôt inquiète, ma mère m'amène m'asseoir dans un casse-croûte qui longe le couloir. Le mal ne passe pas. Elle m'invite gentiment à me calmer, consciente que je suis très nerveuse en raison des événements qui se sont produits il y a quelques mois.

Mais j'ai beau prendre de grandes respirations et boire de l'eau, la douleur est toujours présente, elle devient même de plus en plus intense. J'ai des sueurs froides.

—Je dois me rendre aux toilettes, annoncé-je à ma mère.
—Je t'accompagne!
— Mais non, ça va aller!

Rien n'est moins vrai. Je ne vais pas bien et je crois que ma mère n'est pas dupe de mon mensonge, à voir la façon dont elle plisse le front.

Les toilettes sont juste en face. Aussitôt que je me retrouve dans une cabine, j'éprouve de violents vertiges qui me donnent mal au cœur. Je m'assieds même par terre pour ne pas tomber au cas où je perdrais connaissance. La douleur est atroce et quelque chose de chaud coule le long de mes cuisses. Je m'aperçois que je suis couverte de sang. Je veux me lever, mais je n'en ai pas la force. Je réussis à déclencher le loquet et à ouvrir la porte pour ramper laborieusement jusqu'à la sortie, à quatre pattes, et réussir à rejoindre le bout du couloir où je peux enfin voir ma mère. Je lui crie le plus fort possible, mais ne réussis qu'à émettre un son insignifiant qui ne porte pas jusqu'à elle. Heureusement, elle m'aperçoit et accourt rapidement pour me venir en aide. J'ai mal, je tremble et, à la limite de l'inconscience, je ne vois plus rien. Ma mère me relève du mieux qu'elle peut et me supporte jusqu'à la voiture. Elle me traîne en prenant bien soin de ne pas me blesser et m'installe sur le siège dont elle abaisse le dossier pour que je puisse m'étendre. Elle téléphone immédiatement à Patrice qui se trouve à la maison avec Joshua. Elle lui dit de se préparer, qu'elle sera là dans quelques minutes. Elle ira prendre le relais pour s'occuper de Joshua, tandis qu'il m'accompagnera à l'hôpital. Sans doute a-t-elle l'intuition qu'il voudra être avec moi s'il s'agit encore d'une fausse couche. Je saigne de plus en plus lorsque nous arrivons chez moi. Au prix d'efforts surhumains, je monte me changer de pantalon. À la salle de bains, j'ai une vision d'horreur au moment où je constate la gravité de ce qui m'arrive. L'eau de la toilette est si rouge que nous sommes incapables de voir le fond de la cuvette. Les larmes me montent aux yeux lorsque je crie à Patrice de venir me confirmer ce que je crois. Je fais une autre fausse couche, c'est certain. Il y a vraiment trop de sang.

Nous nous précipitons à l'hôpital où on me fait une échographie d'urgence. Pendant que l'appareil fouille mon ventre, je revis les événements qui se sont produits environ neuf mois auparavant. Une larme perle au coin de mon œil pendant que j'attends la sentence, sûrement la pire. Mes mains me font mal tellement je serre les poings. Cependant, la douleur a diminué de moitié.

L'échographiste s'approche de moi et pose sa main sur mon épaule comme pour me dire que ça ira. Il n'allume pas le grand écran, au cas où il afficherait des choses que je ne veux pas voir. C'est délicat de sa part. Je regarde le plafond et Patrice me prend la main.

— Votre bébé est toujours là! me dit l'échographiste. Il est en super forme, en plus. Félicitations! Son cœur bat à toute vitesse, comme vous voyez.

Il tourne l'écran vers moi et me montre cet être fantastique qui bouge à l'intérieur de mon abdomen. Il ressemble à une crevette. Émerveillée, je ne peux m'arrêter de sourire. Je quitte cette pièce sans mot pour exprimer ma joie et surtout soulagée d'avoir encore l'honneur de porter cet enfant en moi. Le médecin m'explique que j'ai un décollement placentaire. Soit mon fœtus s'est installé très bas, près du col, soit j'ai perdu le jumeau de mon bébé. Toujours est-il que je dois rester tranquille. Pas de tâches ménagères, pas de longues promenades en voiture ni de préparation de boîtes pour le déménagement. Je dois rester allongée. Il me faut du repos et encore du repos pour que le placenta se ressoude et que l'hématome se résorbe.

Le déménagement

Je suis les consignes religieusement et les saignements s'arrêtent complètement à la douzième semaine. Cet ange qui se développe en moi est un vrai combattant. Joshua est content que son bébé soit en pleine forme et il veille sur moi.

Mes parents et beaux-parents nous apportent une aide précieuse lors du déménagement et me permettent de reposer dans le brouhaha. On ne cesse de me dire : « Fais attention au bébé, ne force pas... » Je n'ai pas le choix de regarder les autres transporter mes affaires en prenant mon mal en patience. Patrice est déjà parti pour notre nouvel appartement. J'ai choisi les couleurs et il est allé peindre les murs. Tout doit être prêt lorsque nous arriverons deux jours plus tard. Pendant ce temps, ma mère, Joshua et moi nous occupons des derniers préparatifs dans notre appartement de Saint-Romuald. Comme il n'y a plus de lit, nous campons dans le salon et Joshua trouve très amusante cette situation nouvelle pour lui. Il se couche avec maman et, quelques minutes plus tard, va dormir avec grand-maman. Ce n'est que plusieurs heures plus tard qu'il finit par s'endormir, la tête sur le lit de sa grand-mère et les pieds sur le mien. Son lit à lui n'est même pas défait.

Joshua aime sa famille et le démontre naturellement. Lorsque ses grands-parents arrivent, il n'hésite pas à leur sauter au cou et à les amener dans sa chambre pour jouer.

J'ai d'abord craint que le déménagement ne soit difficile pour lui, mais ce n'est pas du tout le cas. Il s'adapte facilement à une situation et trouve toujours le moyen d'en tirer du plaisir. Juste à le regarder, je retrouve l'énergie perdue.

Enfin, nous voilà arrivés dans notre nouveau chez-nous. Je m'y trouve déjà très bien, même si nous ne sommes pas encore installés, et je compte bien y reconstruire doucement notre bonheur. J'ai enfin la conviction qu'il nous sera possible d'être heureux, malgré la perte de notre fille. Je suis épuisée, mais je me sens bien.

Comme il n'y a pas encore de meubles, mon fils en profite pour courir partout, et notamment pour tourner en rond inlassablement autour d'un pan de mur qui sépare la cuisine du corridor menant aux autres pièces.

Le soir venu, nous sommes prêts à faire notre premier dodo dans notre nouvelle demeure. Épuisé par sa course, Joshua dort à poings fermés dans son lit de grand garçon, nouvellement installé pour lui.

Pour ma part, je suis incapable de fermer l'œil, non pas parce que j'éprouve de l'anxiété, mais parce que je suis trop excitée. Je regarde à l'extérieur par l'immense fenêtre de ma chambre, j'aperçois les étoiles qui brillent dans le ciel et je me dis que c'est merveilleux d'être revenus dans notre coin de pays. Je remercie Naomy de nous procurer ce bonheur.

Je lui parle tous les soirs depuis sa mort, mais ce soir, c'est différent, parce que je souris et que je suis sereine, que je savoure la vie pour une seconde fois. Je perçois la douceur du quotidien sans douleur, sans cette amertume qui fait habituellement surface.

La vie m'a laissé le plus beau des petits garçons et le plus gentil. Je me lève, contourne les boîtes collées au mur et me rends dans sa chambre pour l'observer. Il est charmant. Je me penche et lui donne un baiser. Je lui dis à l'oreille :

— S'il fallait qu'il t'arrive quelque chose…

CHAPITRE 6

Les petits et grands bonheurs

Un verdict rassurant

Nous sommes installés dans notre nouvelle maison depuis plusieurs semaines déjà. Le lendemain, je dois passer une échographie et je suis très anxieuse. En raison de ce qui s'est produit au début de ma grossesse, j'ai hâte qu'on me confirme que tout se déroule normalement. J'appréhende cette échographie. En même temps, je suis excitée à l'idée de peut-être connaître le sexe du bébé.

J'explique à Joshua ce qui se produit en moi, et il m'écoute attentivement. Je lui raconte que nous saurons aujourd'hui si le bébé est en bonne santé et s'il s'agit d'une fille ou d'un garçon. Il me dit qu'il aimerait bien avoir un frère pour jouer au soccer avec lui. J'éclate de rire et l'embrasse sur la joue. Je le trouve adorable. Il touche mon ventre et perd son regard dans le mien en disant :

— Tu as de la peine dans tes yeux.

Il a senti ce qui se passe dans ma tête. Cet enfant me connaît tellement qu'il devine mes émotions. Il a tout de même été neuf mois en moi et il y en a eu, des épreuves, durant cette grossesse. Il ne peut pas ne pas ressentir ce que sa mère éprouve du fait de porter un bébé. Joshua connaît donc sa maman mieux que quiconque. Je lui ai toujours confié mes peurs et mes peines, même lorsqu'il n'était encore qu'un nourrisson. Il m'a beaucoup aidée à continuer, lui, ma bouée de sauvetage. Jamais je n'ai voulu lui faire porter le poids de mes tourments ni mettre sur ses épaules d'enfant mes problèmes d'adulte. Il n'en a pas moins, à ma grande surprise, développé une sorte de symbiose avec moi qui lui permet de sentir ce que je vis secrètement.

Sa remarque ne m'en cause pas moins un pincement d'inquiétude. Je le serre dans mes bras et le rassure en lui disant que je vais bien et que je n'ai pas de peine. Croit-il ce mensonge? Il fixe sur moi ses grands yeux noirs. Mon fils est un génie, j'en suis certaine. Il a le regard si profond! Tel un grand garçon raisonnable, il me donne un baiser sur la joue. Je me sens mieux. Parler avec mon fiston me fait toujours le plus grand bien.

Après avoir laissé Joshua chez mes parents, nous nous rendons à l'hôpital et attendons qu'on nous appelle. Même si j'essaie de ne pas laisser paraître mon impatience, mes gestes me trahissent. Je fais tourner sans cesse la courroie de mon sac à main autour de mon poignet, dont la peau devient irritée et très rouge. Patrice me demande si je vais bien. Je lui réponds que si le bébé va bien, j'irai très bien moi aussi. Il me sourit. Lui semble confiant, il n'a pas l'air nerveux du tout.

C'est maintenant mon tour. Je suis étendue sur le lit et mon conjoint me tient la main. L'échographiste m'applique le gel froid sur le ventre. Les yeux rivés sur l'écran, il m'explique dans le détail ce qu'il voit et que je suis en mesure d'observer moi aussi sur le moniteur. Après autant d'examens, et même s'il s'agit de ma quatrième grossesse, je n'en reste pas moins émerveillée. Un morceau de vie est en moi, qui n'a que dix-huit semaines. Sa tête est déjà parfaite et bien ronde, son cœur bat très vite et ses mains découvrent les parois de son habitat. On me confirme que mon bébé est en parfaite santé et que rien ne cloche pour l'instant.

J'admire la façon instinctive qu'il a de sucer son pouce. Il attend de venir au monde, écoute son entourage et réagit lorsque Patrice parle à côté de moi. Il apprend à nous connaître et assimile son environnement. L'échographiste me demande si je désire connaître son sexe. Je le fixe sans répondre à sa question. Je ne me suis pas créé d'attentes, mais j'aimerais bien que ce soit une fille. Pourtant, lorsqu'il m'annonce que ce sera un garçon, je ne ressens aucune déception. Je suis heureuse, émue aux larmes d'être une maman dans un monde de garçons.

Je passerais la journée à regarder cet enfant bouger dans mon ventre, si c'était possible.

Satisfaits des résultats de l'examen, nous retournons à la maison quelques minutes plus tard. Lorsque j'annonce à Joshua qu'il aura un petit frère, ses yeux deviennent tout à coup très grands et son sourire dépasse largement ceux qu'il fait habituellement. Il semble très fier, plus que je ne l'aurais imaginé. Il me confie :

— Moi, maman, je vais le protéger, mon petit frère!

Petit et grand deuil…

Nous assistons déjà aux dernières belles journées de l'été 2003. Mon ventre se fait de plus en plus rond.

J'en suis à ma vingt-deuxième semaine de grossesse et tout se déroule à merveille. Joshua aura deux ans d'ici quelques semaines, et je mettrai son petit frère au monde sensiblement au même moment. Les journées sont de plus en plus courtes. La fin de l'été me désole, car Joshua et moi aimions bien aller jouer dehors après le souper, maintenant que papa travaille le soir.

Le mois d'octobre arrive à grands pas. Naomy aurait eu trois ans cette année. Elle me manque toujours beaucoup. Ma grossesse progresse normalement, mais mon corps en accuse le contrecoup. Mes problèmes de santé physique commencent à s'aggraver en raison des grossesses trop rapprochées. Mon orthopédiste me conseille de limiter ma famille à ces deux garçons, sous peine de devoir faire face à des complications.

Je ne me fais pas de gaieté de cœur à cette idée et je ne suis pas prête à renoncer à avoir une fille. Aussi, je me dis qu'on verra bien, que j'ai le temps de réfléchir à la chose. Je n'ai encore que vingt et un ans.

C'est justement mon anniversaire la semaine prochaine. À l'automne, je ressens toujours comme un surcroît d'émotions, un vague à l'âme que j'ai de la difficulté à cerner et à définir. J'en mets toujours la faute sur le fait que l'automne coïncide avec l'anniversaire de naissance de Naomy, mais je réalise que cette sensation augmente d'année en année. Est-elle causée par les grossesses ou les changements hormonaux qui se produisent dans mon corps? Peut-être suis-je seulement épuisée, à force de trimbaler des bébés dans mon ventre. Je ris de cette pensée. De toute façon, je n'y peux rien. Les dés sont jetés: je porte un bébé qui va inéluctablement venir au monde et il ne me reste qu'à laisser aller les choses.

Mythe ou réalité?

L'hiver s'installe très tôt cette année. Je déteste quand la nature s'empresse, en début de novembre, de nous étouffer sous une épaisse couche de neige. En une seule journée, il en tombe tant que ça semble irréel. J'ai l'impression de ne plus pouvoir respirer. Quel changement radical de température! Je devrai m'adapter, mais j'ai toujours de la difficulté à supporter la neige.

Les semaines passent, et le séjour de mon petit homme dans mon abdomen tire à sa fin. Nous sommes le premier jour de décembre. En compagnie de Joshua, je vais à l'église voir chanter ma filleule Kristyna, maintenant âgée de cinq ans. Ma belle-sœur m'indique qu'elle se trouve au jubé; je m'y rends et m'assieds sur un banc en prenant garde de ne pas faire de bruit. Je préfère qu'elle ne me voie pas pour ne pas la rendre nerveuse. Je la fixe tout au long de son solo, très fière d'elle. Joshua trouve aussi sa cousine très talentueuse, mais il piaffe d'impatience en attendant le moment de courir jusqu'à elle. C'est à peine si j'arrive à le tenir assis sur moi.

Dès que le spectacle se termine, je lui donne le feu vert et il part à toutes jambes lui donner un câlin. Je le suis, loin derrière, en souriant.

Après avoir félicité Kristyna pour sa prestation et l'avoir noyée sous les bisous, nous nous dirigeons vers la sortie. Nathalie me laisse passer devant, en se tenant derrière moi avec les enfants qui, fort excités, pourraient bien par mégarde heurter mon ventre. Plusieurs personnes convergent vers l'escalier extrêmement étroit qui conduit au jubé. En m'avançant vers la première marche, je ne remarque pas l'eau qui s'est accumulée sous les bottes des nombreuses personnes qui sont passées là à leur arrivée. Mon pied glisse et je me retrouve sur le dos, irrésistiblement attirée vers le bas de cet escalier maléfique. Je fonce directement vers l'étage inférieur, en frappant durement de mon dos et de mes hanches chacune des marches. Chaque coup résonne dans mon ventre et, la seule chose que je puis faire, c'est de le tenir pour essayer de minimiser les dégâts.

Ma belle-sœur tente de me retenir, mais en vain. Je l'entends descendre en hurlant derrière moi. Les gens se rangent contre le mur et me regardent dégringoler, sans chercher à m'attraper, sans me tendre la main. Je dégringole ainsi une vingtaine de marches, pour me retrouver tout en bas de l'escalier, assise par terre à tenir mon ventre.

J'ai l'impression que mon cœur va cesser de battre, tant j'ai peur pour mon bébé. Je tremble de tous mes membres et dois prendre de grandes respirations pour me calmer. Une vieille dame m'aide à me relever avec une sollicitude maternelle et me demande gentiment si je me suis fait mal. Je ne le sais pas. Pour être honnête, sur le coup, je m'inquiète bien plus pour le bébé que pour moi. Mais je ne tarde pas à constater que je ressens une vive douleur à la hanche gauche. Mon dos et ma jambe gauche sont très endoloris. En plus, je suis anxieuse et agitée. Pour un peu, je serais en état de choc.

Lorsque Nathalie me rejoint avec les enfants, elle s'empresse de me demander à son tour comment je me sens. La vieille dame la rassure et se tourne vers moi pour me demander :

— À quelle date votre enfant est-il censé naître?

— La veille de Noël, le 24 décembre, lui réponds-je.

Elle éclate de rire. Je la regarde, perplexe. Qu'est-ce qui peut bien l'amuser ainsi? Ce qui vient de m'arriver est loin d'être drôle.

— Prépare ta valise, ma petite! Tu vas accoucher dans neuf jours!

Quoi? Je n'y comprends rien et lui demande des explications.

— Tiens-toi prête, me répète-t-elle. Lorsqu'une femme enceinte déboule un escalier, elle accouche toujours le neuvième jour qui suit sa chute.

Avec difficulté, j'installe Joshua à l'arrière de la voiture et prends place au volant. J'ai de plus en plus mal. J'appellerai mon médecin pour qu'il m'examine et vérifie si le bébé a tenu bon. Je ne voudrais pas qu'il garde des séquelles de ma chute. Cette femme ne peut pas avoir raison. Pourquoi mon trésor arriverait-il dans neuf jours précisément? « Ce sont des mythes, ces histoires! » me dis-je.

Mon médecin m'envoie passer une nouvelle échographie, qui révèle que ma grossesse se poursuit normalement. Le bébé n'a pas descendu d'un millimètre.

— Il vous faut tout de même beaucoup vous reposer, me dit-il. Une pareille dégringolade, ça vous laisse des ecchymoses. Pour accoucher, vous devez être en forme! Ce n'est pas le temps d'avoir mal partout.

Je retourne chez moi rassurée et contente de m'en tirer à si bon compte.

Le lendemain matin, c'est la douleur qui me tire du lit. J'ai la hanche et la jambe d'un bleu foncé qui ne fait rien pour me réconforter. Je me surprends alors à revivre le moment où j'ai vu Naomy dans son lit d'hôpital, à Québec. Elle était de la couleur de ma jambe. Je sens tout à coup l'odeur qui sévissait dans la chambre où elle se trouvait. La tête me tourne, j'ai l'impression de perdre la maîtrise de mes sens. C'est ma cuisse que je fixe, mais c'est Naomy que je vois.

Je secoue la tête violemment pour en chasser les images. Mon cou me fait mal et je reviens à moi. Mais qu'est-ce qui s'est passé? Est-ce que c'est ça, un flash-back? Après quasiment trois ans! Il faut dire que ce que j'ai vécu à ce moment-là n'était pas banal; je me dis que ce doit être une réaction normale.

En ravalant mes larmes, je m'empresse d'enfiler un pantalon pour m'enlever cette image de la tête. Avant que Patrice ne parte travailler, je lui montre ma jambe, et il a la même réaction que moi. Il me recommande de faire attention et de ne pas trop m'énerver.

— Tu te prends pour mon père, lui réponds-je en rigolant.

Il m'embrasse et part travailler.

Quand Joshua me voit, il me demande pourquoi je marche en boitant. Je lui montre ma jambe, et il semble très impressionné. D'instinct, et comme s'il voulait prendre soin de moi, il me caresse de sa petite main et donne un doux baiser à ma blessure. Comme il est gentil, mon grand garçon!

Je pense à Naomy tout au long de la journée. J'espère

du plus profond de mon cœur qu'elle ne souffrait pas, lorsqu'elle était sur son lit d'hôpital, apparemment inconsciente. Moi, ce n'est que ma jambe, qui est couverte d'ecchymoses et d'hématomes. Elle, c'était tout son corps.

Je ne suis plus un bébé…

Joshua est adorable. Sa famille est très importante à ses yeux. C'est un enfant très sociable qui n'a pas peur de parler aux gens et de leur sourire, bien qu'il soit la plupart du temps à la maison, seul avec moi. Nous allons partout ensemble. Peu importe où je vais, je l'emmène et tout le monde le trouve charmant. C'est un enfant facile, qui me suit partout sans jamais rouspéter. Pour lui, tout est toujours parfait et rien n'est jamais grave, comme il me le répète souvent.

Si j'ai quelque course à faire seule, il reste avec son papa. Patrice le trimbale également avec lui, de sorte que nous ne le faisons garder que très rarement. Mon compagnon et moi, nous trouvons très important de faire des activités en famille.

Joshua ne pleure jamais lorsqu'il tombe, ce qui se produit souvent. Il faut dire que c'est un sacré cascadeur, qui me fait peur avec tous les trucs qu'il exécute sans aucune crainte, et surtout sans hésitation. Même si je le surveille constamment, il invente toujours un moyen de me donner la frousse. Pas étonnant qu'il trébuche plusieurs fois par jour; mais ce n'est jamais grave.

À tout instant, il me crie:

— Maman, viens voir!

Chaque fois, mon sang se glace. Je n'ose pas entrer dans sa chambre, de peur de le voir juché sur une montagne de jouets qu'il aura empilés les uns sur les autres dans le but d'aller toucher le plafond. Et il sourit, très fier de ce qu'il a accompli. Il a la tête remplie d'idées et cherche toujours à se dépasser. C'est un sacré sportif, mon fils. Donnez-lui un ballon de soccer, et il saura vous impressionner. Je pourrais le regarder des journées entières, et il n'y a pas un instant où je ne suis pas fière de lui. C'est un véritable cadeau que vous fait la vie, de vous permettre d'élever un enfant et de lui apprendre des milliers de trucs.

Bientôt, son petit frère montrera le bout de son nez et il n'aura plus l'exclusivité de notre attention. Il nous faudra partager notre temps. J'ai peur de ne pas pouvoir lui en consacrer autant que je le fais présentement. Il faudra que Patrice et moi nous partagions les tâches pour ne pas que Joshua soit déstabilisé par ce grand changement. J'ai tout de même confiance, sachant qu'il a une grande facilité d'adaptation et que je l'ai bien préparé à ce qui va se produire. Ce sera un grand frère merveilleux et très présent, j'en suis convaincue.

Quand je serai grand…

Je me réveille brusquement à 6 heures du matin. Une crampe dans le bas du ventre me force à me lever. Il reste deux semaines avant la date prévue de mon accouchement, de sorte que j'imagine que ces contractions ne sont que du faux travail. Comme ce que la dame m'a dit à l'église me trotte toujours dans la tête, je cours au calendrier et fais le décompte des jours passés depuis ma dégringolade. Huit jours. « Je ne vais tout de même pas me mettre à croire à ces fables de vieille femme! » me dis-je. Je dois penser à autre chose.

Je me tiens le ventre et marche ainsi pendant au moins une heure. Patrice et Joshua se lèvent environ une heure plus tard. Je préviens mon amoureux que les contractions n'arrêtent pas et qu'elles sont espacées d'environ quinze minutes. Lorsque je lui ai raconté ma chute dans l'escalier et que je lui ai rapporté les paroles de la femme, il n'a pas pris la chose au sérieux. En ce moment, il n'est toujours pas convaincu ni même ébranlé. Patrice a bien de la difficulté à considérer avec sérieux ce qui n'est pas prouvé scientifiquement. Il lui faut bien m'accorder cependant que mes contractions sont bel et bien réelles. Nous attendrons tout de même d'être certains pour ne pas nous rendre à l'hôpital pour rien.

À mesure que la journée avance, mes contractions se font de plus en plus rapprochées. Nous avisons nos proches qu'il y aura probablement un nouveau petit nez qui se pointera très bientôt dans notre famille. Je ne suis pas nerveuse du tout, je reste calme et me colle contre Joshua. Il est impatient d'accueillir son petit frère. Il colle sa bouche contre mon ventre et lui parle ou lui donne des baisers. Réalise-t-il vraiment ce qui se produit dans sa vie? Sait-il ce qui l'attend? Il me répète souvent qu'il a très envie de prendre son frère dans ses bras et de s'en occuper.

Moi, je profite au maximum de la présence de mon grand garçon auprès de moi. Je partirai bientôt deux ou trois jours et nous ne nous sommes jamais laissés aussi longtemps, lui et moi. Je m'ennuierai et lui aussi, mais je lui dis:

— Cette séparation, nous la supporterons pour ton petit frère. Le docteur, vois-tu, il doit être certain qu'il est en parfaite santé avant de me laisser revenir à la maison.

Félix – c'est le nom que nous voulons lui donner – étire de plus en plus ses jambes et pousse contre la paroi de mon abdomen. Il paraît être très agité et surtout terriblement pressé de venir retrouver sa famille. J'ai eu une fois de plus une grossesse merveilleuse, mais ce petit bonhomme qui se trouve en moi nous donnera du fil à retordre, c'est certain. Je ris et dis à Joshua que son frère sera un vrai coquin. Il éclate d'un rire franc et sincère.

Il me faut partir pour l'hôpital. Les contractions sont espacées de cinq minutes depuis plus de deux heures. Nous embrassons Joshua, qui restera avec la mère de Patrice. Le soleil se couche et le neuvième jour approche. Avant notre départ, mon petit garçon s'exclame:

— Maman, je vais être un grand frère!

CHAPITRE 7

Félix

Neuf jours plus tard...

Vingt-quatre heures de travail passent avant que je n'aperçoive le visage parfait de mon petit Félix, mais il s'agit malgré tout du plus facile de mes accouchements. À 6 heures le matin, je tombe de nouveau amoureuse de la vie. Ces doux moments qu'elle m'offre me rappellent pourquoi je l'aime, pourquoi je continue de me battre jour après jour contre mes peurs. De toute façon, il ne peut plus rien m'arriver. Ça me rassure de penser ainsi.

Félix semble très nerveux. Patrice prend ses minuscules mains et le calme en lui parlant dans l'oreille. Il le couche sur moi, sous ma jaquette. Sa peau est douce et chaude contre la mienne. Il cesse de bouger. Je perçois la chaleur de son souffle contre ma chair. Je lui offre le sein et m'endors profondément.

Bizarrement, mon fils est venu au monde neuf jours exactement après ma chute à l'église et cela m'a fait sourire.

On ne me transporte pas dans ma chambre immédiatement. Je reste allongée ainsi avec mon bébé pendant au moins deux heures, épuisée par les efforts fournis, et pourtant heureuse de vivre ce moment. Mon fils dort avec moi, contre mon sein, et rien ne pourrait le déranger. Après qu'on m'a conduite à ma chambre, je prends le temps d'examiner Félix plus attentivement. Il est incroyablement beau. Ses traits sont doux et délicats. Sa peau est pâle, sans aucun défaut. Lorsqu'il ouvre les yeux, il laisse entrevoir la couleur de son iris superbe. Je ne cesse de le contempler et de me dire à quel point il est parfait.

J'entends les pas d'un enfant dans le couloir. Des pas assurés et énergiques qui se dirigent vers notre chambre. Je reconnaîtrais cette façon de marcher peu importe où et dans quel état je serais. C'est mon amour, Joshua, c'est certain.

— Il est où, mon petit bébé? Il est où, mon frère? demande-t-il dès son arrivée.

Il entre dans ma chambre et cherche le poupon. Le trouver est pour lui prioritaire, puisque, le nez en l'air, il s'avance sans même me dire bonjour. Il est concentré et déterminé à braver le grand lit, trop haut pour ses jambes d'enfant, à grimper dessus pour voir qui se cache dans ce berceau de plastique transparent. Il fronce les sourcils et réussit, en s'accrochant aux barreaux du lit, à l'escalader et à se mettre debout.

— Il est là! Je veux le prendre!

Il étire les bras et pointe Félix de ses doigts. Patrice m'aide à me lever et nous installons Joshua dans la chaise berçante turquoise. Nous sortons Félix de son petit lit. Les yeux noirs et brillants de l'aîné s'agrandissent au point de devenir tout ronds. Et que dire de son sourire? Je ne l'ai jamais vu aussi heureux, je crois. Il est fier de tenir son petit frère et savoure l'instant. Je donne la main à Patrice et observe mon grand garçon. Il a l'air d'un géant avec ce trésor blotti dans le creux de ses bras. Jamais je n'oublierai ce que je vois devant moi. Ce moment est magique et inoubliable.

Deux doigts de la main

Mon retour à la maison me propulse immédiatement dans l'action. Le temps se met à défiler à toute vitesse, si bien que je ne vois pas les journées passer. Comme à son habitude, Joshua s'adapte merveilleusement bien. Il prend très à cœur son rôle de grand frère et l'assume totalement. Le nouveau bébé est plus exigeant que les précédents, il tient à ce qu'on s'occupe de lui sans cesse, mais cette situation est loin de rebuter Joshua, qui prend plaisir à s'occuper de son frère et ne le lâche pas d'une semelle. Je crois même que c'est un peu de sa faute s'il demande tant d'énergie. Il est toujours collé contre lui et, lorsqu'il l'abandonne pour s'adonner à ses jeux d'enfant, Félix doit ressentir un vide qui lui fait peur.

Mes fils sont comme deux doigts de la main. Si l'un n'est pas là, l'autre ne se sent pas bien. C'est un privilège pour moi, qu'ils s'entendent aussi bien et j'admire Joshua de s'être si vite adapté à la présence de son petit frère. Cela s'est fait si naturellement pour lui qu'on dirait que ça ne lui a demandé aucun effort.

Les mois passent, et le printemps se pointe le bout du nez. Mes deux petits bonshommes me comblent de bonheur. Je vis dans un monde de garçons et je m'y plais. Ça ne me gêne pas du tout de courir avec Joshua en faisant des bruits de moteur ou en simulant des dérapages. Félix est un enfant précoce et très nerveux. À quatre mois, il se tient déjà facilement debout en prenant appui contre le fauteuil. Son but est de pouvoir suivre Joshua le plus rapidement et le plus aisément possible.

Il est très coloré, beaucoup plus émotif que Joshua et très curieux. Il veut tout voir, il ne veut rien manquer, même s'il doit être deux jours sans dormir. Si quelque chose l'intéresse, rien ne peut l'empêcher de satisfaire son désir. Il n'est pas très patient, mais il le devient automatiquement si son intérêt l'exige. En outre, il doit être constamment en contact avec les gens. Il ne peut être seul très longtemps sans se sentir malheureux.

Si Joshua est physique, Félix est beaucoup plus émotif. Il faut le rassurer sans arrêt, lui montrer qu'on l'aime et le cajoler. Par contre, il a aussi le réflexe d'explorer et de s'aventurer dans les endroits qui lui sont interdits.

Ses traits sont harmonieux. Sa peau est toujours aussi blanche et douce, et ses yeux sont de la couleur de la mer. Ses cheveux sont très foncés, bien plus que ceux de Joshua, et ils sont frisés. Il est toujours aussi menu, contrairement à Joshua qui paraît avoir le double de son âge, qui est costaud et arbore des traits beaucoup plus durs.

Mon aîné ne parle pas beaucoup, mais je devine toutes ses émotions dans ses yeux, aussi profonds et noirs soient-ils. Ses cheveux sont raides et plus pâles qu'ils ne devraient l'être, compte tenu de sa peau plutôt basanée. Rien ne l'arrête, rien ne lui fait peur. Il fonce droit devant et mord à belles dents dans la vie. Il est courageux et persévérant. Félix, pour sa part, est beaucoup plus prudent, alerte et vigilant. Ils sont différents, mais tous les deux sont parfaits à leur façon.

Je pense souvent à Naomy en me demandant comment elle serait aujourd'hui et quel caractère elle aurait. Ressemblerait-elle davantage à Joshua, ou aurait-elle plutôt le tempérament de Félix? Chaque fois que son souvenir traverse ma pensée, la douleur de sa perte me revient, toujours aussi vive. Mais je me change les idées plus rapidement.

Je remarque que je suis beaucoup plus anxieuse qu'auparavant. J'ai parfois l'impression de ne plus être la même. J'ai des sautes d'humeur et suis beaucoup moins tolérante envers les gens. Ça me fait peur, quelquefois, et je voudrais retrouver celle que j'étais autrefois. Si j'ai changé ainsi, est-ce que c'est parce que je suis devenue une maman ou si d'avoir perdu Naomy m'a transformée? Certes, son décès a bouleversé ma vie et il est sans doute normal que j'aie changé. On ne peut pas se sortir d'une telle épreuve sans aucune séquelle.

Doux printemps

Comme chaque printemps, je vais chez la fleuriste chercher de belles fleurs fraîches que je porte à Naomy, au cimetière. Avec les années, j'ai appris à apprécier ce moment où je sors de la maison, bouquet en main, et respire à pleins poumons en fermant les yeux. C'est un instant de grâce : je vais rendre visite à ma fille.

Dans la voiture, je ne pense à rien. J'observe le paysage et roule dans un état second. Je ne devrais peut-être pas prendre mon auto, quand je suis comme ça. Je secoue légèrement la tête et reviens à la réalité, ma réalité. Chaque fois que je descends de voiture à cet endroit, devant l'imposante clôture qui borde le cimetière et les centaines de pierres tombales alignées les unes à côté des autres, j'ai de la difficulté à croire que ma fille se trouve là. C'est un sentiment étrange.

Je marche lentement en pensant à elle. Je lui parle tous les jours, depuis sa mort. Au fond, il ne serait pas indispensable que je vienne ici, puisqu'elle est toujours présente auprès de moi, dans ma tête. Si je tiens à visiter sa dernière demeure, c'est par respect pour son corps. Je tiens à lui offrir des fleurs, qui symbolisent mon amour impérissable.

N'empêche, je réalise chaque fois qu'elle m'a quittée lorsque je vois sa pierre tombale avec son nom inscrit dessus. Je n'y crois toujours pas, entre mes visites au cimetière. Je me sens très légère, lorsque je lui rends visite, peut-être parce que je lui demande de m'aider et qu'elle me libère d'une partie de mon stress. En nettoyant le terrain, je remarque que l'herbe recouvre enfin l'endroit où on a creusé. Il était temps. Je m'agenouille et fixe le monument en espérant de tout mon cœur que Naomy va bien. Une des pensées les plus éprouvantes qui m'a hantée après sa mort a été de ne pas savoir où elle se trouvait exactement, ni comment elle allait, ni avec qui elle se trouvait. Naomy était-elle accompagnée d'êtres chers, de l'autre côté? J'en ai vécu, des heures d'angoisse, à ruminer ces questions.

Un coup de vent aussi soudain que violent me ramène à la réalité, que je trouve parfois très pénible. Je replace mes cheveux et lève les yeux vers le ciel. Le soleil est chaud et agréable, aujourd'hui.

Je pense à tous les gens qui se trouvent ici, à la vie qu'ils ont eue. Sont-ils heureux? Sont-ils morts trop jeunes ou trop vieux? De quoi est-ce qu'ils sont décédés? Je me désole lorsque je vois des pierres tombales sans fleurs. Est-ce qu'ils avaient une famille, des gens qui les ont accompagnés au moment de leur mort? Je laisse mes pensées vagabonder ainsi pendant plusieurs minutes. Je suis ainsi faite : je pense sans arrêt, au point de me lasser d'entendre ce qui se dit dans ma tête, toujours pleine de scénarios, magnifiques parfois, horribles à d'autres moments.

J'arpente les allées en lisant les inscriptions, lorsque je me rends compte que toute une rangée de tombes ne compte que des enfants. Des monuments sur lesquels sont inscrits les noms de dizaines de bambins forment une ligne parfaitement droite. Je marche jusqu'au fond du terrain en m'arrêtant un instant devant chaque pierre pour me recueillir, les yeux fermés, dans une attitude de respect. Beaucoup de ces stèles remontent à des dates qui tournent autour des années 1900. J'en remarque une sur laquelle sont inscrits les noms de deux enfants issus des mêmes parents. Comment peut-on rester sain d'esprit lorsqu'on perd deux enfants? J'accorde à cette pierre tombale deux fois plus de temps qu'aux autres.

Toutes ces âmes sont là-haut à me regarder lire les inscriptions qui saluent leurs mémoires. Je crois sentir l'énergie que dégage cette ligne bien droite. Je souris maladroitement et retourne sur le terrain de ma fille. Comme j'aimerais la serrer contre moi! J'envoie un baiser soufflé en direction du petit ange collé sur la base du monument et retourne vers ma voiture en profitant des rayons du soleil. C'est une belle journée. J'aurais voulu que ma fille connaisse ce qu'est le printemps, ses odeurs et sa brillance, elle que février a emportée alors qu'elle n'avait que quelques mois. J'aurais aimé qu'elle sente l'odeur du dégel, de la terre et des feuilles pourries de l'automne précédent qui nourrissent le sol. J'aurais voulu la voir courir, grandir et sauter, entendre sa voix prononcer ses premiers mots et la voir heureuse de contempler les beautés du monde.

Je dois retourner, retrouver mes garçons, sentir qu'ils respirent, qu'ils sont en vie. Il me tarde déjà de coller ma joue contre leur chaud visage et leur dire à quel point je les aime.

C'est tout ou rien!

Rien ne pourrait séparer mes fils. Si Joshua court dans la cuisine, Félix le suit à quatre pattes; il ne faut pas sous-estimer ce qu'un petit bonhomme de huit mois peut accomplir ainsi. Il va aussi vite que son frère, il le suit partout ou presque. Ils prennent leur bain ensemble, mangent l'un à côté de l'autre, vivent l'un pour l'autre. Joshua aide Félix à marcher en le tenant par les mains et en le guidant. Il est très patient.

Mes journées bien remplies avec mes garçons me comblent. Je ne les vois pas passer et ne m'ennuie jamais. Nous nous sommes créé notre petit monde à trois que nous habitons dès que Patrice part travailler. Nous nous sommes fabriqué notre petit nid, notre routine où le temps est précieux, où il ne faut pas perdre une seconde.

Depuis la naissance de Félix, Patrice passe beaucoup plus de temps avec Joshua. Pendant que je m'occupe du bébé, il travaille avec lui dans le garage ou l'amène faire des courses. Ce sont des moments privilégiés entre père et fils qu'ils n'oublieront jamais. Patrice est plus que fier de son grand garçon, je le vois dans ses yeux, dans la façon qu'il a de le regarder, de jouer avec lui au soccer ou de l'occuper en lui donnant des clous à marteler pour les enfoncer dans un vieux morceau de bois. C'est le grand garçon à son papa.

Je suis très fière de mon fils, moi aussi, lorsque je le regarde jouer au soccer dans la cour avec Patrice. Il me fascine. Chaque pas, chaque saut est d'une précision remarquable, chacun de ses gestes ou de ses mouvements est réfléchi et pensé d'avance. Ses pieds sont agiles et efficaces. Il est très sûr de lui, il a confiance en ses capacités. Pour lui, le but n'est pas de participer, mais de gagner. J'ai beau discuter avec lui, lui expliquer que, ce qui importe, c'est d'avoir du plaisir, son objectif reste le même: déjouer son père et envoyer le ballon dans le filet.

Je savoure cette autre journée passée en compagnie de ceux que j'aime. Mais le printemps est loin, maintenant, l'été se prépare déjà à nous quitter et il me semble que c'est trop rapide. D'année en année, j'appréhende davantage l'automne.

Une espèce de boule s'installe à l'intérieur de mon utérus, et mon estomac se noue. J'ai des migraines et des étourdissements, je me sens de plus en plus épuisée et tout me paraît beaucoup plus grave que ce ne l'est vraiment. Qu'est-ce qui se passe en moi? J'ai des peurs et des comportements que je n'avais pas auparavant et je suis beaucoup moins patiente, plus anxieuse aussi. L'anniversaire de Naomy approche à grands pas et je ne me fais pas à l'idée que ma fille aurait quatre ans cette année. Ce chiffre me semble irréel.

Dur hiver

Lorsque les premiers flocons tombent, je trouve encore que c'est trop tôt. Je déteste ce temps gris et tout ce qui l'accompagne. Je hais la neige qui me spolie de la verdure et les nuages qui effacent le ciel bleu. L'hiver m'empêche de respirer correctement, je ne tolère ni le froid ni le vent.

Le temps des fêtes est bientôt là, escorté de l'anniversaire de mes fils. Joshua aura trois ans la veille de

Noël et Félix aura un an le 10 décembre. Mon aîné n'est plus un bébé, c'est ce qu'il ne cesse de me dire ces jours-ci. Si par mégarde je le désigne par ce terme, il me jette un de ces regards qui me renseigne sur sa contrariété. Il fait la même tête que son père lorsqu'il est furieux et je trouve ça bien comique. Ce sont ces petits moments qui me font oublier les épisodes plus difficiles.

Les jours difficiles, ceux où mon humeur est instable, où j'éprouve le sentiment douloureux que la vie peut me laisser tomber d'une minute à l'autre comme elle l'a fait lors du décès de Naomy, ces jours-là se terminent fréquemment par un mal de tête. Personne ne doit s'en rendre compte, pourtant, on ne doit pas s'inquiéter pour moi. Je cache ce que je ressens derrière mon sourire, alors que la frayeur m'envahit. Qu'est-ce que je crains donc? Tout. J'ai peur que mon garçon se fasse frapper en sortant de la cour avec sa trottinette ou qu'un accident d'auto m'enlève un des miens. J'ai peur de perdre encore quelqu'un que j'aime, qu'un incendie se déclare et qu'on ne puisse sortir de la maison à temps, qu'un moment d'inattention de ma part occasionne des blessures à un de mes enfants, que quelqu'un que j'aime tombe malade... Le plus souvent, ces scénarios sont accompagnés d'images atroces et de frissons. Pourquoi est-ce que je ne peux arrêter cette machine à penser qui domine ma cervelle et m'interdit de me changer les idées? Je suis anxieuse de nature, étant perfectionniste et ayant la hantise de vouloir plaire à tout le monde. Mais je n'étais pas comme ça avant, je n'allais pas aussi loin dans mes fabulations tragiques.

Je prends la décision d'organiser une grande fête pour célébrer l'anniversaire de Joshua et de Félix en même temps. La famille au grand complet est invitée, et la rencontre est très réussie. Mes deux fils sont gâtés au-delà du possible. Où vais-je entreposer tous les nouveaux jouets?

Mes beaux-parents me demandent si nous voudrions aller passer quelques jours avec eux entre Noël et le jour de l'An à leur chalet. Je lance un coup d'œil interrogateur à Patrice. Je ne voudrais pas prendre de décision sans avoir d'abord pris l'avis de mon amoureux. Comme il n'a pas de réaction significative, je leur dis que nous en discuterons et que nous leur donnerons une réponse sous peu.

La journée se termine sans aucune anicroche, mais, le soir venu, je suis incapable de trouver le sommeil. Je fixe le plafond et ne me sens pas très bien. Je pense beaucoup trop lorsque je me couche. Mes pensées vagabondent et elles sont rarement agréables. Je tourne, change de position et prends de grandes respirations. Rien n'y fait. Les heures passent et l'épuisement prend le dessus. Je trouve enfin le sommeil.

La balle rouge

J'entre dans un établissement qui ne m'est pas inconnu. Soucieuse, j'examine les alentours. Je suis à l'hôpital. Qu'est-ce que je fais ici? Ma mère me prend soudain le bras et me dit de la suivre. Elle me traîne jusqu'à l'ascenseur et me pousse à l'intérieur. J'essaie de parler, mais quelque chose m'en empêche. Poursuivie par un mauvais pressentiment dont je ne connais pas l'origine, je ne veux pas l'accompagner. J'ai le cœur qui bat à tout rompre et j'ai très peur.

La porte se ferme et le tableau d'affichage indique que nous changeons d'étage, alors que le plancher vibre doucement. L'édifice où nous nous trouvons n'a que trois étages et je peux voir les trois chiffres alignés l'un à côté des autres. Les chiffres sont remplacés par neuf petits cercles et nous mènent ainsi jusqu'au nombre douze. Il n'y a pas douze étages, j'en suis convaincue. Où suis-je? Nous montons ainsi pendant plusieurs minutes. Ma mère se tient debout à côté de moi, complètement immobile.

Un signal se fait entendre et le nombre douze s'illumine devant moi. Nous sommes arrivées, mais je n'ai aucune idée de ce que nous venons faire ici. Quand la porte s'ouvre, je ne veux pas sortir. Je ne sais pas ce que je vais trouver là, mais je sais que je ne dois pas y aller. Une femme ensanglantée de la tête aux pieds fait irruption dans l'ascenseur en pleurant et en hurlant de frayeur; elle nous pousse involontairement à l'extérieur de la cabine. Les deux battants se ferment devant mes yeux effrayés. Je frappe contre les portes de toutes mes forces pour que la femme m'ouvre. Je sens l'atroce douleur que j'inflige à mes poings, mais je m'en fiche, je dois quitter ce lieu. Impuissante, je finis par abandonner et laisser retomber mes mains le long de mon corps.

Je me retourne, désorientée et faible. La lumière est intense. Je ne vois rien, j'attends que mes yeux s'habituent à cet éclairage. Tout est blanc et j'ai de la difficulté à différencier le plancher du plafond. Je secoue la tête et essaie d'apercevoir quelqu'un ou quelque chose. Rien. Le brouillard se dissipe, et je remarque que les murs ne sont pas droits. Il n'y a pas de coins, tout est rond. Les murs sont faits de pierres blanches. Je crois distinguer quelques ombrages et je m'avance pour mieux voir. Un médecin, vêtu en entier de blanc et la tête légèrement penchée sur le côté, me fixe sans bouger. Ses bras pendent de chaque côté de lui et il est totalement immobile. Ses yeux sont horriblement creusés et cernés. Sa bouche est ouverte et laisse s'écouler un filet de salive. Je peux voir ses dents jaunies, et son teint est affreusement blanc, comme l'ensemble du décor. Il ne me parle pas. Je ne sais même pas s'il est vivant. Une autre personne se trouve appuyée contre un muret; c'est une infirmière. Elle est dans le même état d'immobilité que le médecin, mais semble beaucoup plus apeurée. L'horreur me gagne. J'entrevois plusieurs personnages, tous faisant partie du personnel de l'hôpital et affichant la même allure. Je me retourne et cherche ma mère. Où est-elle?

Je cours sans trop savoir où aller. Tout ici ne semble mener nulle part. Je vois enfin ma mère et lui crie, mais elle ne me répond pas. Je m'avance près d'elle. Sa tête est penchée sur le côté et elle semble sans vie. Les yeux vides et cernés, elle me regarde. On dirait qu'elle me dit de m'enfuir, de partir d'ici, mais je ne sais pas comment faire. Je la prends dans mes bras et pleure à chaudes larmes. Que lui est-il arrivé? Pourquoi tous ces gens sont-ils dans cet état? Je cherche en vain une sortie. Je crois apercevoir une porte et m'en approche en m'appuyant au mur. Je saisis ce que je crois être une poignée et tire de toutes mes forces. La porte s'ouvre. Derrière, un escalier, aussi blanc que tout le reste, qui tourne en descendant. Je n'hésite pas à l'emprunter en courant à toutes jambes, pour dévaler des marches qui paraissent se succéder sans fin.

Parvenue à ce que j'estime être la moitié du chemin, je vois une autre porte. Dès que je l'ouvre, une force me tire de l'autre côté. J'y retrouve le même décor et les mêmes personnages, dont ma mère qui me regarde, inquiète et vulnérable. Je me mets à hurler et à courir dans tous les sens. Je me rue contre les murs pour trouver une sortie, les griffe et leur assène de violents coups de pied. Je me blesse en frappant ainsi partout et constate que tout mon corps est ensanglanté. Je vais devenir folle. Je dois sortir d'ici. La tête me tourne. J'ai envie de la cogner contre le mur pour enfin perdre connaissance et ne plus me trouver dans cet endroit de cauchemar. Je croule par terre, la tête entre les mains.

Un objet roule sur le sol. Quelqu'un s'amuse à faire rouler quelque chose, et je veux savoir qui c'est. Je me relève aussitôt et cherche cet individu. Peut-être pourra-t-il m'aider! Peut-être sait-il ce qui se passe ici et pourquoi tout le monde est ainsi figé et muet!

Je m'appuie sur un muret pour me reposer un instant et aperçois un petit garçon sagement assis par terre. Il doit être âgé d'environ trois ou quatre ans et ressemble étrangement à Joshua. Je m'approche doucement de lui pour ne pas l'effrayer et lui demande gentiment son prénom. Il me répond, mais je suis incapable de saisir ce qu'il dit. Le son de sa voix ne m'est pas inconnu. Je lui demande s'il sait ce qui se passe ici et l'écoute attentivement. Il a de la difficulté à prononcer les mots à cause d'un handicap au niveau du langage. Je m'assieds à côté de lui et le serre contre moi. Il cache derrière son dos un objet qu'il ne veut pas me montrer. Je dois savoir ce que c'est. J'essaie de le découvrir en me penchant derrière lui, mais il m'échappe. Je me lève et hausse la voix contre lui. Je lui dis de me montrer ce qu'il cache. Cet objet peut-être me révélera le secret de cet endroit et la raison qui me force à y rester. Il s'enfuit en échappant le précieux objet qu'il tenait dans ses mains. Cette chose roule vers moi jusqu'à mes pieds et me frappe. C'est une banale boule rouge. La couleur m'en fait oublier le blanc envahissant de la pièce. Je ne vois plus que cette balle rouge, aussi insignifiante soit-elle. Je la fixe avant de la prendre dans ma main. Le bambin s'approche alors de moi et me tend les mains gentiment. Je sais que tout ce qui se passe ici est de sa faute, mais je n'arrive pas à comprendre comment sa responsabilité est liée aux événements.

— Sais-tu comment je peux sortir d'ici? Dis-moi comment je dois m'y prendre!

Il me fait signe de lui tendre l'oreille. Veut-il me confier un secret?

— Ce n'est pas ta faute, me dit-il. Il faut avoir confiance en tes forces. N'aie pas peur… Tu trouveras ton bonheur, tu seras heureuse.

Je me réveille brusquement en cherchant à comprendre ce que ce rêve signifie. Comme je ne réussis pas à me rendormir, je me remémore chaque scène. Les images reviennent une à une dans mon esprit. Je saisis un crayon et un bout de papier et y inscris les détails. Le personnel de l'hôpital semblait être sous le choc, mais que s'était-il passé? Ils avaient l'air de zombies ou de morts-vivants. Le douzième étage revenait sans cesse dans mes pensées, l'hôpital, les murs de briques blanches et l'impossibilité de partir. Tout était si blanc, et cette balle paraissait si éclatante dans la pureté de cette pièce! Je ne me sens pas très bien, mais je continue à écrire pendant plusieurs minutes pour ne pas oublier les détails. Le message du petit bonhomme était très clair et me concernait personnellement.

Le lendemain, j'appelle ma mère à la première heure et lui raconte ce rêve étrange. Nous passons des heures à le décortiquer et à essayer de le comprendre. Incapables de lui trouver un sens, nous finissons par lâcher prise. Mais pourquoi suis-je incapable d'arrêter d'y penser?

27 décembre 2004

Nous avons accepté d'aller passer quelques jours avec mes beaux-parents à leur chalet. Il est très tôt et nous nous préparons à partir avec les enfants. Je m'affaire à la tâche ardue de préparer les nombreux bagages, pendant que les enfants s'amusent gentiment dans la chambre de Joshua avec les tonnes de cadeaux qu'ils ont reçus pour leur anniversaire et la fête de Noël. Je dois faire le tri avec Joshua pour retirer les jouets avec lesquels ils ne jouent plus. Nous pourrons ainsi faire des heureux en les donnant à des enfants qui n'ont pas la même chance qu'eux. Chaque année, mon aîné est très fier de donner et de faire plaisir à d'autres enfants. Nous ferons tout ça tranquillement en revenant de notre séjour dans le bois, une fois sortis de l'effervescence des fêtes. J'ai hâte d'avoir du temps avec les enfants. Noël, c'est agréable, mais épuisant, et je suis toujours impatiente de reprendre ma routine entourée des trois hommes de ma vie. À franchement parler, nous serions bien restés chez nous. Parfois, il faut faire des concessions pour faire plaisir à nos proches. Il est normal que mes beaux-parents désirent profiter de la présence de leurs petits-fils et ils ont insisté pour que nous soyons du voyage.

La forêt ne m'attire pas particulièrement et je n'apprécie que médiocrement les rares séjours que nous y faisons. Par contre, Patrice aime beaucoup s'évader dans la nature. J'y vais un peu pour lui et aussi pour ne pas priver les enfants de cette activité en plein air. Comme je suis anxieuse de nature, j'ai toujours peur qu'il arrive un incident à Joshua ou à

Félix, qu'ils aient froid ou qu'il leur manque quelque chose. Je conviens que mes craintes sont exagérées et j'essaie de me convaincre qu'il n'y a pas plus de danger en forêt que dans ma confortable demeure, mais mes rationalisations sont vaines. Je ne suis pas à mon aise lorsque je sors de la ville. Comme je ne suis pas très adroite en raison de mes articulations qui fonctionnent rarement comme je le souhaite, lorsque le chemin sous mes pieds s'avère instable ou plein de racines, je perds pied assez facilement et me retrouve en un rien de temps sur les fesses. Je préfère être proche des services d'urgence, avoir de l'eau chaude pour me laver et ne pas avoir à faire des kilomètres en motoneige; en plus, je suis extrêmement frileuse. En résumé, moi et la forêt, ça ne va pas très bien ensemble.

Une fois les bagages terminés, je vais chercher les enfants en les pressant de venir enfiler leurs vêtements d'hiver. Félix arrive tout de suite, mais Joshua manque à l'appel. Je vais voir ce qu'il fait; il est appuyé sur le bord de son lit, l'air boudeur.

—Je ne veux pas y aller! Je veux jouer avec mes jouets!

Je m'agenouille devant lui pour lui dire:

—Tu sais, mon grand, on ne peut pas toujours faire ce qui nous plaît. Je sais que tu as de nouveaux jouets, mais je te promets que tu auras du plaisir avec nous et toute la famille. Tu pourras glisser, faire de la motoneige et dormir dans un sac de couchage. Tout le monde a très envie de nous voir et on nous attend. Viens t'habiller, s'il te plaît. Tu vas revoir tes jouets dans deux dodos et nous en ferons le ménage comme prévu. Tu vas avoir du plaisir, je t'assure!

Je l'embrasse sur le front, et il me sourit en me suivant hors de la chambre. Je l'ai convaincu.

On frappe à la porte. Joshua court ouvrir et il se retrouve en face de sa grand-maman Lina et son grand-papa Claude, mes parents qui viennent nous saluer avant notre départ. Comme d'habitude, mon garçon sautille et exprime l'intense joie qui l'envahit. Il embrasse ses grands-parents très fort et s'habille sans dire un mot.

Le chemin du chalet, habituellement en gravier, est aujourd'hui couvert de glace en raison des conditions météorologiques des derniers jours. Je serre les dents et demande à Patrice :

— As-tu l'intention de continuer sur cette route dangereuse? Est-ce qu'on ne ferait pas mieux de retourner?

— Ne t'inquiète pas. Je suis habitué à ces conditions et je serai très prudent.

Je saisis la poignée qui se trouve à mes côtés et me calme en me disant que Patrice ne prendrait pas de risques. À chaque inspiration, je sens mes genoux qui tremblent et qui se cognent. J'éprouve une sensation désagréable dans l'estomac. Le chalet se trouve à une cinquantaine de kilomètres de la ville et je trouve le voyage interminable. Alors que je contemple le paysage pour me changer les idées, j'aperçois une croix plantée sur le bord du chemin avec un nom inscrit dessus. Cette personne est décédée là, certainement dans un accident de la route, ce qui n'est pas de nature à me rassurer. Je raconte à Patrice ce que j'ai vu, espérant me libérer de mes pensées angoissantes.

— As-tu vu la croix? Ce doit être atroce, d'avoir

un accident en forêt, loin de la ville, de l'hôpital et des services de toutes sortes. On ne peut pas réagir rapidement! S'il fallait qu'il nous arrive quelque chose…

CHAPITRE 8

Le commencement de la fin

Quelques minutes de bonheur…

Environ une heure et demie plus tard, à mon grand soulagement, nous sommes enfin rendus à destination. C'est-à-dire que nous sommes arrivés dans une sorte de stationnement où nous laisserons les véhicules pour les reprendre au retour. Nous devons nous rendre au chalet en motoneige. Rien de très long comme parcours, approximativement trente minutes.

Pas mal de membres de la famille de Patrice nous ont précédés. Il y a là le père de Patrice, dont le prénom est Gérald, sa sœur Marie-Pierre et sa demi-sœur Janie accompagnée de son amoureux, ainsi que son oncle Gilles. Tous, nous devons nous rendre au chalet familial des Savard, construit par Gérald et prévu pour accueillir de nombreuses personnes en même temps.

Tout ce monde doit se répartir sur les motoneiges et sur les traîneaux qui y sont attachés. Je reste dans la voiture avec mes fils en attendant que Patrice vérifie si tout est prêt pour accueillir les enfants et se renseigne sur la façon dont sont réparties les places.

Pendant ce temps, Joshua et Félix s'impatientent dans leur siège d'auto. Je les détache, mais leur dis de rester sagement avec moi. J'essaie de les amuser en attendant que Patrice revienne. Joshua et moi chantons, frappons des mains et travaillons très fort pour distraire Félix, mais il s'avère difficile de le satisfaire, ce matin. La patience ne le concerne pas dans le moment.

Patrice s'appuie enfin contre la portière et m'informe que nous sommes prêts à installer les enfants et à leur mettre leur casque de sécurité. Je prends Félix avec moi sur le siège avant pour lui enfiler ses mitaines et sa tuque, tandis que Patrice remet la botte de Joshua qu'il a perdue dans son empressement à descendre et à aller retrouver les autres.

À l'extérieur, tout le monde se prépare à partir. Les voitures sont soigneusement stationnées de manière à laisser de l'espace pour la circulation des motoneiges. Je marche à côté de Joshua, Félix dans les bras. Un oncle de Patrice, Gilles, trouve qu'il a l'air très lourd avec son habit de neige et il m'offre de le porter un instant. J'accepte volontiers sa proposition et en profite pour enfiler mon casque, tout en parlant avec Marie-Pierre, la petite sœur de Patrice, qui se trouve à côté de moi. Pendant ce temps, Joshua fait le tour de la famille. Je le surveille du coin de l'œil, mais il n'y a aucun danger, puisque tout le monde est autour de lui et lui parle. Il semble très heureux d'être là, finalement. Il court rejoindre sa tante Janie qui se trouve à l'autre bout du stationnement. Je lève le bras en l'air pour lui faire signe de le surveiller, et elle m'adresse un clin d'œil pour m'informer qu'elle a compris et qu'elle s'en occupe.

Les gens autour de nous paraissent pressés et s'activent pour que nous partions le plus vite possible. Je vois une camionnette entrer dans le stationnement et se diriger vers Gérald, mon beau-père. Le conducteur ouvre sa portière et se met à parler avec lui en gesticulant. Félix est toujours avec Gilles qui en prend bien soin, selon ce que je constate. Je souris en le voyant dans son chaud, mais inconfortable manteau dont le collet lui arrive sur le bout du nez. Gilles s'est assis avec lui sur la motoneige et il écoute parler les gens qu'il présente un à un à Félix en les pointant du doigt. Ils rient ensemble. Mon fils est en bonne compagnie. Mais où se trouve Joshua, maintenant? Mes yeux font le tour du terrain et je l'aperçois, toujours avec Janie. Je lui fais signe de venir me retrouver, car nous devrons bientôt partir. Il accourt à toute vitesse.

— Ne t'éloigne pas, à présent. Nous partons d'une minute à l'autre.

Il sautille tout autour de moi et je le laisse découvrir l'endroit. Il prend de la neige dans ses mains et la lance contre les motoneiges.

— Joshua! Reste près de maman! On part très bientôt, lui dis-je encore une fois pour m'assurer qu'il restera tout près.

De le voir heureux me réjouit, moi aussi. Le temps semble s'écouler au ralenti, très doucement. Patrice s'assure que les enfants n'aient pas froid pendant le trajet. Félix pointe chacun du doigt en le nommant. Joshua est fasciné par tout ce qui l'entoure et dont il fait la découverte. Vraiment, ma famille est adorable et de nature à me procurer le bonheur. Mon ami de cœur est extraordinaire et j'ai deux garçons formidables. Que demander de plus? Que tout ça continue l'éternité durant…

… avant le drame

— Allez! Il est temps d'y aller, les enfants vont avoir froid! Est-ce que tout est prêt?

Gérald s'assure que tout le matériel est chargé et parfaitement arrimé. Il s'y connaît en la matière, ayant de nombreuses années d'expérience en forêt. Il sait que la sécurité est très importante, particulièrement ici, loin de tout. Gilles s'approche avec Félix dans les bras, pendant que Joshua tourne en rond autour de moi en sautillant. Mon beau-père fait signe au visiteur qu'il nous faut quitter à l'instant. Peut-être soucieux de ne pas nous retarder, l'homme saute dans son camion et démarre en trombe.

Le stationnement n'est pas grand et il y a beaucoup de monde. On y retrouve au moins cinq véhicules et plusieurs motoneiges. Une dizaine de personnes y sont disséminées çà et là et en particulier deux enfants, les miens… Et cet homme qui s'introduit dans notre vie, qui n'est pas de la famille, mais qui vient s'incruster dans notre histoire! Il n'était pas invité à se joindre à nous, mais il est passé comme ça, par hasard, pour dire bonjour. C'est une personne dont l'existence m'importait peu… Je n'aurais jamais voulu le rencontrer. Deux secondes… C'est le temps qu'il a mis pour faire éclater mon bonheur en mille morceaux.

En accélérant à fond, sa camionnette rouge fonce droit sur Joshua qu'elle heurte de plein fouet sous mes yeux, à moins d'un mètre de moi. Cet effroyable monstre de métal, gigantesque et excessivement lourd, percute durement la tête de mon fils. Il a foncé droit sur lui, comme si le conducteur ne l'avait jamais vu, avant de stopper brutalement après le choc. Tout ça s'est passé en un instant, mais c'est à ce moment que pour moi tout s'est violemment arrêté.

Un son fort et aigu submerge ma tête et entre dans

mes oreilles, un bourdonnement si intense que mon crâne risque d'exploser. Ça me fait plisser les yeux.

Je suis debout, les bras ballants, à regarder mon fils, qui a le visage tourné vers le sol. Tout ce que je réussis à entendre, c'est le battement de mon cœur qui résonne dans ma tête. Je ne puis bouger, ni crier, ni même respirer. Je fixe mon enfant comme s'il allait se relever et me dire, comme toujours, que tout va bien et que ce n'est pas grave. J'attends. Rien ne se passe. Je vois soudain la mare de sang qui entoure sa tête… C'est un choc brutal. Patrice arrive à toutes jambes lorsqu'il entend Marie-Pierre à mes côtés crier à pleins poumons. Je suis toujours immobile, incapable de reprendre mon souffle ou de parler. Je crois que mon cœur s'est arrêté de battre. Patrice prend Joshua dans ses bras et s'enfuit avec lui derrière un camion. Ma tête est vide, et je ne peux plus penser. Je fixe la mare de sang rouge foncé sur cette neige qui paraît beaucoup trop blanche.

Du coin de l'œil, je vois Gilles qui semble figé, la bouche ouverte. Félix est sur le sol et se débat en pleurant pour se relever. Je cours le prendre dans mes bras et me sauve à mon tour en cherchant l'endroit où se trouve Patrice.

Les gens autour de nous sont affolés. J'entends crier, hurler et pleurer sans comprendre ce qui se passe. Félix dans les bras, je cherche Patrice et Joshua, mais ne les trouve pas. Je saute et crie, je tourne en rond, cherchant sans répit celui qui tient mon fils gravement blessé dans ses bras. Celui que j'aime tient mon amour, mon trésor meurtri je ne sais à quel point. Est-ce que c'est grave? Est-ce qu'il a des chances de s'en sortir? Je revois la même scène en boucle dans ma tête, le véhicule rouge qui happe Joshua à répétition. Je secoue la tête, mais cette image s'est imprégnée dans mon cerveau et refuse de le quitter. Je cours dans tous les sens et crie à je ne sais qui de sauver mon fils. Je suis abattue, consternée, perdue et désorientée. Je voudrais mourir, tellement mon corps me fait mal. Je hurle ma peine sans me rendre compte à quel point je suis agitée et que je secoue Félix, lui aussi fou d'inquiétude devant le désarroi de sa mère. Mais où est Patrice? Où se trouve mon garçon?

Patrice s'est caché derrière un véhicule pour que personne ne le dérange. Il a précautionneusement déposé son fils sur ses genoux afin de vérifier la gravité de son état. Il voit que son regard s'est déjà éteint et réalise l'ampleur du drame. Le sang encombre les voies respiratoires de mon enfant inanimé. Malgré que le verdict semble évident de par la quantité significative de sang répandu, la blessure à la tête de Joshua semble tout à fait banale, si bien qu'il est possible d'entretenir un doute sur sa gravité.

Patrice refuse de baisser les bras. Il se lève et court demander l'aide nécessaire pour se rendre le plus vite possible à l'hôpital. Lui aussi doit être extrêmement perturbé et je lui reconnais beaucoup de mérite de s'obliger à garder son sang-froid. Sa tâche est inhumaine.

Sur la banquette avant de la camionnette de son père, il pratique le bouche-à-bouche à Joshua et essaie de le réanimer, mais ses efforts sont inutiles. Notre fils a perdu énormément de sang. Ainsi confronté à l'échec, Patrice finit par lâcher prise. La distance à parcourir pour obtenir les soins nécessaires et les blessures apparentes n'annoncent rien de bon.

Le camion rugit et s'élance vers la sortie du stationnement. Je crois reconnaître Gérald sur le siège du conducteur et aperçois soudain Patrice, assis côté passager. Et moi? Il me laisse ici! Comment l'homme que j'aime peut-il m'abandonner ainsi? Je veux voir mon fils, l'encourager à se battre pour rester en vie. Je me lève d'un trait et cours vers le véhicule en criant à Patrice de ne pas me laisser dans cet endroit de malheur. Anéantie par le chagrin, Janie m'approche doucement et me force à lui remettre Félix, ce que je finis par accepter, non sans réticence.

Avec l'énergie du désespoir, je cours aussitôt vers le chemin en agitant les bras pour que Patrice et Gérald me voient et reviennent me prendre. Je remarque quelqu'un, agenouillé dans le banc de neige, qui pleure en se tenant la tête entre les mains. C'est celui que je perçois comme le meurtrier de mon fils. Mon chagrin se transforme en haine. Je n'ai jamais haï quelqu'un à ce point. Je voudrais le tuer de mes propres mains, le regarder souffrir autant que mon fils souffre présentement et le voir mourir sous mes yeux.

Mon regard est enfin détourné par la camionnette qui revient vers moi. Je retourne vers les personnes avec qui Félix se trouve, joins mes mains dans une attitude de prière et les implore de prendre soin de mon fils.

— Ramenez mon fils chez moi le plus vite possible! Ramenez-le maintenant! Il doit quitter cet endroit et venir nous retrouver au plus tôt. Je ne veux pas qu'il reste ici! Et faites très attention à lui, je vous en prie!

Félix pleure très fort et ça me fait mal au cœur de l'entendre hurler ainsi. Je m'empresse d'aller rejoindre Patrice, Gérald et Joshua. En montant dans le véhicule, je peux sentir l'odeur forte du sang qui a envahi l'habitacle. Patrice se trouve devant. Il tient Joshua dans ses bras. Depuis le siège arrière, je m'avance pour donner un baiser à mon fils.

Le temps pour moi s'arrête de nouveau. Je suis saisie par la peur en anticipant la vue de son visage démoli. J'ai vu le camion le frapper et je suis effrayée par ce que je pourrais apercevoir. La tête me tourne, et je hurle à Patrice de me dire si tout va bien. Il fait un signe de la tête qui me confirme que Joshua est toujours vivant. En réalité, il sait que tout est terminé, mais il est incapable de me l'avouer. Je ne suis donc au courant de rien. J'ai affreusement mal au cœur rien qu'à penser qu'il souffre le martyre. Je dis à Patrice :

— Parle-lui! Je suis incapable de m'approcher... J'ai peur de ce que je pourrais voir. Dis-lui de se battre, qu'il est un champion. Mon garçon, c'est le plus fort et le plus costaud. Joshua, il faut te battre. Il faut survivre! Tu ne peux pas nous quitter! Tu ne peux pas partir, toi aussi! Je ne survivrais pas... Naomy, ma petite, fais quelque chose! Aide ton frère à se battre contre l'impossible...

J'avance ma main vers l'avant de la cabine. J'essaie de lui prendre la main, mais, peu importe où je touche, il y a une quantité phénoménale de sang. Patrice en a sur le visage et je suis brusquement paralysé lorsque je m'en rends compte. À ce moment-là, je ne sais pas encore qu'il a tenté de réanimer notre enfant.

Mon beau-père tend son bras libre vers l'arrière, et empoigne ma main avec une force saisissante. Je devine qu'il veut me prévenir de ne pas trop regarder et de m'abstenir de poser mes mains sur Joshua. J'abandonne. C'est beaucoup trop dur. J'aurais envie de me laisser mourir de chagrin.

J'appuie mon visage contre le siège et pose ma main libre sur l'épaule de Patrice. Je voudrais être à sa place et tenir mon garçon dans mes bras. Par contre, je ne sais pas si je pourrais supporter la vision qu'il a. Il est beaucoup plus solide que moi dans les circonstances. Il ne dit rien, et je comprends son silence. Je voudrais lui dire que tout ira bien et que, dans quelques jours, tout sera oublié, mais ces mots-là ne passent pas. Je ne sais pas ce qui nous arrive en ce moment. Je n'y crois pas. Il ne me reste qu'à prier pour qu'on nous vienne en aide. « Pas deux fois, me dis-je, ça ne peut pas nous arriver une seconde fois… »

Mon beau-père fonce à toute allure vers l'hôpital et, à présent, je me fiche de la vitesse à laquelle on peut rouler. En abordant la ville de Dolbeau-Mistassini, nous communiquons avec les services d'urgence, qui nous avisent que la circulation sera arrêtée sur notre chemin pour que nous puissions nous rendre à l'hôpital sans retard. Pas question de s'arrêter pour le transfert dans une ambulance, il n'y a pas une seconde à perdre. Patrice ne parle pas; il est beaucoup trop silencieux. Gérald tient toujours ma main et me dit:

— Ça va bien aller! Tout va bien aller. Il faut être confiant.

Il me répète ces trois phrases sans arrêt jusqu'à ce que nous arrivions à l'hôpital. Patrice entre en trombe à l'urgence avec Joshua dans les bras. Moi, je suis restée figée à l'intérieur du camion devant tout le sang qui souille les sièges. L'odeur est intolérable. Je reste là le temps que Gérald revienne, ne me décidant pas à sortir du véhicule. Mon beau-père me tend la main pour m'encourager à descendre. Je rassemble le peu d'énergie qu'il me reste et fonce vers l'entrée de l'établissement. Les agents de sécurité m'arrêtent aussitôt et m'immobilisent. Je les supplie de me laisser passer en leur expliquant qu'il s'agit de mon fils et que je veux aller le voir, mais il n'y a rien à faire. Ils me bloquent le passage et m'obligent à m'asseoir sur le fauteuil roulant qu'ils ont apporté à mon intention. Je ne comprends pas pourquoi ils m'interdisent l'accès aux salles d'urgence. J'imagine qu'ils ont de bonnes intentions, mais je ne tolérerai pas ça très longtemps. Je crie et essaie de les repousser. Je voudrais les anéantir, leur foutre mon poing au visage, mais je n'ai pas beaucoup de forces. Je m'écroule sur le fauteuil et cède à leur insistance.

Pendant ce temps, Patrice dépose Joshua sur une civière dans une salle de consultation et sort à toute vitesse de la pièce. Il ordonne à son père de le laisser tranquille et Gérald revient me rejoindre à l'extérieur. Mon conjoint n'en peut plus. Il s'effondre en larmes sur le plancher froid de la salle d'attente. Les agents de sécurité tentent de le calmer, mais Patrice hurle et secoue tout ce que ses mains empoignent, en proie à une véritable crise de nerfs. Les agents avertissent leurs confrères par radio de me garder avec eux le temps qu'il reprenne son calme. Patrice me réclame, mais on m'empêche d'aller le retrouver. On lui offre de se laver pour faire disparaître le sang qui le souille. Il obéit sans trop savoir ce qu'il fait et attend patiemment que je le rejoigne.

À l'extérieur, je suis extrêmement inquiète. Cette situation devient intolérable. La sécurité me force à rester assise et m'intime l'ordre de patienter en attendant qu'on m'autorise à entrer. Je ne comprends pas pourquoi on s'acharne ainsi à me retenir à l'extérieur. C'est mon fils, après tout, qui est en cause. Ma tête va exploser. Si un gardien m'approche, je le frapperai au visage. Je l'assommerai et sauterai par-dessus lui. Je dois appeler ma mère, aussi, il faut que je lui parle et que j'entende sa voix. Je demande gentiment à Gérald de lui téléphoner pour moi; je ne saurais quoi lui dire. Il le fait sans hésiter et essaie tout de même de me sourire, sans y parvenir. Il m'embrasse affectueusement sur le front.

J'en ai assez. Je ne peux plus voir le camion de mon beau-père, qui se trouve toujours devant moi, la portière ouverte, l'intérieur barbouillé de sang, le sang de mon fils. Mes yeux sont attirés d'eux-mêmes sur cette macabre image et ne peuvent s'arrêter de fixer les sièges. Je me lève et cours jusqu'à la porte. Les agents sont impuissants à me raisonner et finissent par baisser les bras devant tant de chagrin. Ils me laissent donc entrer. Je cherche Patrice, et surtout Joshua, mais ne les trouve pas. Je crie pour qu'on me vienne en aide. Une infirmière m'ouvre une porte. J'entre dans la pièce et regarde les infirmiers et infirmières qui se trouvent devant moi. Ils ont les bras de chaque côté du corps, la tête penchée sur le côté et tous ont la même expression sur le visage. Ils ne disent rien. J'ai l'impression de revivre mon rêve.

Une infirmière s'approche et pose sa main sur mon épaule. Elle me guide vers Patrice, qui est assis sur une chaise la tête entre les mains. Il se jette sur moi en m'apercevant et me prend dans ses bras avec une telle intensité que j'en perds le souffle. Nous pleurons tous les deux. Nous tremblons. Ma tête est appuyée contre son torse. Je ferme les yeux en me disant que tout sera terminé lorsque je les ouvrirai. Malheureusement, ce n'est pas ce qui se produit. Les bottes de Patrice sont couvertes de sang. À leur vue, le cœur me lève brusquement et je m'effondre sur le plancher. J'entends Patrice jurer et courir vers sa tante

Brigitte en lui demandant avec des gestes désordonnés de lui venir en aide. La dame lave à la fontaine le sang sur ses chaussures, après quoi il revient vers moi, l'air franchement désolé, et me demande pardon de m'avoir imposé ce spectacle horrible. Je n'en reviens pas qu'il se sente coupable de son oubli. Comment peut-il s'en vouloir pour quelque chose de si inconcevable? Je me relève et l'embrasse en le consolant et en l'assurant que ce n'est surtout pas sa faute.

Une fois calmée, je lui demande où se trouve Joshua. Il m'explique qu'il est avec le chirurgien, mais il ne me révèle rien de ce qu'il a cru constater pendant qu'il tenait Joshua dans ses bras. Je reste confiante qu'on puisse encore le sauver. J'aperçois ma mère qui, en me voyant, hâte le pas. Je recommence à pleurer à gros sanglots et me lance littéralement dans ses bras réconfortants. Elle me serre très fort et me demande ce qui s'est passé. Gérald ne lui a rien dit, il lui a juste demandé de venir nous retrouver à l'hôpital, que Joshua avait eu un accident.

— C'est Joshua! Il s'est fait frapper, maman! Ça s'est produit devant moi! J'ai tout vu!

Je sautille et me tords de douleur. Mes jambes flanchent. Je ne les sens plus du tout. Elle m'attrape, me retient en me serrant fort contre elle et me dit que tout ira bien et qu'on le sauvera. Elle pleure elle aussi à chaudes larmes et essaie du mieux qu'elle peut de me rassurer et de me calmer. Elle tremble et reste sans mot devant la situation, mais au moins elle est là. Je profite de sa douce et apaisante présence et finis par calmer un peu ma souffrance. Je demande au personnel qu'on nous assigne un endroit où nous pourrions être seuls, Patrice et moi. Plusieurs personnes se trouvent dans la pièce avec nous. Je souhaite ardemment m'isoler avec mon conjoint et ne plus entendre les hurlements, les pleurs et les cris des autres membres de la famille. Les regards des gens qui nous entourent me sont intolérables, comme s'ils me confirmaient que nous vivons une seconde tragédie. Patrice et moi désirons être seuls pour apprendre le diagnostic. Nous sommes maintenant calmes et attendons toujours de savoir ce qu'il en est de notre fils.

Le chirurgien entre dans la petite pièce où nous nous trouvons et nous regarde sans rien dire. Des larmes emplissent ses yeux et il est terriblement mal à l'aise. Il s'excuse sans arrêt. Sa tête balance de gauche à droite, comme s'il ne croyait pas un seul mot de ce qu'il raconte. Je m'impatiente et l'implore du regard de me dire que Joshua est sauvé. Je reconnais ces yeux qu'il a. J'ai vu les mêmes lorsque le médecin de Québec m'a avoué que la fin était venue pour ma Naomy. Je vis une forte impression de déjà-vu, l'impression de savoir d'avance la vérité et toute la douleur qui l'accompagne. Je connais ce sentiment, mais refuse de l'admettre. Mon seul réflexe se résume facilement en trois lettres: «Non!» Je suis encore en train de rêver et, cette fois, je me réveillerai. Pas deux fois! Pas deux tragédies! Pas deux enfants! C'est impossible!

Je ne vois plus rien. C'est le néant total. Mon cerveau arrête de fonctionner correctement. J'ai la sensation que mon corps se vide de tous ses organes. C'est ainsi que je me sens: vide! Je ne peux plus penser, bouger ou même respirer. Cette histoire n'est pas vraie. C'est impossible qu'une telle douleur existe et reste en moi. Pourquoi une deuxième fois? Qu'est-ce que j'ai fait de mal pour que ça m'arrive? Qu'est-ce que je n'ai pas compris? Je ne m'en sortirai jamais. Je veux le voir, je dois le regarder et l'embrasser, même si j'ai terriblement peur de voir son visage meurtri. J'ai vu l'accident. Il doit être horriblement blessé. Est-ce que je pourrai supporter de le voir ainsi?

Il y a trop de monde autour de moi. J'ai besoin d'air. Je dois sortir d'ici. Je pousse doucement Patrice et sors de la pièce en tenant ma tête à deux mains, mais je ne sais pas où aller pour me sentir mieux. Partout, il y a trop de monde. Je suis envahie de partout alors que je voudrais être seule. Une infirmière me demande si je désire voir mon fils. Elle m'explique qu'on l'a nettoyé et arrangé pour que tout soit «parfait». Nettoyé! A-t-elle vraiment dit qu'on l'a nettoyé?

Patrice et moi avons naturellement la priorité et les autres membres de la famille sont invités à demeurer à distance pour nous laisser la chance d'apprivoiser selon notre propre rythme l'image que nous nous préparons à affronter. L'angoisse me noue les tripes, je ne suis pas prête à voir Joshua, je ne serai jamais prête, je crois. J'avance contre mon gré vers la salle où il se trouve quand ma belle-mère, Céline, arrive avec Félix endormi dans les bras. Allez savoir pourquoi, je crois que c'est Joshua. Je lui crie à pleins poumons de le lâcher, que son comportement n'a aucun sens. Patrice me considère d'un œil plein d'incompréhension. Ma belle-mère m'explique:

—Je croyais que tu aurais voulu voir Félix... Je viens tout juste d'arriver. Je suis désolée de t'avoir effrayée.

Évidemment, elle se demande pourquoi j'ai eu une telle réaction. Je secoue la tête et, mon cri ayant réveillé Félix, je le reconnais enfin et réalise que lui est vivant, que je m'apprêtais à aller voir Joshua qui, lui, est décédé. Mon cerveau ne sait plus trop quoi ou qui croire ni ce qui est vrai ou faux. Félix me tend les bras en pleurant. Je le serre contre mon cœur et pleure avec lui en le berçant contre ma poitrine. Je suis immensément soulagée de le retrouver, mais je ressens en même temps d'intenses souffrances reliées à Joshua. Ces deux émotions contradictoires s'entrechoquent.

On me demande si je désire toujours aller voir Joshua. J'acquiesce d'un signe de tête sans dire un mot et retrouve rapidement mon calme. Qu'on me confirme que Félix est toujours vivant, ça m'a fait décrocher un instant en introduisant dans mon cœur une lueur de joie.

Je redonne mon fils à Céline et m'avance craintivement. La pièce se rapproche trop rapidement à mon goût. J'ai mal au cœur, on dirait que mon ventre va exploser tellement je suis nerveuse et effrayée. J'avance en faisant une pause à tous les deux ou trois pas. Le cadre de la porte que je fixe me repousse avec autant de force qu'il m'attire. Je respire profondément et jette un coup d'œil à l'intérieur de la pièce. Joshua est immobile, étendu sur le dos, les yeux fermés et la bouche entrouverte. Je m'effondre une seconde fois en criant :

— Je ne peux pas entrer! Ça fait trop mal! C'est trop dur!

On me dit de prendre le temps qu'il faut, que rien ne presse. Encore une grande inspiration et je franchis le seuil de la pièce en me retenant au mur. Je tremble.

Mes oreilles semblent tout à coup obstruées, et ma bouche s'assèche désagréablement. En gardant les yeux rivés au plancher, je me rends lentement jusqu'au lit. Je confie à Patrice qui se tient derrière moi :

—J'ai peur de le regarder.

—Il n'a pas eu mal, me dit-il doucement à l'oreille. Son visage est toujours aussi beau.

Je lève les yeux et contemple enfin son minois. Il semble détendu et serein. Une égratignure apparaît sur son front. Il est décédé suite à une hémorragie cérébrale massive. Je touche sa main et frissonne au moment où sa peau déjà froide entre en contact avec la mienne. Elle est dure, raide, inhumaine et insupportable à toucher. Je serre enfin mon enfant contre moi et l'embrasse avec toute la douceur et la délicatesse dont je suis capable, car je le perçois comme une poupée de porcelaine, extrêmement fragile. Je ne peux plus partir, maintenant. Je n'aspire qu'à rester toujours avec lui dans cette pièce où il repose tragiquement.

Non, je ne veux plus sortir de là. Ailleurs, tout est trop douloureux. Il y a trop de lumière, trop de visages tristes et trop de bruit. Je ne veux plus avoir mal.

On nous propose de nous rassembler dans une pièce, Patrice, moi et toute la famille présente, pour y rencontrer des professionnels susceptibles de nous aider à passer à travers cette épreuve. Je n'ai aucune envie d'assister à ce genre de rencontre et Patrice non plus. Nous suivons tout de même comme deux pantins. Mon corps est là, mais ma tête est ailleurs.

Aux bruyantes respirations que produit Patrice, je devine qu'il est en colère. Il va exploser d'une minute à l'autre. Je dois le laisser seul un instant. De toute façon, son pas s'accélère de telle sorte que je ne puis suivre. Il entre dans une pièce et tombe nez à nez avec son père. Le contact est immédiat. Il fonce droit sur lui et le pousse avec une telle force que Gérald heurte violemment le mur, qui s'enfonce derrière lui et se fend du plafond jusqu'au plancher en émettant un intense craquement. Je ne saisis pas ce qui se passe. Gérald, anéanti par le chagrin, laisse passer l'orage en encaissant les coups sans rien dire. Une atmosphère de catastrophe flotte dans la pièce, un sentiment d'irréparable. Patrice hurle sa colère, mais le message qu'il transmet à son père lui revient comme réfléchi par un miroir, comme s'il se le criait à lui-même. Il projette sur son père ce qu'il croit être sa propre négligence.

— Tu étais censé le protéger! Tu ne devais pas manquer à ton rôle de père. Tu es supposé être le plus fort! Pourquoi n'as-tu pas pu le sauver? Je ne te le pardonnerai jamais! Ça ne devait pas se passer ainsi! Ça ne devait pas arriver! Pourquoi?

Il cesse de crier et s'effondre en larmes dans les bras de son père.

Peu après, il vient me retrouver. Chacun raconte à sa façon ce qu'il a vu ou vécu. À chaque instant, j'entends le nom de mon fils sortir de la bouche des gens qui m'entourent: Joshua. Ce mot résonne à chaque fois et me blesse douloureusement. Chacun y va de son point de vue, de ce qu'il ressent ou de ce qu'il pense. Personne ne veut être méchant à mon égard, mais toutes les versions, aussi différentes soient-elles, n'arrivent qu'à me faire mal. Chacune ajoute aux images d'horreur qui se trouvent déjà par milliers dans ma tête. Tous ceux qui parlent de lui m'agressent sans le savoir, participent inconsciemment à mon martyre. Je n'arrive même pas à prononcer le nom de mon fils, tant la plaie est douloureuse. Nos proches sont-ils conscients de ce que Patrice et moi vivons? Moi, je ne veux surtout pas entendre les détails de ce qu'ils ont vu ou entendu, ni savoir comment ils se sentent. Il y a déjà des tonnes d'émotions dans mon corps, et je ne pourrais pas en supporter davantage. Je n'ai certes pas besoin de celles des autres. Je ne veux pas entendre parler non plus de cet homme qui a gâché ma vie et surtout pas le savoir vivant. Qu'il soit détruit par la honte, l'indignité, la culpabilité et le déshonneur! Qu'il se déteste assez pour mettre fin à ses jours! Je ne veux même pas entendre ses excuses ni rien savoir de lui.

Pourquoi nous oblige-t-on à rester là? La thérapeute passe près de moi et me serre contre elle. Mais qu'est-ce qu'elle essaie de faire? Me réconforter? Je n'ai pas besoin d'être serrée; les organes de mon corps sont déjà beaucoup trop tassés. Tout semble vouloir sortir de moi. Je manque d'air et je n'ai pas suffisamment d'espace. Je n'ai certainement pas envie qu'on m'étreigne. Le seul qui est autorisé à le faire, c'est Patrice. Lui, il le peut, s'il en a envie, naturellement. J'aspire à me nourrir de son amour. De l'imaginer à mes côtés m'apaise et me console.

Je fixe toujours le mur. On me demande comment je vais, comment je me sens. Je trouve ces questions ridicules. Je dois rester je ne sais combien de temps là, en compagnie de beaucoup trop de gens. Ce dont je rêve, c'est d'être seule et surtout de savoir où est mon fils et avec qui. Je voudrais qu'il soit en vie et que tout ça ne soit qu'un cauchemar. J'aurais dû rester chez moi avec lui et ne jamais être allée en forêt. Je voudrais le serrer contre moi et lui dire qu'il n'aura plus jamais mal, l'embrasser et sentir son odeur, caresser ses cheveux et sa peau, voir son sourire confiant... Je voudrais mourir.

CHAPITRE 9

Le néant

Le déni absolu

Je ne me souviens plus du trajet parcouru entre l'hôpital et la maison de mes parents. Dans ma tête et dans mon cœur, c'est le vide total. J'ai de la difficulté à lever mes pieds, à tenir ma tête droite et même à respirer. Mes yeux fixent le vide et chaque seconde est plus douloureuse que la précédente. Les murs tournent autour de moi. Le plancher ne me paraît plus droit et le soleil me semble beaucoup trop brillant à l'extérieur.

Nous approchons de la prochaine année, l'année 2005, mais je n'ai pas envie de l'entamer sans lui. Je ne peux toujours pas prononcer son nom, ça me fait beaucoup trop mal. À présent, je suis incapable de fermer les yeux: je le vois étendu à plat ventre sur le sol blanc, une mare de sang entourant sa tête. Je revois sans cesse cette camionnette rouge démarrer en trombe et se diriger vers Joshua…

Cette tragédie est irréelle, beaucoup trop grave pour que j'y croie. Ça ne devait plus se produire. Si c'est vrai et que j'ai perdu un deuxième enfant, je ne suis plus à l'abri de rien. Tout peut m'arriver. La vie m'a confirmé que le malheur peut frapper plus d'une fois. Est-ce qu'on m'a jeté un sort? J'ai terriblement peur et je n'ai plus envie de faire confiance à l'avenir. Souvent, quand je ne m'y attends pas, mon ventre et mes cordes vocales laissent s'échapper un non involontaire d'une forte intensité. Je sais que mon fils ne sera plus jamais là, mais je refuse catégoriquement d'y croire.

De sales mensonges

C'est atroce de me faire mettre en plein visage, soit par une personne, soit par un objet déclencheur, soit encore par une odeur, à quel point ma vie peut être misérable et douloureuse. Alors que je passe mon temps à me convaincre que toute cette histoire est fausse, mon entourage me ramène à ma cruelle réalité. Comme si je n'avais pas eu assez des horribles cauchemars de la nuit, la une des journaux locaux du lendemain annonce, en caractères gras: *Bambin de trois ans écrasé à mort...* Mon corps frissonne de la tête aux pieds et ma gorge se noue. Je m'assieds, appuie mon crâne sur la table et fonds en larmes. Comment peut-on écrire des phrases d'une telle grossièreté, sans plus de délicatesse? Ce mot dégoûtant, vulgaire, imparfait et primitif me rappelle de terribles choses. Jamais je n'aurais imaginé qu'il était possible de ressentir un tel inconfort devant un simple mot: écrasé. Je suis incapable de le prononcer ou même d'y penser.

Encore une fois, je ne peux plus regarder la télévision ou lire les journaux, parce qu'on a décidé de parler de ma vie. Elle semble une fois de plus faire l'affaire du milieu médiatique, ma vie, mais elle ne fait pas la mienne. Elle est sensationnelle, ma vie. On se donne le droit d'en parler parce qu'elle est tragique. Les gens aiment ça, les tragédies, ils s'en nourrissent.

Je n'ai pas choisi ce qui m'arrive. Je retrouve dans tous les journaux des titres tout aussi irréfléchis. Sauf un. Un journal local s'est contenté d'écrire un petit paragraphe dans les nouvelles policières. On peut y lire *Perte de vie.* C'est tout et c'est très bien comme ça. Pour le reste, c'est de la torture et c'est intolérable. Je n'en peux plus de m'abstenir de parler à mon tour. J'écrirai ce que je pense réellement du journalisme. Si les reporters se permettent de parler de notre vie, je me donne le droit de parler de leur travail.

La lettre

À mon tour de parler! La vie doit nous apprendre le sens du mot diplomatie *qui, me semble-t-il, est primordial quand nous nous adressons à des personnes qui ont perdu un être cher. Qu'il s'agisse de leur travail ou non, certains journalistes ne se doutent pas à quel point ils blessent la famille éprouvée avec une phrase contenant des mots tels que « écrasé à mort ». Ils pensent stupidement rendre le titre plus accrocheur de cette façon.*

J'ai été personnellement impliquée contre mon gré depuis quatre ans dans des débats médiatiques et journalistiques traitant de ma vie personnelle avec la plus grande désinvolture, mais rien ne m'a fait aussi mal que lorsque j'ai vu en gros caractères : Bambin de trois ans écrasé à mort. *Cet enfant, dont le drame était résumé de façon morbide, soit dit en passant, est mon fils. Comment un être humain peut-il agir aussi inhumainement? Comment fait-il pour écrire des choses aussi affreuses, dans de telles circonstances, en se permettant en plus d'introduire plein de faussetés dans son récit? Vous me répondrez que vous faites votre travail! Si je vous fournissais des synonymes qui montrent plus de sympathie pour la famille endeuillée : happé, frappé, heurté par une camionnette, perte de vie, décédé lors de… mais pas écrasé à mort! C'est un manque de jugement qui, croyez-moi, en a affecté plus d'un, et moi la première. Je ne peux tout simplement pas passer par-dessus cet énorme manque de respect qui, excusez-moi, était de mauvais goût. Imaginez si c'était vous, votre enfant... Vous seriez probablement plus doux et diplomate dans vos écrits. Changez de rôle avec nous, prenez notre place un instant. Croyez-moi, vous pèserez vos mots avant de publier quelque méchanceté que ce soit, malgré le cachet qu'il rapporte. Vous ferez votre travail, vous serez journaliste, mais vous aurez du cœur!*

Je tiens à féliciter le journal Nouvelles/Hebdo *pour sa publication et le remercie d'avoir démontré autant de compassion et de réelle sympathie envers la famille concernée.*

Mélanie St-Germain, maman de Joshua Savard

La vie

Ingrate, injuste, pénible, difficile, ardue, affligeante, émouvante, impitoyable, consternante, décourageante, regrettable, atterrante, angoissante, stressante, affolante, préoccupante, alarmante, terrorisante, inadmissible, sévère, exigeante, rude, stricte et intransigeante. Voilà ce qu'est la vie pour moi depuis deux jours. Elle et moi faisons chambre à part depuis déjà un peu plus de quarante-huit heures. Je ne veux plus être avec elle. Elle m'a trahie une seconde fois et elle m'effraie depuis cette journée où tout a basculé. Elle a pour une seconde fois brisé mon bonheur. Je ne veux plus lui parler, lui sourire, chanter pour elle ou danser parce que je l'aime, non. Je ne l'aime plus et ne l'admire plus. Je la déteste, la hais, la méprise, la maudis et la vomis. Je lui crache au visage, ne considère plus qu'elle mérite d'être aimée. Je veux qu'elle disparaisse, cette vie. J'en veux une nouvelle, une belle à qui je pourrai faire confiance. Une qui ne me trahira pas. Je pourrai danser sur sa musique, chanter pour elle, l'honorer, l'adorer, la glorifier, la respecter et la vanter. Pas la renier, espérer la changer ou la détruire.

Je me sens triste et anéantie. Je ne peux plus penser à l'avenir, car il se construira sans Joshua. Je ne pourrai jamais le voir partir pour l'école, faire de la bicyclette, jouer son premier match de soccer ou participer à son premier tournoi de hockey. Que deviendra ma vie sans ce sourire lumineux qui m'assurait une journée tout aussi ensoleillée? Qui me consolera de cette irréparable perte, de ce mal infâme qui me dévore? Il n'y avait que lui pour me dire que la situation n'était pas grave et que tout s'arrangerait. Mais là, rien ne s'arrangera. Je ne peux imaginer que je vais vieillir sans son odeur, sans sa présence, sans sa voix. Qu'adviendra-t-il de Félix? Il cherche constamment son frère depuis sa disparition. Les gens me disent qu'il est trop petit, qu'il ne s'apercevra pas de son absence. Mon œil! Il pleure sans arrêt depuis l'accident et ne fait plus ses nuits. Il est extrêmement irritable. Il gratte de ses petits doigts la photo de Joshua en répétant son nom. L'observer m'est insupportable.

Une image revient en boucle dans ma tête. Je revois encore et encore Joshua projeté par terre, le visage dans la neige froide. Je n'en veux évidemment à personne, mais l'expression *les deux bras me sont tombés* a pris tout son sens à ce moment-là. Je me répète sans arrêt que je dois rester présente pour Félix. Il a besoin de moi, et je dois être là pour lui. C'est un traumatisme très important qu'il a vécu et je dois l'aider à s'en sortir. Mais comment peut-on aider son enfant lorsqu'on n'est pas en mesure de s'aider soi-même?

Je ne sais plus quoi faire ni comment faire. Je n'ai plus confiance en personne ni en quoi que ce soit d'autre. Je ne sais plus qui ou quoi croire. J'ai l'impression que chaque seconde m'est prêtée. Peu importe qui j'aimerai, j'aurai une chance de le perdre. La vie est devenue à mes yeux aussi fragile que du verre. Il ne se passe pas une minute sans que j'aie peur. Si ça s'est produit deux fois, tout peut maintenant nous arriver. Je dois protéger Félix et Patrice, ma mère, mon père, mon frère... et toute ma famille. Comment pourrai-je leur épargner la mort? Je ne supporterais pas de perdre quelqu'un d'autre, et Félix a besoin de moi. Je ne dois pas mourir.

Le monde me paraît terriblement laid et méprisable. Et la même question me revient sans cesse: pourquoi nous? Nous prenons soin de nos enfants, les aimons plus que tout, les chérissons, les cajolons et les berçons. D'autres les battent, ne leur montrent aucun amour comme ils le devraient, ne les embrassent pas, les négligent et les laissent à eux-mêmes. La vie est terriblement injuste. Je la hais!

Une autre étape à franchir

Les funérailles sont un dur rituel, mais que je considère tout de même essentiel. C'est une occasion d'honorer la mémoire de quelqu'un qui a été important pour les membres de sa famille, et ça nous aide à faire le deuil du défunt. Néanmoins, lorsqu'il s'agit de son enfant, l'acceptation est infiniment plus difficile, parce que l'ordre chronologique des choses a été bousculé. Tout semble trop petit; le cercueil, par exemple. Quoiqu'il soit tout de même plus grand que celui de Naomy, le regarder n'en reste pas moins intolérable. Je dirais même qu'il est impossible de le fixer pendant plus de deux secondes. J'ai l'indescriptible sensation d'avoir déjà vécu la même situation il n'y a pas si longtemps. C'est un vieux film qui recommence. Le même salon funéraire, le même personnel, le même endroit. Les mêmes visiteurs ou presque. Les mêmes poutres soutenant chacun des vases remplis de fleurs. Les gens qui sont tous aussi généreux. Nous ne recevons pas autant de fleurs lorsque nous mettons un enfant au monde; pourquoi en recevoir autant lorsque nous perdons quelqu'un? La naissance est pourtant bien plus heureuse. Je suis debout au même endroit, devant la même chaise, aux côtés de Patrice, qui a le même visage, le même regard ravagé.

Les décisions pour les arrangements funéraires ont été prises avec moins d'hésitation; nous avons pris les mêmes dispositions que pour Naomy. Mais ça n'a pas été moins pénible. Chaque décision est comme un coup de couteau à la poitrine qui nous rappelle ce que nous venons de perdre. Un enfant nous quitte, mais la mort nous dépouille également de nos rêves, de nos désirs et de nos ambitions.

La mort. Mon ennemie jurée. Elle a détruit beaucoup plus en quelques secondes qu'un incendie ne l'aurait fait en plusieurs heures. Elle est plus dévastatrice qu'un ouragan, qu'une tornade ou qu'un tsunami. Elle détruit des milliards de foyers chaque année. Elle anéantit le rêve de milliers de parents et en effraie un nombre encore plus considérable. On ne peut pas savoir quand elle frappera. Elle fait partie de la vie de tout le monde. Elle est incontrôlable. On ne peut pas la modérer ou la retenir. Elle est là, parmi nous, prête à surgir et à nous condamner.

Je regarde les gens entrer un à un dans le funérarium. Ils regardent presque tous par terre en entrant. Chacun prend une grande inspiration avant de s'avancer vers nous. Seuls ceux qui nous connaissent très bien agissent différemment. Ceux-là, ils nous sautent littéralement dans les bras. Il y en a qui retournent aussitôt à l'extérieur, incapables d'affronter longtemps le regard des personnes endeuillées. Je ne connais pas tout le monde. Certains sont probablement des amis de mes parents ou de mes beaux-parents. Des amis de la cousine du mari de sa nièce… ou quelque chose du genre. Tous ces gens sont ébranlés par ce qu'ils voient et chuchotent à leur voisin à quel point nous ne sommes pas chanceux. J'entends certains raconter l'accident à leur façon, qui se révèle la plupart du temps loin de la vérité. D'autres se rappellent l'enfant qu'ils ont perdu plusieurs années auparavant. Certains rient pour je ne sais quelle raison et d'autres sont fâchés.

Ceux que nous connaissons moins nous tendent la main et sympathisent avec nous. Ils essaient souvent de bredouiller quelque encouragement, mais, la plupart du temps, j'aime mieux qu'ils ne disent rien. Les gens sont souvent maladroits quand il s'agit de réconfort. Des phrases comme « C'est moins pire, il était encore petit » ou « Vous êtes quand même chanceux, ce n'est pas comme si vous ne pouviez plus en avoir », ce sont comme des coups de poing au visage. Ça blesse encore plus que si ces gens n'étaient pas venus nous voir. Et il m'arrive fréquemment de me faire dire des choses de ce genre. L'ignorance et l'embarras font proférer des sottises, parfois, des choses extrêmement blessantes, même si la plupart du temps ces paroles dépassent largement la pensée de ceux qui les prononcent. Tout de même, ils feraient mieux de ne rien dire.

L'âge du disparu n'a rien à voir avec la douleur ressentie. Maintenant, je le sais. Entre Naomy et Joshua, il n'y a pas de différence. La mort de l'un ne fait pas moins mal que celle de l'autre. Je reconnais cette même douleur intense dans l'utérus. C'est physique et bien réel. Ça te brûle le ventre, qui se noue et se tord. Le mal est si vif que j'ai souvent l'impression que je vais en mourir.

J'ai hâte que cette affreuse journée se termine. Le service a lieu cet après-midi. Le supplice achève; en tout cas, pour celui-là. Patrice et moi avons pris la décision de laisser le cercueil fermé, parce que nous n'aurions pas eu le courage de voir Joshua durant des heures. C'est un supplice, de regarder son fils ainsi allongé et sans vie, lui qui auparavant ne pouvait pas rester sans bouger plus d'une seconde. C'est insupportable. Et l'odeur! Que dire de cette odeur insoutenable? Je ne peux pas supporter ces effluves qui émanent du corps de mon fils et qui ne ressemblent en rien à celles qu'il dégageait avant. Sa véritable odeur me manque plus que tout, mais le parfum dégoûtant qu'il diffuse maintenant me révulse.

Vers la fin de l'avant-midi, Patrice vient s'agenouiller devant moi. Il soupire et me demande si je tiens le coup. Je lui fais un mouvement de la tête et lui retourne la question. Il exécute le même mouvement de tête que moi et appuie sa tête sur mes cuisses. Je lui caresse la nuque et lui flatte les cheveux. Patrice adore quand je lui fais ça. Il lève rapidement la tête et me regarde avec un air interrogateur.

— Qu'est-ce qu'il y a? le questionné-je.
— Mélanie, je veux que tu le saches, ce que je m'apprête à te demander ne vient pas de moi, mais des membres de la famille. Moi, je souhaite plus que tout que tu fasses selon ton désir.

Je ne comprends pas où il veut en venir et des papillons naissent aussitôt dans mon estomac. Il continue :

— Ils m'ont demandé s'il était possible pour toi et moi d'ouvrir le cercueil, qu'ils puissent voir Joshua une dernière fois. C'est toi qui décides, Mélanie. Si tu ne veux pas, nous ne discuterons pas davantage.

— Quoi?

J'ai crié. Je n'ai pas pu m'en empêcher en entendant cette demande de la bouche de celui que j'aime. Nous avons pris cette décision ensemble et je voudrais bien que nous nous y tenions. La tête me tourne, et je me lève debout brusquement, forçant Patrice à se lever aussi.

— Calme-toi, me dit-il. Je te l'ai dit, tu n'es obligée à rien! Je me fais le messager de la famille, c'est tout, et tu as le dernier mot!

Les images mènent une sarabande dans ma tête. J'imagine Joshua immobile dans son petit cercueil, son chandail à col roulé et ses mèches de cheveux trop bien coiffées. Il ne réussissait jamais à rester peigné plus d'une heure, ses courses folles le décoiffant à mesure. Je ne pourrais pas affronter cette image qui me hante jour et nuit. Le voir comme ça, sans vie, me serait insupportable. Je sens déjà cette odeur maudite envahir mes narines. Sa peau est beaucoup trop froide pour me laisser croire qu'il n'est peut-être pas mort. Son épiderme est dur comme la pierre et glacé comme la neige. La neige. Cette image du sang sur le tapis blanc me revient et me fait sursauter.

Cette demande est cruelle. Elle m'impose un dilemme que je croyais résolu. Si je dis non, mes proches m'en voudront toujours de ne pas leur avoir accordé cette dernière chance de voir cet enfant charmant. Si je dis oui, je leur ferai le plus précieux des cadeaux. Mais, en même temps, pour moi, ce sera le pire des cauchemars. Qu'est-ce que je pourrais bien faire? Pourquoi dois-je, en plus de mon insurmontable chagrin, assumer les désirs qu'ont les autres? Patrice a dû s'oublier lui-même, refouler ses propres sentiments pour satisfaire les autres. Est-ce que je ne dois pas en faire autant?

Et eux? Est-ce qu'ils pensent un instant à ce que nous vivons, Patrice et moi? Mais peut-être que Patrice a envie de voir son fils une dernière fois, lui aussi, mais qu'il me dit le contraire pour m'épargner du chagrin. Je ne veux pas qu'il manque cette occasion pour moi ni priver mes proches d'un moment qu'ils considèrent important.

Je leur donnerai satisfaction. J'autoriserai qu'on ouvre le cercueil pour eux. Certainement pas pour moi, parce que je n'en ai aucune envie. Je ne ressens pas le besoin d'ajouter une image insupportable de plus dans ma mémoire. Ma tête déborde déjà d'horribles photos. Je ferai plaisir à ceux que j'aime, parce qu'ils aimaient Joshua. Et aussi pour ne pas qu'ils m'en veuillent ou qu'ils me trouvent égoïste. Ils ne savent pas la détresse que je vis et ils ne comprendraient pas.

Je reviens peu à peu à moi. Pour eux, ce doit être comme un adieu. Moi, je ne veux pas lui dire adieu, je ne veux pas qu'il parte. J'ai de la difficulté à digérer cette idée. De le voir me confirmera que tout est bien réel.

Je ferme les yeux et respire profondément. Je fais un signe de tête à Patrice pour lui signifier mon accord, non sans prendre une expression glaciale et dégoûtée. Il me répète que je n'ai pas à accepter si je ne le souhaite pas, mais je l'arrête d'un geste de la main.

—Je tiens par contre à ce qu'on fasse sortir les

gens pour ne garder que les membres de la famille immédiate. Je ne veux autour de nous ni étrangers ni parents éloignés. Nous seuls aurons le privilège de le voir une dernière fois.

J'ai peur que quelqu'un ne brise son doux visage en le touchant. Je le trouve si fragile, si vulnérable, comme une poupée de porcelaine! Les murs tournent autour de moi, j'ai la nausée et le visage des gens semble se déformer. Les responsables sont avisés de notre demande et les dispositions pour y répondre sont prises immédiatement. On fait sortir les gens et on dépose les vis qui retiennent le couvercle du cercueil. J'ai les poings fermés très fort, si crispés que mes mains sont blanches comme du lait. Je préfère fermer les yeux jusqu'à ce qu'on me dise de les ouvrir.

Patrice et moi sommes tous les deux devant le cercueil et notre famille est derrière nous. Si quelqu'un s'était trouvé en face de nous, il aurait certainement eu l'image de la famille nous entourant et nous soutenant, Patrice et moi. Sans nous toucher, sans non plus dépasser une sorte de ligne imaginaire à ne pas franchir, ils forment un cercle parfait. Je sens que chacun respecte notre espace et que personne n'ose trop s'avancer.

Les responsables ouvrent le cercueil… C'est comme si quelqu'un m'assénait de violents coups de marteau sur la tête, tant ma pression monte. Mes yeux s'ouvrent, et j'entrevois la bouche de mon fils, son visage parfait, son nez fin et ses yeux fermés. L'image douloureuse aperçue à l'hôpital me revient brusquement et me tord l'estomac. Mes genoux fléchissent lorsque je tente péniblement de m'avancer vers lui, mais Patrice me tire par le bras, et je m'approche doucement. Des points de suture retiennent ses paupières baissées. Un détail morbide qui me rappelle la raison pour laquelle je ne désirais pas le voir ainsi. Les dernières images étaient déjà insupportables et il faut que j'en rajoute!

Pourtant, je ne peux plus le quitter. Impossible! Pas maintenant qu'il se trouve devant moi. Je peux le contempler, le toucher, sentir ses cheveux. La vague d'émotion qui m'envahit est tout aussi intense que celle qui m'a fait hésiter à prendre la décision d'ouvrir le cercueil quelques minutes auparavant.

Je suis habitée par la contradiction. Porter mon regard sur Joshua dans cette sinistre boîte est une des choses les plus difficiles que j'aie eues à faire de toute ma vie. Toucher sa peau dure comme la pierre, ses cheveux dont l'odeur n'a rien à voir avec la réalité, mais en contrepartie sentir ce parfum contre nature qui émane de son corps, c'est là pour moi une épreuve à la limite de ce que je puis supporter sans défaillir. Le froid qu'il dégage me confirme ce à quoi je ne peux me faire à l'idée. J'ai mal au cœur et ma tête tourne de plus en plus. J'ai mal lorsque je suis près de lui, mais je ne peux plus le quitter. Je manque d'air à l'idée qu'on refermera ce couvercle sur lui. Pourquoi me laisser le toucher ainsi et me l'enlever après? On me prive de lui une seconde fois. Je mets mon oreille contre son torse froid et essaie d'entendre son cœur battre. Mais c'est le vide et le silence. Ce silence est trop cruel.

Les préposés referment le cercueil. À l'intérieur se trouve le corps inanimé et froid de mon fils. Ma bouée de sauvetage, celui qui m'a sauvée lorsque ma Naomy s'est envolée vers le ciel, s'éloigne à son tour vers les étoiles. Mon amour, mon grand homme, mon petit cascadeur qui disparaît doucement.

Je connais le processus… C'est le même que j'ai vécu il y a presque quatre ans. Et je sais qu'il est source d'inépuisables souffrances.

Un message ultime

Au moment de la cérémonie funèbre, Patrice et moi tenons à dire un adieu personnel à notre fils. Voici le message livré par mon conjoint à l'église.

« Mon fils, mon ami, mon complice, mon Joshua, tant d'espoir, tant de projets viennent de partir avec toi. C'est à toi, maintenant, de nous en préparer quelques-uns. Un jour, on se reverra, on retournera à la chasse ensemble et on pourra même amener Naomy, si tu veux.

« Mon Joshua, mon ami Joshua, j'ai le cœur vide depuis ton départ, mais je sais bien que tu vas nous aider. Déjà, à trois ans, tu étais toujours là pour ton papa, ta maman et ton petit Félix.

« Je sais aussi que tu reviendras rire aux éclats de ton père et de ta mère qui sont quelquefois un peu maladroits. Joshua, mon complice, je vais devoir redoubler d'efforts pour taquiner ta maman et tes grands-mamans, car sans toi ce sera beaucoup plus difficile.

« Mon fils, mon ami, je t'aime, et tu vas nous manquer… Comme l'océan manque à son désert. Garde un œil sur nous, et prends soin des tiens.

« Ne mange pas trop de chocolat… Parce que je sais que ton paradis à toi est en chocolat! »

Pour ma part, je rends à Joshua le témoignage dont le texte suit.

« Mon amour, je ne sais pas par où commencer ou par quoi… Tout s'entrechoque dans ma tête. Ce que je ressens fait si mal! C'est le vide total. Tu me dirais probablement : "Ne pleure pas, maman, ce n'est pas grave!" Mais je suis d'un avis tout à fait contraire. Les émotions que j'éprouve sont à l'opposé de celles que je ressentais auparavant, lorsque j'étais avec toi. J'étais si bien et si heureuse! Je goûtais un bien-être immense en ta compagnie. Juste de penser à toi me faisait sourire.

« Maintenant, penser à toi me fait souffrir. Te voir, te sentir près de moi, entendre tes "Je t'aime" ou simplement croiser ton regard, tout ça me manquera toute l'éternité. Tout me revient à l'esprit, chaque moment que nous avons eu ensemble. Tout était si exaltant quand j'étais près de toi! Tu étais déjà tellement attentionné envers ta maman! Coiffée ou pas, j'étais toujours la plus belle à tes yeux, une "méchante pitoune", comme ton papa et toi vous plaisiez à dire. Malgré nos deux fortes têtes, les remises à l'ordre se terminaient toujours par des bisous et des mots affectueux.

« Il y a tant de moments que je ne voudrais pas oublier! Comme les milliers d'histoires ou de chansons avant le dodo, ton fameux verre de lait pour allonger le temps avant de dormir et ta façon de danser qui me faisait rire follement. Tu avais toujours la réplique pour me faire rire et la mimique pour me faire sourire.

« Maintenant, notre vie est tragiquement bouleversée. Je ne t'ai plus pour me consoler et me faire rire lorsque j'en ai besoin. Tu me manques à un point que je ne puis exprimer. Je ne vois plus ton visage. Je te connais par cœur, mais, en ce moment même, je suis inquiète et perplexe. Je ne sais pas où tu es et ce que tu penses. Je ne peux pas voir ton visage rassurant… Pour une maman,

c'est effrayant. Je veux le meilleur pour toi, je veux que tu sois bien et j'ai mal juste à penser que tout n'est peut-être pas parfait pour toi. Je suis inquiète et impuissante, mais j'ai confiance en toi. Si tu as peur, maman sera toujours là avec toi. Je ne pourrai plus te serrer contre moi pour te rassurer et te dire de ne pas t'en faire, mais tu as la plus grande place du monde dans mon cœur. C'est grand, le cœur d'une maman, et tu seras toujours près de moi. Je partage mon cœur entre toi, Naomy et Félix. Tu n'es pas seul, mon amour, tu ne seras jamais seul.

«Fais rire bien du monde là-haut et prends soin de toi et de Naomy. Serre-la dans tes bras pour moi. Prends soin de ton petit frère qui t'aime énormément. Il a besoin de toi, comme lorsque tu t'occupais de lui et que tu me disais: "On s'amuse bien, maman!"

«Reste près de moi et de ton papa. Il nous faudra beaucoup d'énergie pour porter le poids de ton absence. Viens me voir dans mes rêves, car je ne veux jamais oublier ton visage magnifique. Aide-moi à m'en sortir… C'est toi le plus fort! C'est parrain qui te l'a dit…

«Je t'aime à en mourir et t'embrasse bien fort.»

Nous partons déposer le cercueil dans le charnier. Mon fils non plus n'aura pas accès tout de suite à son dernier repos. Son inhumation n'aura lieu qu'après le dégel, lors d'une cérémonie qui nous fera revivre son départ et la douleur qui l'accompagne.

Le vacarme que font les cloches de l'église m'est insupportable. Ma vue s'embrouille. Mes yeux plissés tentent de voir le chemin, mais mes efforts ne servent à rien. Une main saisit mes doigts. Elle est chaude et rassurante. La fin de cette journée marque le début de ma nouvelle vie. Comment sera-t-elle? Je ne suis pas capable de l'imaginer et, au fond, je n'ai pas envie d'y penser. Je baisse les armes; j'attendrai qu'elle se présente à moi. C'est la fin de cette vie que j'aimais tant. Je dois reconstruire mon bonheur une seconde fois, et tout ça me paraît bien pénible. Je n'ai aucune motivation pour m'attaquer à ce chantier. Ma tête veut exploser dès que j'y pense… Pourquoi rebâtir une vie si on peut me l'enlever encore?

CHAPITRE 10

Je cherche la force

Janvier 2005

Je dormirais toute la journée, s'il n'y avait le soleil qui me réveille et qui me force à croire que le jour existe encore. Je plisse les yeux et mets l'oreiller sur ma tête. J'attends qu'on me prenne par le bras et qu'on me tire hors du lit. Ce serait la façon la plus facile de me rendre à la réalité, mais personne n'osera me faire ça. Ouvrir les yeux m'est pénible. Je recommence à imaginer le visage de Joshua. Il m'est toujours très douloureux de prononcer son nom.

Lorsque je dors et que je ne rêve pas, au moins, je suis inconsciente. Lorsque je suis éveillée, je ne pense qu'à lui. Je n'ai pas faim ni soif et, en réalité, je n'ai pas envie de beaucoup de choses. Tout ce que je veux, c'est arrêter de réfléchir à ce qui me fait mal, à ce qui me transperce d'un coup de poignard à chaque seconde. Le mal est physique, réel, palpable. Je le sens, il est en moi, et j'ai l'impression qu'il ne me quittera jamais. Au moment où Naomy a quitté ce monde, j'ai été imprégnée d'une sorte de force, d'une soif de vivre qui m'a permis de combattre la douleur. Actuellement, je ne sais même plus combien de jours ont passé depuis l'accident. Je n'ai aucune idée de la date à laquelle nous sommes et aucune force ne m'a encore envahie. C'est le vide en moi. Ma foi et mes certitudes montrent de sérieuses défaillances. Je ne sais plus en quoi ni en qui croire, car ce qui m'arrive est en partie de Sa faute. Comment croire au paradis dans de telles circonstances? Pourquoi Dieu m'impose-t-Il de telles épreuves? Et si le paradis n'existe pas, où se trouve donc mon fils? J'en veux à Dieu d'être venu chercher mon Joshua, mais, d'un autre côté, je souhaite à mon garçon un paradis digne de ce nom.

J'attends cette force qui m'aiderait à faire face, mais rien ne vient. Ma seule raison d'ouvrir les yeux, c'est de regarder mon petit Félix. Il a toujours été très émotif, hypersensible, et il est terriblement fragilisé par les événements. Il vit exactement tout ce que Patrice et moi ressentons. Il n'est plus capable de dormir une nuit entière et fait des cauchemars. Il se réveille chaque matin en criant et en pleurant. Le regard triste, il prononce sans cesse le nom de son grand frère. Nous le laissons vivre son deuil à sa façon; il en a certainement un à faire. Il a toujours été la moitié de Joshua, il n'a jamais vécu sans lui. Il le cherche sans arrêt, et je ne sais pas comment le consoler. Lorsque je le serre dans mes bras, il perçoit ma peine. Ça me met tout à l'envers de le voir ainsi. Il est trop petit pour vivre de telles émotions.

La seule activité qui me soulage, c'est l'écriture. Sans elle, je ne crois pas que je pourrais respirer. L'écriture m'aide à comprendre les milliers d'idées qui se trouvent dans ma tête et les innombrables sensations qu'éprouve mon corps. Sans elle, tout cet amalgame d'émotions m'étoufferait probablement. Je ne me relis jamais, beaucoup trop effrayée par ce que je pourrais découvrir. Je laisse apparaître sur le papier les idées noires qui me hantent et des projets que j'élabore sous leur inspiration, mais que je n'oserais jamais mettre en œuvre. J'ai extrêmement peur de ce que la mort nous cache et jamais je n'oserais la défier. J'aime mieux la vie, malgré ce qu'elle est parfois. Elle m'a fait terriblement mal et je ne lui fais plus confiance du tout, mais je la préfère à la mort.

Si je ne me relis pas, c'est aussi parce que je parle de Joshua et que tout ce qui se rapporte à son souvenir me fait souffrir. Je le vois lorsque je ferme les yeux. Il se présente à moi avec ses traits sereins, mais, en une seconde, l'image harmonieuse tourne à la tragédie. Je le vois étendu sur le sol, immobile, avec tout ce sang autour de lui, ce liquide rouge sur la neige blanche, trop blanche. Après, c'est le visage sans expression du personnel de l'hôpital, les yeux qui me fixent et les bras qui pendent le long des corps, ma mère sans voix et ce petit garçon sans vie, mon fils, mon rêve…

La mort

La mort, c'est l'ennemie impossible à abattre. La mort, elle fait partie de ma vie pour une seconde fois. Comment peut-on mettre les mots *mort* et *vie* dans la même phrase? Comment la mort peut-elle s'en prendre à un enfant de trois ans, heureux et aimant la vie? Comment les mots *mort* et *enfant* peuvent-ils se trouver ensemble? Je déteste le mot *mort.* Il me répugne, me dégoûte et me révulse. La mort anéantit, détruit, bouleverse et chambarde tant de vies! On ne peut y échapper. On ne sait ni à quel moment ni à quel endroit elle s'emparera de notre âme. On ne sait pas l'heure ni la date où elle frappera. Elle arrive comme ça, sans prévenir. Elle a plusieurs visages. Parfois douce, parfois cruelle, tantôt rapide, tantôt très lente. Elle n'est jamais la même. C'est une hypocrite. On croit l'avoir semée et elle arrive sournoisement l'instant d'après, impitoyable. Personne n'est à l'abri; nul ne peut y échapper. Elle m'a rendu la vie très dure, et maintenant j'ai peur de perdre quelqu'un d'autre à tout moment, si bien que cette vie qui est la mienne est un enfer.

La mort, elle m'effraie. Je la vois partout et j'y pense sans cesse. J'ai l'impression qu'elle me suit, qu'elle m'épie. Je la sens derrière moi lorsque je marche avec mon garçon dans la rue, lorsque je suis en voiture et même lorsque je prépare un repas. À chaque instant, j'imagine qu'elle n'attend que le bon moment pour me sauter dessus et prendre ce qui me reste. J'ai peur pour mon garçon, le seul de mes trois enfants qui est toujours là. Viendra-t-elle me le prendre, lui aussi? Va-t-on me l'enlever, m'en priver et me rendre malheureuse jusqu'à ce que je meure au bout de mon chagrin? La mort aura-t-elle raison de moi à force de m'accabler de tristesse? Mon corps évacuera toute son eau si je continue à pleurer de la sorte et je mourrai de déshydratation.

Je n'ai toujours pas trouvé la force de me battre. Quelques centaines d'heures ont passé depuis le départ de mon garçon bien-aimé. La mort a fait un pacte avec ma vie. Les deux se sont promis de me rendre l'existence insupportable.

Je ne vois pas de porte de sortie. Quelqu'un doit m'apprendre à respirer sans avoir mal. Le peu d'air qui entre dans mes poumons me coupe le souffle. Il me faudrait de l'aide; je ne m'en sortirai pas toute seule, me semble-t-il. Comment fait-on pour recommencer à vivre? Je ne pourrai pas. Pas une seconde fois, c'est beaucoup trop pour moi. Je ne peux plus parler à Naomy ni à Joshua. Leur douce image me fait beaucoup trop mal. Je ne sais plus quoi faire ou penser. J'ai besoin d'aide, et vite! La mort aura raison de moi…

Maman, réveille-toi!

Il est tout près de mon visage; je sens son souffle chaud. Il doit se trouver à quelques centimètres de moi. Je dors, c'est certain. Il ne peut pas réellement être là. Je ne veux pas ouvrir les yeux, de peur d'être déçue. Il avait l'habitude de venir me réveiller chaque matin ainsi. Il me répète:

— Maman, réveille-toi… Il est temps de te lever.

Je sens qu'il est là. Je perçois son odeur et la chaleur que dégage son corps. J'ouvre doucement les yeux et vois ses yeux noirs qui me fixent. Émue, je tends la main précautionneusement pour toucher son joli minois, mais elle passe à travers lui. Je crie et me réveille en sursaut. J'ai le souffle coupé, tellement ça avait l'air vrai. Je me tourne vers Patrice et regarde le mur joliment coloré. Les vagues qui y sont dessinées rappellent la mer. Nous dormons dans la clinique de massothérapie de mon père où Patrice travaille. Mes parents ont pris soin d'y aménager une belle chambre pour nous. Ils l'ont probablement choisie pour sa décoration reposante. Ça semble marcher, car je me ressaisis en quelques minutes. Mes yeux sont toujours tournés vers le mur lorsque j'entends de nouveau cette petite voix.

— Maman, réveille-toi…

Il se trouve derrière moi, tout près, et il me parle. Je secoue la tête pour m'assurer que je ne suis pas encore en train de rêver, mais ne me réveille pas. Je me tourne doucement. Joshua est debout à côté du lit, un sourire éclatant accroché à son visage. Cette fois je m'abstiens de crier malgré l'émotion qui m'étreint pour ne pas l'effrayer. Il approche ses lèvres vers moi. Je tiens à le serrer dans mes bras. Impossible! Il s'évapore à nouveau. Incapable de me retenir davantage, je hurle à tout coup. Chaque fois qu'il disparaît, ça me fait plus mal encore que la fois précédente.

Toute la nuit se passe ainsi. Le soleil s'élève enfin dans le ciel. Je ne peux plus supporter de rester allongée sans pouvoir reposer lorsque je ferme les yeux. Je me lève du mauvais pied, avec l'impression que mon fils a voulu me dire ou me demander quelque chose. Je n'ai pas compris le sens de sa visite et j'en suis profondément chagrinée. Je ne voulais que le prendre dans mes bras, le consoler, le cajoler et lui dire que je l'aime, mais on me l'enlevait à chaque tentative. Inlassablement, il tentait une nouvelle approche, dont je ne saisissais pas davantage la signification, à ma grande déception.

Je me demande s'il est vraiment venu me voir. Voulait-il réellement me parler ou cette histoire ne sortait-elle que de mon imagination? Je n'en aurai sans doute jamais la certitude, mais je continue tout de même de me dire que Joshua m'a vraiment rendu visite. Son sourire m'avait beaucoup manqué et de le voir heureux et gai m'a fait le plus grand bien. J'aimerais le voir toutes les nuits ainsi, sentir son souffle chaud, le voir respirer et le sentir vivant.

Besoin d'aide, moi?

Le CLSC nous appelle pour nous offrir de l'aide dans la traversée de nos épreuves. Je suis surprise de cet appel qui illustre, si besoin est, les particularités d'une région comme la nôtre. Toute la ville est au courant de notre cas. Tout le monde parle de « *Mélanie et Patrice, ce couple qui a perdu deux enfants* ».

Les yeux ronds, je regarde Patrice en écoutant attentivement, sans dire un mot, les conseils donnés par l'infirmière. J'ai le goût de lui crier que je n'attends que la mort pour ne plus avoir aussi mal, que c'est la seule aide sur laquelle je puis encore compter. Je ne veux pas mourir, mais je ne sais pas quoi faire pour vivre sans souffrir. Autant attendre. Ce sont Félix, Patrice et ma famille qui me tiennent en vie. Je me laisserais probablement mourir de faim si on ne me forçait pas à manger.

Lorsqu'elle en a terminé avec ses explications préliminaires, elle me pose une question qui percute fortement mon oreille.

— Ressentez-vous le besoin, vous et votre conjoint, de rencontrer un professionnel qui pourrait vous aider?

On m'ouvre une porte dont je franchis le seuil sans hésiter. Je lâche un oui désespéré et m'assieds brusquement sur la chaise qui se trouve derrière moi. Je dépose le combiné et fixe le mur. Je suis la première étonnée de ma réaction. J'ai dit oui! J'ai toujours prétendu auparavant que je n'aurais jamais besoin de rencontrer un psychologue, que ces sortes de services ne sont bons que pour les faibles.

— C'est une infirmière du CLSC, dis-je à Patrice. Elle m'a demandé si je voulais rencontrer un professionnel, si j'ai besoin d'aide… J'ai dit oui! Qu'est-ce qui se passe en moi? Ça ne me ressemble pas. Comment quelqu'un qui ne me connaît pas peut-il m'aider? Comment puis-je faire confiance à un étranger? Je ne sais pas pourquoi j'ai répondu aussi rapidement. Peut-être parce que je ne trouve plus de solution, que je ne vois plus comment je pourrais être heureuse… Nous allons rencontrer deux personnes. J'ai terriblement peur. Est-ce que tu vas venir avec moi? S'il te plaît, ne me laisse pas toute seule.

Patrice me répond gentiment qu'il m'accompagnera. En fait, même s'il n'a pas le courage de me l'avouer, il ne peut me cacher, à moi qui le connais trop bien, qu'il est aussi démuni que moi. Et je vois qu'il est lui aussi terrifié. C'est beaucoup par orgueil que j'ai refusé de consulter un psychologue, lorsque Naomy est décédée; je me voyais comme une superwoman. En ce moment, la superwoman manque d'énergie. Je n'aime pas beaucoup raconter ma vie ni pleurer sur mon sort. J'aime mieux enfiler mon masque de femme forte et ne pas trop parler de mes bobos. Même si je suis en train de mourir de chagrin, personne ne peut le remarquer. Pour cacher ce que je ressens, je suis devenue une experte. Ce psy, il voudra probablement que je lui raconte mon histoire. Qu'est-ce qui m'a pris d'accepter ça? En tout cas, il devra être ingénieux et malin s'il veut me faire parler ou pleurer.

Je connais cet air-là

Je revis la même chose qu'il y a quatre ans, mais je suis doublement bouleversée du fait que j'ai l'impression d'être maudite, que la vie est déterminée à s'acharner sur moi et que je suis impuissante à contrecarrer ses plans diaboliques.

Nous demeurons toujours chez mes parents, mais il me faudra bien me décider à retourner à notre appartement. Plus j'attendrai, plus ce sera difficile. Mais, en même temps, plus je pense à regagner la maison, plus mon estomac me monte dans la gorge. Je ne pourrai pas supporter, je crois, de revoir les jouets de

Joshua, de toucher ses vêtements ou de sentir son odeur qui flotte dans l'air.

Même un mois après l'accident, je ne crois toujours pas ce qui s'est produit. « Mon fils sera le premier enfant à revenir de l'au-delà, me dis-je. Il m'a prouvé à mille et une reprises à quel point il est fort, robuste et costaud. Ce n'est pas la mort qui va avoir le dessus sur lui. » Je ne pense qu'à Joshua, habitée par l'envie grandissante de crier à pleins poumons et de hurler ma peine, mon inconsolable chagrin et le mal qui me dévore de plus en plus, sans jamais m'accorder de répit.

Je n'arrive plus à parler à Naomy comme je le faisais auparavant. Je me sens coupable de lui en avoir voulu pendant une fraction de seconde, je m'en veux de lui avoir reproché un instant de n'être pas intervenue pour sauver Joshua. C'est à moi maintenant que je reproche d'avoir pensé qu'elle aurait pu faire quelque chose et qu'elle s'est rendue coupable de négligence. J'ai été injuste. Ce qui nous est advenu, ce que le destin me réserve n'est absolument pas sa faute. Naomy n'a pas le pouvoir de conférer à qui que ce soit l'immortalité et je n'avais pas à lui mettre sur les épaules le poids de ce qui m'est arrivé.

Parce que j'ai eu ce moment de faiblesse qui l'a accusée, il m'est plus difficile de penser à mes deux petits disparus.

Plusieurs milliers de minutes se sont écoulées depuis le décès de Joshua, et chacune d'elles m'a paru durer des heures. J'ai bien trop peur de la mort pour vouloir mourir, mais j'aimerais bien dormir des jours durant; sans les rêves, évidemment. Ces rêves que je fais toutes les nuits et qui me font peur. Ils sont étranges et trop réels. Lorsque je me réveille, je ne sais plus si je suis encore en train de rêver ou pas. Je peux sentir les odeurs, percevoir les textures et différencier les couleurs. Je peux toucher les gens qui hantent mes songes, et les endroits que je visite ont l'air d'exister vraiment.

Mes rêves tournent souvent au cauchemar, et c'est ce qui m'effraie le plus. Chaque fois, c'est la même chose. Des gens que j'aime meurent dans d'étranges circonstances; souvent, c'est Félix qui est concerné. Et c'est le défilé de tous les détails macabres, l'odeur du sang qui revient constamment et des cris stridents qui se font entendre. J'ai peur que certains de ces rêves, plus morbides les uns que les autres, ne se réalisent.

À l'assaut des souvenirs

—J'irai seule. J'ai besoin de me réapproprier l'endroit. Tout ira bien, ne t'inquiète pas.

Je rassure Patrice avant de partir en voiture. Je roule en direction de notre appartement. Lorsque j'entrevois la maison, mon estomac se noue instantanément. Ce n'est pas la première fois que je passe devant et j'ai toujours la même réaction. J'ai essayé d'y aller quelquefois, auparavant. Je l'ai fait en cachette, bien entendu, ne voulant ni en entendre parler ni avoir à répondre aux questions de mes proches. Mais c'est la première fois que je m'enhardis jusqu'à me stationner dans l'entrée. C'est aujourd'hui que ça va se passer.

Je regarde la galerie, mais ne me décide pas à y monter. Ma main bifurque vers la portière arrière dès que je descends de l'auto. Cette habitude que j'ai d'ouvrir à Joshua, je devrai m'en départir et ça me fait mal au ventre. Je dois quitter la voiture sans regarder à l'arrière. De toute façon, il n'y a plus qu'un siège d'enfant sur la banquette, celui de Félix. Je crois apercevoir la casquette de Joshua sous le siège du passager. Je détourne rapidement mon regard, soucieuse de ne pas m'attarder à cet objet qui lui appartient.

J'ai demandé à ma mère il y a quelque temps de passer à notre appartement fermer la porte de la chambre assignée à Joshua. Je n'irai pas maintenant; une chose à la fois. C'est déjà assez difficile comme ça d'entrer dans notre chez-nous. Chaque pas me rappelle un souvenir de mon fils, du temps où il jouait dans la cour ou qu'il grimpait sur la rampe de la galerie, ou encore que, depuis l'intérieur, il me regardait par la fenêtre de la porte pour m'accueillir avec des démonstrations de joie quand j'entrais dans l'appartement. Il sautillait toujours en pointant de son doigt les sacs que je tenais. Il savait que, lorsque j'allais faire mes courses, je ne pouvais revenir à la maison sans une surprise pour lui et son petit frère.

On dirait que je n'ai pas mis les pieds ici depuis des mois, alors que ça ne fait que trois semaines à peu près.

Je gravis une marche de l'escalier, puis deux autres, et je m'arrête. Je prends une grande inspiration et mes doigts se mettent à trembler. En fait, je tremble de partout et mon cœur cogne contre ma poitrine. Je n'entrerai pas tant que je me sentirai ainsi. Lentement, je poursuis ma progression et franchis quelques marches de plus avant de m'immobiliser à nouveau avec l'impression que tous mes organes vont me sortir du corps et que ma tête va éclater. Chaque battement de mon cœur me secoue. Finalement, la septième et dernière marche se retrouve enfin sous mon pied. Je ferme les yeux.

Pas question que je demande de l'aide à qui que ce soit. J'irai seule à la rencontre de mon passé, j'entrerai dans cette maison de malheur et me dirigerai à reculons vers ce qu'était mon autre vie, celle qui m'avait sauvée de mon autre vie plus ancienne encore. Deux vies m'ont été volées. On m'a dépouillée de mon bonheur à deux reprises.

Ma main se pose sur cette poignée qui m'ouvrira la porte sur un autre monde. Je désire plus que tout voir la frimousse de Joshua, qu'il coure vers moi et me saute dans les bras. Mes yeux sont toujours fermés lorsque j'entre dans la maison de l'horreur. Je suis terrifiée. Rien. Pas un bruit. Je ne veux pas regarder. Pendant plusieurs minutes, je me réapproprie ainsi la douce odeur de ma demeure. J'avance à l'aveuglette, les mains devant pour ne rien heurter, à la recherche d'une chaise où m'asseoir.

Une larme tombe sur mon manteau. Je ne réagis pas. J'attends qu'un petit garçon s'approche de moi et me dise d'ouvrir enfin les yeux. Qu'est devenue ma réalité? Il faut que je m'adapte à ce silence. Une, deux, trois minutes passent, et je ne bouge toujours pas. Je me dis que ce qu'on imagine est moins dur, moins cruel que ce qui est tangible. Le rêve est beaucoup plus doux que la réalité. J'aperçois Joshua contre moi, qui me serre dans ses bras. J'ouvre les yeux. Devant moi, il n'y a rien.

Le porte-poussière

Je marche dans ma demeure remplie de souvenirs, beaux, mais terriblement douloureux. Dans le salon, des aiguilles du sapin traînent par terre. J'en déduis qu'il a été défait hâtivement. Les yeux remplis d'eau, je prends le balai et les regroupe au centre de la pièce. Je tiens le manche très fermement, peut-être un peu trop. Plus le balai danse, plus les larmes remplissent mes yeux. Je sens une vague d'émotions qui monte en moi comme poussée par un ouragan. Est-ce de la rage, de la colère ou de la peine? Je ne le sais plus. Mais je suis submergée, éperdue.

En me penchant pour ramasser le petit tas d'aiguilles de sapin, j'échappe le porte-poussière. Un sentiment de folie s'empare de mon corps. Allez savoir pourquoi, ce banal incident me cause un tel tourment. Mon visage se crispe et je laisse échapper un hurlement si intense qu'il résonne à l'intérieur de ma tête. Je lance le balai de toutes mes forces contre le mur devant moi et m'accroupis par terre, tremblante et éplorée. Qu'est-ce qui m'arrive? Je n'ai jamais réagi ainsi. Je ne parviens pas à me ressaisir en dépit de ma volonté. Suis-je en train de devenir folle? J'échappe un simple porte-poussière et je pète les plombs! Les aiguilles de sapin peuvent continuer d'occuper l'espace, je quitte cette damnée maison. Comment ferai-je pour revenir demeurer ici?

Un petit mot pour toi

J'écris lorsque les minutes sont trop longues et que l'intérieur de mon corps me brûle trop intensément. Je lui écris. Peut-il capter mon message? C'est le plus grand mystère qui soit, mais ça me soulage tout de même de lui parler.

Cher Joshua, mon amour,

Tu me manques à chaque minute de mes tristes journées. Le soleil se lève sans ton sourire et se couche en ton absence. C'est tellement douloureux de vivre sans toi! Je te cherche partout, te vois partout. Je te sens tout près de moi, mais de ne pas pouvoir te serrer contre moi m'est encore plus pénible.

Je dois me contraindre à me lever chaque matin et réapprendre à sourire. Sais-tu à quel point c'est difficile pour moi? C'est pour Félix, qu'il me faut y arriver. Il te cherche sans arrêt. Il me demande où tu es et quand tu reviendras. De le voir te chercher chaque jour me brise le cœur. Je ne sais pas quoi lui dire ni comment le lui expliquer. Il n'a qu'un an. Est-ce qu'il comprend? Comment ferai-je plus tard pour tout lui dire?

Tout de toi me manque. Ton sourire, ton odeur, ton regard rassurant, tes yeux moqueurs, ta chaleur et ta voix. J'ai peur de l'oublier, cette petite voix. C'est ce qui m'effraie le plus.

À chaque minute de ma pauvre existence, je dois me convaincre que tout ira bien et qu'il y a une raison de me battre contre mes peurs. J'ai peur de perdre Félix, Patrice et ma famille. Je dois me persuader qu'il y a une raison de continuer. Les gens me disent que j'apprendrai de ces épreuves et que j'en tirerai du bien. Qu'ils aillent au diable! Je ne peux rien apprendre de ces tragédies. Je ne veux plus être forte et me battre. Je voudrais qu'il ne nous soit rien arrivé. Ta maman a besoin d'être tranquille. Elle ne veut plus qu'on lui parle de la mort qui fait littéralement partie de sa vie. Elle ne veut plus qu'on l'associe au fait d'avoir perdu deux enfants. La paix, c'est tout ce qu'elle souhaite. Elle est fatiguée, épuisée, exténuée.

Oui, je veux sourire lorsque les gens me voient pour qu'ils ne me posent pas de questions. Tu dois m'aider, mon amour, à me créer un visage de faux bonheur. Je t'aime et tu me manques énormément. J'ai la sensation que je ne pourrai jamais vivre sans toi... mais je survivrai pour toi.

À quoi ça sert d'attendre?

Je prépare quelques valises et ramasse nos biens personnels qui traînent un peu partout chez ma mère. Nous avons pris la décision de retourner chez nous. Je sais que ça fera mal, mais je ne gagne rien à attendre et ce sera douloureux d'une façon ou d'une autre. Aussi bien que ce soit maintenant. Patrice va d'abord porter les bagages à l'appartement. L'idée de rentrer chez moi m'angoisse, ma dernière tentative ayant été pour le moins éprouvante. Félix sera là et je n'aurai pas le droit de laisser paraître des émotions négatives. Je pleurerai lorsque je serai seule. Je ne veux pas qu'il éprouve mon chagrin.

J'embrasse mes parents et les remercie de tout cœur d'avoir pris soin de nous durant ces quelques semaines. Je leur en serai reconnaissante le restant de mes jours.

Dans la voiture, tout l'intérieur de mon corps s'agite. Je commence à être familière de ce genre de symptômes. J'essaie de respirer calmement et d'adopter une attitude neutre. Patrice me sourit. Il me demande si je vais bien. Je lui réponds que oui en accrochant un large sourire à mon visage. Ce n'est pas vrai, mais je sais que ça lui fait plaisir. Il n'a pas à s'inquiéter de moi en plus de supporter le stress qu'il éprouve déjà. Je ne désire que son bonheur. Si je veux qu'il soit heureux, je dois le rassurer et lui dire que je vais bien.

Félix crie en voyant notre demeure. Ça me fait immensément plaisir de le voir ainsi. Il va pouvoir retrouver ses jouets et son petit lit douillet. De savoir qu'il est enchanté de revenir chez nous me fait du bien et m'incite à rassembler mon courage. Il me sera plus facile de vivre ici si mon fils continue d'arborer le sourire radieux qui illumine présentement ses traits. Je laisse échapper un rire dont je me sens aussitôt coupable. Comment puis-je rire ici, dans cette cour, alors que tant de souvenirs y vivent?

Je laisse libre cours à mon imagination. Je vois Joshua sur sa trottinette devant la maison. Il file à toute allure. Je m'avance et l'imagine dans la cour arrière avec son ballon de soccer. Ces images sont magnifiques, mais elles acquièrent un tout autre sens lorsque je prends conscience que je ne les verrai plus jamais. Elles deviennent du coup cauchemardesques. Allons! Entrons avant que mon esprit ne divague et que je commence à dérailler. Au moins, quand je suis avec Félix, il ne faut pas que je reste trop longtemps dans les endroits sensibles, ceux qui me rappellent des événements auxquels a participé Joshua. Comment est-ce que je ferai une fois à l'intérieur?

Nous entrons. La brûlure en moi revient, aussi douloureuse que la dernière fois. Félix court partout en hurlant sa joie et je m'agenouille pour l'attraper.

— Es-tu content d'être chez toi?

Il me fait un signe de tête très exagéré, et je comprends qu'il est très excité d'être là. Je souris pour lui démontrer que je suis heureuse pour lui. Il s'arrête brusquement devant la porte de la chambre de Joshua et y frappe durement et rapidement du poing en criant qu'il veut entrer. La chambre de Joshua, plus grande que celle de Félix, contient la plus grande partie des jouets. Il aimerait aller y jeter un coup d'œil, histoire de vérifier que tout se trouve encore bien à sa place. Je ne me résous pas à ouvrir la porte. Toujours accroupie, je le fixe, le regard vide, avec le goût de me trouver ailleurs qu'ici. Avant de revenir chez moi, j'avais bien dit à Patrice qu'il nous fallait faire tout notre possible pour que Félix ne voie pas de différence avec avant. Ce n'est déjà pas si rassurant pour lui de voir ses parents tristes depuis quelques semaines. Je souhaitais plus que tout ne pas laisser déteindre sur Félix mes peurs, mes craintes et mon chagrin. Présentement, alors qu'il se tient devant la chambre de Joshua, je reste figée dans l'impossibilité de lui donner accès à ses propres jouets. Cette chambre contient trop d'objets personnels. Elle est bondée de souvenirs. Elle transpire l'odeur de mon fils disparu et contient à peu près tous ses états d'âme. Je me lève, attristée et sans mots. Je m'approche de Félix qui cogne toujours contre cette porte, barrière entre lui et des milliers de trésors. Il me regarde de ses yeux suppliants et me dit:

— Veux entrer, maman!

Je lui réponds du mieux que je peux, comme si je parlais à une grande personne:

— Maman ne se décide pas à ouvrir cette porte. J'essaie, Félix. J'essaie très fort, mais j'ai trop mal. Demain! Maman va l'ouvrir demain! C'est une promesse.

Que faut-il lui dire? Que Joshua est au ciel? Qu'il est bien? Que tout va pour le mieux? Que le même sort ne le menace absolument pas? J'ai moi-même de la difficulté à y croire…

Un autre rendez-vous

J'ai un nouveau rendez-vous chez le psychologue.

J'y vais au moins une fois toutes les semaines depuis maintenant presque deux mois. Patrice a lui aussi décidé de consulter. Il a son propre thérapeute et ses rendez-vous hebdomadaires.

Je ne sais pas encore si cette thérapie me fait du bien, mais une chose est certaine, c'est que je peux au moins parler à mon psychologue sans me sentir coupable, sans croire que je le dérange avec mes problèmes. Ça me libère, j'imagine. Chaque rencontre est très difficile. Je reviens de ces rendez-vous anéantie par le chagrin, si bien qu'il me faut deux jours pour m'en remettre et être capable de respirer à nouveau normalement. Nos conversations tournent surtout autour du traumatisme et du choc post-traumatique[3]. Ces mots ne m'étaient pas très familiers auparavant, mais ils le deviennent de plus en plus. Je prends doucement conscience de ce qui se produit dans ma tête et mon corps. J'avoue que je trouve ça rassurant, mais très difficile à affronter. À chaque rendez-vous, la peur reprend le dessus. J'ai toujours la même envie folle de partir en courant et de ne pas me présenter à la rencontre. Chaque fois que je viens m'asseoir dans ce bureau, tout s'agite à l'intérieur de moi.

— Comment vas-tu aujourd'hui?

Dès que cette première question s'impose à mes oreilles, je prends panique Je ne veux pas répondre. Non pas que j'en sois incapable, mais parce que je sais que je ne vais pas bien.

Je ne me reconnais plus. L'ancienne Mélanie, douce,

3. Pour des informations supplémentaires sur le traumatisme et le syndrome post-traumatique, ainsi que sur le stress, l'anxiété, les phobies, le trouble panique, le trouble obsessionel-compulsif et la thérapie E.M.D.R., on pourra consulter le site internet de la Fondation des maladies mentales dont les coordonnées sont les suivantes : www.fondationdesmaladiesmentales.org.

délicate et pleine de vie, disparaît à vue d'œil. Je ne veux pas me perdre, mais je ne peux arrêter la roue de tourner. J'ai beaucoup changé. J'ai peur à chaque seconde qui s'écoule de perdre quelqu'un que j'aime. J'ai peur de cette mort qui me colle aux fesses depuis des années. Elle veut ma peau. J'ai l'impression que la folie aura peu à peu raison de moi. Je ne suis plus patiente, et ma tête veut exploser chaque fois que je sens la peur monter en moi. Une espèce d'hystérie ronge mon cerveau, une sorte de folie ou je ne sais quelle maladie. Ce mal me tue à petit feu.

Il me terrorise…

CHAPITRE 11

Dans mon autre vie

Une bombe à retardement

À l'intérieur de moi, une bombe d'émotions tarde à exploser. Mon enveloppe corporelle l'entoure et je ne veux pas qu'elle saute. Elle détruirait certainement ce qui me sert de corps. Ça vibre dans mon ventre. Je sens ce nœud de sentiments qui se secoue, qui tente de me blesser pour se libérer. Il veut me faire mal. Il cherche à me faire céder sous la pression, mais il n'y parviendra jamais. J'ai beaucoup trop peur de ce que ça pourrait engendrer. C'est sans doute pour cette raison que je crains toujours autant d'aller à ces rencontres où on me fait parler. Je raconte mon histoire et la réalise peu à peu, mais néanmoins sans y croire. Pourtant, de regarder en face ce que j'ai vécu me fait très mal. Je me rends compte que tout est vrai, en plus de me découvrir infiniment vulnérable face à tant de peine. Mais il ne m'arrivera rien. Je suis exténuée, mais ma bombe n'aura pas raison de moi. Je raconterai mon histoire jusqu'au bout et la répéterai autant de fois qu'il le faudra pour que mon cerveau assimile les émotions qui s'entrechoquent dans ma tête et les images affreuses qui y sont prisonnières, mais je cesserai de pleurer. Si je ne peux avoir d'emprise sur mon avenir, je maîtriserai au moins ce que je présente comme image. Les gens cesseront de me voir comme la pauvre femme qui a perdu deux enfants. Je serai forte et ne pleurerai plus, même si je dois souffrir le martyre, même si j'augmente le calibre de la bombe qui est à l'intérieur de moi. De toute façon, trop de chagrins ont vidé mon corps de ses larmes. Si je voulais pleurer toute ma peine, je n'arrêterais jamais.

Nous sommes le 22 février 2005. Quatre ans se sont écoulés depuis le décès de Naomy. Or, cette année, la douleur est différente. Ma souffrance en rapport avec Joshua est si fraîche, si nouvelle que celle qui a trait à Naomy me paraît aussi immense que lorsqu'elle est décédée. Toutes mes émotions sont multipliées. Je revis le décès de ma fille comme s'il avait eu lieu la veille... alors que celui de Joshua se serait produit ce matin même. Ça vibre de plus en plus dans mon ventre. Comme il m'est impossible d'aller visiter Naomy au cimetière en raison de la neige épaisse qui recouvre le sol, j'allume une chandelle à sa douce mémoire. La flamme vacille devant moi, et mes yeux s'emplissent d'eau. « Respire, Mélanie! Respire profondément et affiche un semblant de sourire sur ton visage. Tu dois soulever au minimum le coin de tes lèvres pour rassurer Patrice, qu'il pense que tout va bien. » Je ne veux inquiéter personne. Chacun a ses problèmes, ses préoccupations. Personne n'a besoin de connaître l'existence de cette bombe en moi.

Je m'approche de Patrice et l'embrasse sans rien lui dire de ce que je ressens. J'aimerais lui expliquer, mais ce serait comme lui imposer le poids de mes émotions, lui qui en a déjà suffisamment à porter. J'en parlerai à mon psychologue plutôt. C'est son travail, après tout, d'éponger mon trop-plein.

Le ballon bleu

Dans mon autre vie, nous faire accompagner par notre grand garçon lorsque nous faisions l'épicerie était devenu un rituel obligé. Il adorait cet endroit qui était pour nous banal. C'était pour lui un lieu rempli de trésors. Ses yeux brillaient à chacune de ses découvertes. Il admirait du haut de ses trois pieds les étalages qui pouvaient contenir des richesses de biscuits au chocolat. Les pupilles dilatées, il savait qu'il avait le droit de choisir un de ces joyaux, mais lequel? Il parcourait les allées à la recherche de ce qu'il y avait de mieux pour lui et de ce qui contenait la plus grande quantité de chocolat. Il ne courait pas, il marchait comme un grand à mes côtés sans crier ni exiger quoi que ce soit. Son comportement n'avait rien à voir avec celui des autres enfants. C'était toujours avec pondération qu'il parcourait l'allée pour choisir la gâterie idéale.

Il se présentait à la caisse avec un large sourire et demandait à la caissière un ballon bleu, sa couleur préférée. Une fois les emplettes terminées, il sortait fièrement de l'établissement, toujours souriant, son ballon à la main, de même que le sac qui contenait son trésor au chocolat.

Aujourd'hui, je dois aller faire l'épicerie. Comme je n'ai pas le courage d'y aller seule, je demande à Patrice de m'accompagner, et nous montons tous les trois dans la voiture. Patrice appréhende autant que moi cette sortie, j'en suis persuadée. Nous nous arrêtons à deux intersections de notre destination, désarmés devant tant d'émotions et la banalité de ce que nous désirons faire.

— Nous devons y aller, dis-je. Nous n'avons tout de même pas le choix de manger.

Un simple coup d'œil me permet de comprendre qu'il ne peut avancer et j'en suis très heureuse, vu que la peur m'envahit moi-même, à un point tel que j'en tremble. Trop de souvenirs sont rattachés à cet endroit et nous aurons mal, c'est certain. Pourquoi ne pas essayer une nouvelle épicerie?

Nous nous arrêtons quelques minutes plus tard chez un autre marchand. Félix dans les bras, je contourne l'auto et me dépêche de rejoindre Patrice. Notre regard reste soudain accroché à un objet droit devant nous. Nous restons figés et fixons éperdument, la bouche entrouverte, ce ballon bleu qui flotte sous nos yeux. Il roule et arbore clairement le nom de l'épicerie que nous venons d'éviter et qui se trouve loin de là. Le message qu'il nous envoie est clair: peu importe où nous irons, les souvenirs ne disparaîtront pas. À quoi ça sert de tenter de les éviter? Ils nous suivront sans répit et nous penserons à Joshua à jamais.

Patrice m'adresse un clin d'œil. Nous remontons dans la voiture et retournons au premier endroit où nous désirions nous rendre. C'est une autre étape à franchir. À l'intérieur, tout se déroule quand même bien. Félix exige presque toute notre attention, ce qui nous empêche de nous appesantir sur nos souvenirs. Les emplettes complétées, nous quittons immédiatement. Pas question de nous attarder ici.

La semaine d'après, je décide d'y retourner seule. Je ne sais pas pourquoi, mais je ressens le besoin de savoir si l'endroit me convient toujours ou si je dois changer de marchand.

Pas de Félix pour me changer les idées, aujourd'hui. Je suis seule avec ce que je ressens et avec mes papillons dans l'estomac. Je franchis la porte en ne regardant personne. Je saisis le premier panier qui s'offre à moi et me précipite à l'intérieur. J'arrête pour respirer un bon coup, une boule dans la gorge. Ma douleur revient, j'ai mal au ventre et me demande comment je vais faire pour affronter tous les endroits qui me rappellent mon garçon. Il y a tant d'endroits où il m'a été merveilleux et doux de contempler mon fils. Comment me battre contre tous mes démons? Ma gorge se serre, et j'ai l'impression de suffoquer.

Il me faut pourtant faire face. L'épicerie, on ne peut tout de même pas s'en passer et on en a besoin souvent. Je secoue la tête fortement et continue à marcher dans l'allée des viandes où je prends à peu près n'importe quoi. Des personnes me fixent en chuchotant je ne sais quoi à leur voisin. Ils parlent de moi, c'est certain. Ma respiration est de plus en plus difficile. Mes mains et mes bras sont engourdis et je ressens des picotements dans tout le corps. Mon cœur bat à tout rompre et la tête me tourne. Je vois des points noirs et j'ai mal au cœur. Qu'est-ce qui m'arrive? Je suis en train de devenir folle, ou quoi? Je vais faire une crise de panique, je crois. Je dois sortir de cet endroit de malheur. Il me rappelle beaucoup trop de souvenirs.

J'avance rapidement, mais plusieurs personnes me bloquent le passage. Je laisse mon panier au centre de l'allée pour tenter de passer, mais sans succès. Est-ce que ces gens m'en veulent et me bloquent intentionnellement l'accès à l'extérieur? À force de les pousser gentiment, je finis par me frayer un chemin. Enfin! Ma gorge se dénoue pour laisser pénétrer le bon air pur jusqu'à mes poumons.

Je m'empresse de retourner à la maison, mais je ne vais tout de même pas raconter ce qui m'est arrivé à Patrice. Il croira que je suis folle. Autant lui dire que je n'ai pas pu entrer et le supplier d'aller à l'épicerie à ma place. Mais qu'est-ce qui s'est passé en moi pour que je perde ainsi la maîtrise de moi-même et que j'aie l'impression que j'allais mourir?

Une étape pénible

Ma réalité, je la trouve bien difficile. Mes souvenirs de mon garçon se comptent par milliers. Peu importe où se posent mes yeux, une image de lui se rattache à ce lieu ou à cet objet. Je ne suis toujours pas entrée dans sa chambre. Je passe devant deux, trois, quatre fois par jour, mais je n'ai pas le courage de l'affronter. Je m'assieds quelquefois dans le corridor. J'attends que le chagrin diminue pour y aller, mais ça ne donne rien. Je suis terrorisée par cette pièce, tout en sachant que mon stress diminuera dès que j'y serai entrée. C'est la peur d'avoir mal, qui me terrifie. Plus j'attends, pire c'est, mais j'aime mieux avoir peur qu'avoir mal.

Je retourne dans le salon retrouver Félix qui s'amuse gentiment avec ses jouets. Ce petit homme est d'une rare beauté. Sa peau est toujours aussi blanche que le lait, et ses yeux sont d'un bleu qui rappelle la mer. Cependant, il me semble anxieux. Il sursaute au moindre bruit et pleure continuellement pour des riens. Je dois être constamment à ses côtés pour le rassurer, il exige ma présence et beaucoup d'attention. Joshua lui manque autant qu'à nous, je crois. Il paraît toujours chercher quelqu'un. Même s'il n'a que quinze mois, il n'arrive jamais à dormir le jour. Le soir, il finit par tomber d'épuisement, mais ses nuits sont souvent bien courtes et agitées. Il se réveille tous les matins en pleurant au lieu de nous appeler tout simplement.

Bien sûr, ses parents sont endeuillés depuis plusieurs semaines et ça ne doit pas être drôle d'avoir auprès de lui une maman constamment triste. Je n'aurais pas voulu qu'il vive ça, mais je n'y peux rien. Nous n'avions jamais auparavant été aussi longtemps ensemble, seuls tous les deux, et nous réapprenons à nous connaître. Dans mon autre vie, nous étions trois lorsque papa travaillait. Mon Félix a été éprouvé alors qu'il n'avait que douze mois. Quel sort cruel.

— Regarde, maman, c'est à Joshua! me crie Félix.

Chaque fois que j'entends cette phrase, j'en suis saisie. Qu'a-t-il trouvé encore qui appartient à mon aîné et qui me menace de souvenirs? En me tournant vers lui, je constate qu'il a chaussé ses espadrilles et porte sa casquette rouge. Il marche maladroitement vers moi en souriant de toutes ses dents, satisfait de ce qu'il a accompli et fier de porter les chaussures et la casquette de son frère. Je me demande par contre où il les a trouvées. Ma mère m'avait bien confirmé qu'elle avait mis toutes les affaires de Joshua dans sa chambre.

Félix a-t-il réussi à ouvrir la porte? Soudain, je suis étourdie, j'ai mal au cœur et un goût de bile me monte à la gorge, pendant que mes oreilles se mettent à bourdonner et que des picotements me viennent dans les bras, les jambes et tout le bas du dos. Je me laisse glisser contre le mur et m'assieds par terre en tenant mon crâne entre mes deux mains.

Je dois être forte pour Félix et me ressaisir. Ce qui se passe sous mes yeux, c'est peut-être le signe que le moment est venu pour moi d'entrer dans cette pièce, de franchir une autre étape. Mon fils a remarqué mes larmes et s'approche pour prendre délicatement mon visage entre ses mains minuscules et caresser mes joues de ses paumes.

— Tu pleures, maman?

— Oui, maman a de la peine. Je m'ennuie de ton grand frère Joshua. Il me manque tellement que ça fait mal à mon ventre.

— Où il est, Joshua?

— Il est dans le ciel, avec Naomy. Si tu t'ennuies, tu peux lui parler; il t'entend, parce qu'il est dans ton cœur.

— Il est dans ton cœur, à toi aussi, maman.

Il a raison: Joshua est dans mon cœur. Il le sera toujours. C'est pourquoi je peux moi aussi lui parler. Je demande à Félix:

— Tu veux aller voir les jouets?

Il me fait un signe de tête affirmatif.

— Alors, allons-y!

Je l'embrasse sur le front et me lève sans hésiter. Je lui prends la main et fonce droit vers la chambre. Une espèce de force nous envahit, Félix et moi, et nous marchons d'un pas décidé en direction du corridor. Pour Félix, c'est comme une chasse au trésor, tandis que j'ai davantage l'impression de faire mon chemin de croix.

J'arrive enfin à étirer le cou pour voir s'il a bien ouvert la porte. Ouverte ou pas, je dois y aller, j'ai promis à Félix. La porte est bien ouverte et mon fils y court à toute vitesse en criant et en sautant partout. Ça fait bien longtemps que je n'ai pas entendu crier mon garçon ainsi. J'avance pas à pas et finis par apercevoir le coin de sa commode. Je ne pleurerai pas, pas devant Félix. Il est si content! Je ne dois pas lui enlever son bonheur. Allez, je fonce.

Je me rappelle chaque détail de la pièce. Tout se trouve exactement à sa place, soigneusement ordonné. Je craignais que ça sente le renfermé, mais non, la pièce dégage une odeur de fraîcheur comme si je venais de laver le lit ou de ranger les vêtements propres de Joshua.

Ses vêtements! Qu'est-ce que je vais en faire? Je ne peux pas les donner.

Je m'assieds sur le lit, et les souvenirs défilent devant mes yeux. Je crois sourire, sans trop savoir quel visage je laisse paraître. Je savoure chacun des moments que je revis avec mon garçon en fixant le vide, le mur, ou je ne sais quel détail de la chambre. Lorsque je me remémore Joshua ainsi, j'ai moins mal. Tant que je reste dans mes rêves et que je l'imagine toujours vivant, jouant avec Félix pendant des heures sans se fatiguer, ça me rassure. Mais il ne faut pas que je revienne trop brusquement au présent: je tombe de haut chaque fois.

Félix me jette un regard interrogateur. Il semble se demander si je suis réellement avec lui. Tout à coup, je reviens à ma réalité, je retombe sur terre, dans ma souffrance quotidienne. Déjà, Félix est retourné à ses jouets, de sorte qu'il ne voit pas les larmes qui me viennent aux yeux.

Je me retire et le laisse jouer paisiblement. Je réalise à cet instant que je dois absolument vider la pièce de ce qui me rappelle Joshua, mais je ne suis pas prête à ça. Pas tout de suite. Je ferai ça ce soir, avec ou sans aide, seule ou avec Patrice. Je ne désire pas priver Félix de ses jouets de grand garçon, comme disait Joshua, mais j'ai atrocement peur qu'il les détériore.

— Il est trop petit, Félix, maman, il va les briser, me

disait-il affectueusement. Je l'aime, mon petit frère, mais est-ce qu'on peut ranger mes jouets de grand plus haut?

C'est très difficile pour moi de revoir ce qui le faisait rire et sauter de joie. Je crois toujours entendre sa voix me parler.

Après une journée chargée d'émotions, Félix s'endort vers les 8 heures. Patrice arrivera de travailler bientôt. Aussi bien mettre la main à la pâte tout de suite. Je sors une immense boîte de carton que je place sur le lit de mon grand garçon. Mon regard se perd dans la contemplation de l'intérieur, vide comme mon cœur, d'un vide auquel je ne m'adapterai jamais, me semble-t-il. La difficulté d'acceptation est indescriptible. Je remplirai cette boîte de ses vêtements sans trop comprendre pourquoi je le fais. Dans ma pauvre tête, il reviendra. Il ne peut pas être parti pour l'éternité!

Une intense colère m'envahit, comme une vibration qui me secoue et dont la puissance m'étonne chaque fois. En même temps, je suis terrifié à l'idée d'ouvrir les tiroirs et décide de commencer par les jouets qui lui tenaient le plus à cœur. Je saisis sa planche à roulettes. Son super-héros préféré l'orne et semble me regarder du haut de sa toile d'araignée. J'aimerais être aussi forte que lui, enfiler un masque qui cache ce que je ressens et sauter du haut des toits pour combattre et donner une leçon à tous les méchants. Rien ni personne ne pourrait m'atteindre. Je tiens cet objet contre mon cœur, et ma main se promène sur le bois froid, comme si je tentais d'en obtenir un quelconque réconfort. Ça ne fonctionne pas. Je le dépose dans la boîte et cherche d'autres trésors. Chaque objet me rappelle un souvenir. Je croyais que de rassembler ses affaires me réconforterait, mais ce serait moins douloureux de m'enfoncer un couteau dans le ventre. Ça me brûle. Je ne pourrai pas demeurer longtemps dans cette pièce; il faut que je me dépêche.

Je ferme bien vite la boîte de carton remplie de ses jouets et essuie la larme qui perle au coin de ma paupière. Plus tard, j'en ferai peut-être l'inventaire. Pour le moment, le départ de Joshua est trop frais.

J'ouvre d'un geste brusque le tiroir de sa commode et reste paralysée devant ses vêtements. Une odeur incroyablement douce, celle de mon fils, monte dans l'air. Tout à coup, une série d'images se bousculent dans ma tête. Je le vois, le sens près de moi et l'entends courir tout près. Mes mains se tendent devant moi et empoignent son chandail de couleur rouge et bleu, son préféré. Je le porte à mon visage et en inhale profondément et longuement l'arôme. Je crois que je suis sur le point de m'évanouir. L'émotion me jette sur le sol. Je suis seule avec Joshua, ce qu'il me reste de lui. Anéantie par le chagrin, je pleure sa disparition. Le visage contre son chandail, je retiens mes jambes sur ma poitrine et me vide littéralement de l'eau que contient mon corps malheureux.

J'entends Patrice fermer la portière de la voiture à l'extérieur. J'arrête à l'instant de pleurer, comme on actionne un interrupteur, et me ressaisis illico. Je m'étonne chaque fois de constater à quelle vitesse je peux cacher ce que je ressens. J'imagine que c'est parce que j'ai des années de pratique. Je me relève et vide chaque tiroir avec des gestes précis et rapides. Je ne regarde plus ce que je prends entre mes mains, je vide. Je ne replie pas les vêtements que je lance dans la boîte, ce qui ne me ressemble pas du tout, moi qui ai plutôt l'habitude d'être à l'ordre. Je respire rapidement, un peu trop, peut-être, parce que je suis étourdie.

Dès qu'il franchit le seuil, Patrice voit où je me trouve. Les yeux ronds et la bouche ouverte, il s'avance vers moi, mais sans mot. Il n'était sûrement pas préparé à me trouver dans cette pièce. Il me fixe avec l'air de me demander ce qui m'a pris de commencer seule ce tri difficile. Je ne lui dis rien et continue sans le regarder. Mon visage est de glace et, plus les secondes passent, plus les vêtements s'empilent. Je ne remarque pas qu'il manquera bientôt d'espace et je m'en fiche. Je ne peux simplement plus sentir ce parfum qui me rend mélancolique. Je ne m'arrête que lorsque j'atteins le fond du tiroir. C'est comme si j'étais hypnotisée. Mon visage est méconnaissable et Patrice semble avoir peur de moi. Il sort sans dire un mot et va m'attendre dans la cuisine.

Nous n'avons habituellement pas besoin de parler pour savoir ce que pense l'autre. Il est probablement appuyé contre le comptoir, le regard vide, et il fixe le plancher. Il doit être terriblement bouleversé, mais, à ce moment-là, je ne pense pas à ce qu'il peut ressentir. Je ne pense qu'à Félix. C'est pour lui que je fais ça. Pour qu'il soit bien, qu'il ait accès à ses jouets et ait une vie normale. Je ne veux pas qu'il soit malheureux, privé de bonheur à cause de nos blocages, condamné à avoir des parents tristes. Je pense aussi à Patrice, à qui mon action a au moins le mérite d'épargner cette corvée éprouvante. Si j'étais allée plus vite ou s'il n'était pas rentré de son travail aussi tôt, il n'aurait pas eu à me voir dans cet état.

Je referme le dernier tiroir, ainsi que la boîte, que j'apporte maladroitement dans la cuisine. Je la tiens dans mes bras endoloris et ne sais trop comment m'y prendre pour la déposer par terre. Je finis par la laisser tomber lourdement et m'écroule à côté, épuisée par tant d'émotions. Qu'est-ce que j'ai fait là? De devoir ainsi dégarnir la maison des traces qu'avait laissées mon fils çà et là me remplit de culpabilité. Il avait imprégné sa marque en ces lieux pour attester qu'il avait été vivant. Aujourd'hui, j'ai effacé une partie de son existence.

Une partie seulement, car, peu importe où je me trouve dans cette demeure, Joshua me rappelle qu'il a vécu en ces lieux. Il me fait plusieurs fois chaque jour ce que je me plais à appeler des clins d'œil. Je retrouve un morceau de son casse-tête préféré derrière le fauteuil, un dessin dont j'ignorais l'existence dans les tiroirs entre deux napperons, une pantoufle dans ma garde-robe ou un de ses camions pris entre les coussins du divan. C'est comme ça tous les jours depuis plusieurs semaines. Pas une journée sans clin d'œil. Ça me rapproche tout de même un peu de lui. Je me surprends quelquefois à esquisser un sourire fugace. Pourtant, ces manifestations, loin de m'apaiser, m'abattent davantage. Chaque jour qui passe me fait souffrir plus que la veille. Plutôt que de cicatriser, ma plaie se creuse.

Il me manque de plus en plus. Il est passé où, mon bonheur? Où est-il parti et pour combien de temps? Est-ce que je le reverrai un jour? Est-ce que j'ai encore le droit d'être heureuse?

Le printemps approche à grands pas. Le soleil reprendra sa place habituelle, mais je ne serai pas de la partie cette année. Non. Je fermerai les yeux et attendrai qu'il s'en aille. Je ne sentirai pas la terre qui dégèle, les bourgeons qui pointent le bout de leur nez et les rivières qui recommenceront à couler. Je resterai chez moi bien à l'abri. Ainsi, je me protégerai et risquerai moins de nous mettre en danger.

Un malheur est si vite arrivé!

CHAPITRE 12

Pas à pas vers le gouffre

La mise en terre

15 mai 2005. Le dégel a fait son œuvre et nous enterrons mon cher enfant cet après-midi. Je ne sais pas comment cette journée se déroulera, même si j'ai une fois de plus cette horrible impression de déjà-vu. J'appréhende cette mise en terre depuis plusieurs semaines déjà. J'en ai rêvé plus d'une fois. Les papillons se sont installés dans mon estomac ce matin. Ils y resteront probablement une partie de la journée.

Je ne sais pas s'il faut amener Félix à cette cérémonie dont sans doute il ne comprendra ni le déroulement ni la signification. Mais aussi bien avoir ma petite bombe d'énergie à mes côtés. J'en aurai bien besoin. Quant à la présence de ma filleule Kristyna, maintenant âgée de six ans, je demande à mon frère ce qu'il en pense.

—J'ai soulevé le point à ma dernière rencontre avec le psychologue, lui dis-je, et lui ai demandé ce qui serait le mieux dans son cas, ce qui l'aiderait à vivre elle aussi le deuil de son cousin. Il prétend qu'on sous-estime trop souvent la capacité d'un enfant à affronter ce genre de situation, que la représentation de la mort que se fait un enfant est souvent beaucoup simplifiée par rapport à la nôtre.

Les enfants vivent dans le concret, selon la conception que je m'en fais. Comme la vie est tangible, ils la comprennent bien, au contraire de la mort qu'ils ne voient pas et dont ils ne sont pas vraiment conscients. Tout le monde se demande s'il y a une vie après la mort. C'est le mystère le plus opaque qui soit. J'essaie donc d'imaginer comment un enfant peut percevoir cette notion de survie. D'assister à cette cérémonie aidera peut-être Félix à réaliser ce questionnement existentiel.

Je donne aussi raison à mon psychologue. Nous projetons quelquefois, sans le vouloir, naturellement, nos peurs et notre peine sur nos enfants. Nous croyons qu'ils seront aussi abattus et atterrés que nous, mais leur capacité de gérer leurs émotions dépasse largement ce qu'on s'imagine. Ils sont naturellement pourvus d'un lâcher-prise extraordinaire. Ils pleurent tout leur chagrin et se rappellent ensuite les bons moments.

— Explique à Kristyna le déroulement de la cérémonie et demande-lui ce qu'elle désire, ajouté-je.

Il semble mal à l'aise.

— Je crois que je vais demander un coup de main à maman. J'ai déjà de la difficulté à répondre aux milliers de questions de ma fille; je ne sais pas si je pourrai lui parler de ça.

Je souris. Pauvre maman! C'est souvent à elle que reviennent les tâches trop accablantes ou pénibles émotionnellement pour nous, depuis quelques années.

Nous partons pour le cimetière. J'ai peur d'apercevoir le cercueil de ma Naomy dans la fosse creusée pour mon fils. Et s'ils n'avaient pas fait attention à ça? Les images qui se déroulent dans ma tête me font frissonner. Je la secoue vigoureusement et saisis la main de Patrice. Félix est à l'arrière de la voiture et ne dit rien. Il a les yeux bien ronds et me fixe. Je me tourne vers lui et caresse le dessus de sa main. Sa peau est douce, mais je remarque une petite plaque de peau sèche. Depuis quand Félix a-t-il ce genre de problème? Ça ressemble étrangement à de l'eczéma. Je vérifierai une fois de retour à la maison.

Toujours comme il y a quatre ans, nous retrouvons plusieurs visages endeuillés dans le cimetière. Mais, cette fois-ci, les gens se retournent pour nous faire face. Ils nous pointent discrètement du doigt et chuchotent. J'en ai plus qu'assez d'avoir l'air d'un phénomène de foire. Nous les ignorons et continuons notre chemin.

La tombe me semble trop adroitement creusée. Le cercueil a déjà pris sa place tout près de celui de Naomy. Je n'ai pas le courage de regarder vers le fond. Je m'approche doucement en prenant soin de ne pas lâcher la main de Patrice. Plusieurs membres de la famille sont déjà arrivés, mais personne ne s'est encore avancé près du cercueil, attendant que nous nous avancions les premiers. Délicate attention! J'ai les jambes comme en coton. Je ne sais pas encore si je réussirai à marcher jusqu'à la fosse. Mes mains tremblent, et Patrice s'en rend compte immédiatement.

Nous arrivons aux côtés de Joshua, et la famille, infiniment respectueuse, se rapproche en formant un cercle autour de nous. Nous ne disons rien. Patrice a les yeux dans le vague. Je ne peux même pas dire où il pose les yeux dont le regard est vide et sans vie. C'est sûrement ainsi qu'il se sent.

Pour échanger avec lui un peu de réconfort, j'enfouis mon visage dans son cou et inspire un grand coup. Lorsque l'odeur de mon bien-aimé s'impose à mon cœur et chatouille mon ventre, je ressens un intense soulagement, à l'égal de l'amour que j'ai pour lui. Qu'est-ce que je ferais sans Patrice?

Lorsque le curé arrive et qu'il nous voit, il plisse les yeux et laisse échapper un soupir d'incompréhension. Il doit se rappeler nous avoir vus pour le même genre de cérémonie il n'y a pas si longtemps. Son allocution est émouvante, mais je n'écoute que le début. Mes pensées, souvent plus envahissantes que la réalité, prennent rapidement le pas sur le message qu'il nous livre.

Mes cuisses brûlent à cause de la douleur que je ressens. Mon corps vacille doucement de gauche à droite. Je m'assieds par terre, incapable de tenir debout plus longtemps. Patrice suit mon mouvement et s'agenouille à côté de moi. Sans lâcher la main de Patrice, je tamponne mes joues pour en éponger les larmes. Lui s'abstient de sécher les siennes pour me tenir serrée contre lui. J'approche ma main de son visage et l'effleure délicatement, essuyant ainsi toute trace de son chagrin. Il m'adresse un sourire, que je lui rends aussitôt. Je pose ma tête sur son torse pendant que la cérémonie se poursuit.

Seul mon physique est là, pendant que mon âme est ailleurs à chercher désespérément mon enfant. Je sauterais dans le trou avec lui pour le retrouver. Cela fait presque cinq mois que Joshua est décédé, et ni la douleur ni la mélancolie ne se sont apaisées. J'ai toujours autant de chagrin, même si j'ai l'air de fonctionner normalement aux yeux des autres. Je garde toutes mes larmes à l'intérieur de moi. Ainsi, je n'inquiète personne.

Quelle maman je fais!

En fin de semaine, c'est la fête des Mères. Qu'on ne me parle pas de ça, surtout. Pas cette année. Je saute mon tour. Je ne suis que le tiers d'une maman. Deux de mes trois enfants manquent à l'appel. Il me manque les deux tiers de mon corps, les deux tiers de mon cœur.

Heureusement, Félix n'en a pas conscience. Patrice ne paraît pas très à l'aise avec moi et je comprends sa gêne. Il ne sait pas comment agir ni de quelle façon s'y prendre pour ne pas me blesser davantage. Je ne voudrais pas être à sa place. Il m'embrasse et me laisse seule, comme je semble le désirer. Je ne bronche pas. Surtout, ne pas le forcer à rester avec quelqu'un qui ne vit plus, sinon dans les souvenirs de ses enfants disparus. Je fixe le mur, les yeux vitreux, et ne dis rien. Je ne parle ni ne pleure. Je pense, c'est tout. Je pense à tout ce dont je suis privée. On m'a dépouillée de l'amour de mes enfants, de leurs sourires. On m'a refusé leur présence et confisqué leur odeur. J'en veux à la vie, ou bien à la mort; je ne sais plus.

Dormir, mais comment?

Je suis prisonnière de mon corps. C'est lui qui détermine ce que je ressens. Moi, je ne peux rien changer. Mon cerveau et mon corps sont deux alliés qui jouent contre moi. Ce sont mes ennemis, mais je suis condamnée à vivre avec eux, à être leur marionnette, à répondre à leurs caprices. Ils me font vivre un instant la joie et, une fraction de seconde plus tard, ils m'imposent la peur. Ils font ce qu'ils veulent de moi selon leur fantaisie et je n'ai plus qu'à suivre. Ils ne se préoccupent pas de savoir si j'aurai mal.

Je sens que je vais devenir folle, au milieu de toutes ces pensées qui me hantent. Je le crois vraiment. Je n'ai plus d'intérêt pour ce qui me passionnait auparavant. La seule chose à quoi j'aspire, c'est de dormir toute la journée, mais je dois faire comme si le sommeil n'existait pas.

Car, le soir venu, pas moyen de dormir. L'insomnie et les cauchemars m'assaillent, et ma nuit se transforme en supplice. Mes rêves me semblent aussi vrais que la réalité et me font aussi mal. Si je rêve qu'un individu me tire dessus, ce qui m'arrive assez fréquemment, je sens chaque balle pénétrer mon corps. Si je rêve qu'une tornade nous emporte, mes cheveux tourbillonnent dans le vent comme ça se produisait vraiment. Si j'ai un accident de voiture, j'entends la tôle qui se froisse, je sursaute au bruit de l'impact et sens les fragments de verre qui meurtrissent ma peau; j'entends les gens qui m'accompagnent hurler de douleur. Je vois fréquemment mon corps inerte, sans vie.

Je compte les minutes. Chacune me paraît aussi longue qu'une heure. Mes peurs envahissent ma tête. Elles sont parfois absurdes et exagérées, mais elles sont incontrôlables. Je me répète sans cesse les mêmes histoires à faire peur. Ça tourne et tourne en boucle dans mon cerveau endolori, saturé d'images horribles. C'est encore pire lorsque je pense à l'accident de Joshua ou à la maladie de Naomy. Les images qui reviennent sans cesse me hanter et la sensation de revivre ces tragédies me semblent si réelles que je dois me lever et marcher pour me changer les idées. Et, quand je me lève, bonjour l'insomnie! Je ne dors plus, c'est terminé. Je pense et pense et pense… À quoi? À tout! À la mort. À ceux et celles que j'aime qu'elle pourrait atteindre. Aux catastrophes naturelles et à ce que l'avenir nous réserve. À ce que je ferais pour sauver Félix si un incendie se déclarait chez moi. Chaque fois, c'est le même scénario qui revient. Je sais exactement ce que je ferais pour m'en sortir. Lorsque j'y pense trop, il m'arrive même de me lever, d'aller vérifier si une conflagration ne nous menace pas et si Félix ne court pas de danger. Je m'assure que la porte est bien verrouillée. Je peux la vérifier deux ou trois fois. Je me lève aussi lorsque je ne suis pas certaine d'avoir bien regardé. J'ai peur qu'un psychopathe n'entre chez nous et ne nous massacre tous les trois. J'imagine la façon dont il s'y prendrait. Je crois réellement que tout ça arrivera et que je suis condamnée à ce que tout aille mal pour moi et ma famille.

Lorsque le soleil se lève et que mon calvaire prend fin provisoirement, je me dis que ce sera peut-être la dernière journée que je verrai le sourire charmant de mon fils. C'est ainsi tous les matins. Quand je le promène en poussette dans la ville, j'ai peur qu'une voiture nous heurte. Des mises en scène si réelles s'imposent à mon esprit que je frissonne et dois me contraindre à me calmer. Que je sois en voiture, à vélo ou à pied, c'est le même scénario horrible qui surgit. Je vois la mort partout. Lorsque je cuisine et que je manipule de la viande crue, je suis convaincue que je vais attraper une bactérie si je ne me lave pas fréquemment et frénétiquement les mains; mieux vaut ne pas toucher à la nourriture, et j'utilise de nombreux ustensiles pour la manipuler, alors que Félix ne doit pas m'approcher à ces moments-là pour ne pas s'exposer au danger. Je sais que le malheur peut survenir une troisième fois. Je ne suis à l'abri de rien. Aussi bien mettre toutes les chances de mon côté.

J'ai acquis quelques manies dont je ne suis plus capable de me défaire, des sortes de tics propres à conjurer la tragédie, selon des convictions irrationnelles que j'ai développées. Ainsi, si je donne la main à quelqu'un, je dois me laver les mains après. Je ne puis me décider à jeter un dessin de Félix, même s'il me le demande. Je dois remplir mon verre d'eau deux fois avant d'être capable d'en prendre une gorgée… Et ce ne sont là que quelques exemples. Mes journées sont remplies d'obstacles et de combats du genre qui ne laissent aucun répit à mes inquiétudes. C'est sûrement normal après ce que nous avons vécu.

Ouvre les yeux!

Mon médecin me téléphone pour m'annoncer une nouvelle qui devrait me réjouir.

—Je vous ai pris un rendez-vous demain avec un spécialiste. Il vous suffit de vous rendre très tôt à Québec. Le spécialiste vous verra dans la journée. Apportez-vous un livre. L'attente peut être longue.

J'attendais ce rendez-vous depuis plusieurs mois. Pas question de le manquer. J'annonce à Patrice la bonne nouvelle et m'assure auprès de ma mère qu'elle peut prendre Félix avec elle. Mes problèmes de santé physique ont toujours préoccupé Patrice. Il s'empresse d'organiser le voyage.

Une heure plus tard, je m'assieds et laisse échapper un long soupir de soulagement. Enfin, tout est prêt, je peux partir l'esprit tranquille. Félix s'approche de moi et me tend les bras. Je le prends et le serre contre moi. Soudain, une intense pression m'étreint au niveau de la poitrine. Qu'est-ce que c'est que ça, encore? C'est atrocement douloureux et ça ne passe pas. Je donne Félix à Patrice et me lève. Je manque d'air. On dirait que ma cage thoracique s'écrase sur mon cœur.

Mes pensées se bousculent. Sans trop m'en apercevoir, je pense à demain, à ce soudain rendez-vous? Pourquoi après tant de mois? Je dois faire garder Félix parce que nous partons vraiment tôt. Est-ce le destin qui nous tend un piège? Et si nous mourons, Patrice et moi? Si Félix se retrouve sans parents? Que va-t-il faire sans nous? Si c'était la dernière fois que je le vois et le prends dans mes bras! Cette journée serait-elle ma dernière? Je nous vois déjà dans le fossé, Patrice inerte et moi qui le regarde mourir. Est-ce que je mourrai instantanément ou si je souffrirai? Et Patrice? Je ne veux pas qu'il ait mal.

— Nous ne pouvons pas y aller!

Patrice me regarde, surpris, sans rien dire. Je poursuis:

— Il n'est pas question que nous fassions garder Félix! J'ai peur! Je ne peux pas partir. Je ne veux plus aller voir ce spécialiste!

Patrice s'approche doucement de moi, comme apeuré par ma réaction. Il tâche de me raisonner. J'attends ce rendez-vous depuis presque un an. Mais ma décision est sans appel.

— Je ne risquerai pas ma vie! Je ne prendrai surtout pas le risque que Félix se retrouve sans parents!

Je sais dans ma pauvre tête et dans mon cœur que cette réaction est exagérée, mais je suis en proie à une crise de panique que je n'arrive pas à surmonter. Je choisis la voie de la facilité: annihiler la peur, même au prix de mon bien-être physique. Mon choix est fait, il s'est imposé à moi comme évident.

Je tremble et regarde par terre, incapable de soutenir

le regard de Patrice. Je sais que lui aussi attendait ce rendez-vous et qu'il trouve insensé que je ne m'y présente pas, pour des raisons qu'il juge futiles. Il ne comprend pas la terreur qui m'envahit lorsque je pense à tout ce qui pourrait arriver, ni que je n'arrive pas à la maîtriser.

Mais c'est plus fort que moi. Je n'ai peut-être rien à craindre, mais rien non plus pour me rassurer. Il peut m'arriver n'importe quoi. Ma propre existence m'échappe, aussi bien que celle de mes enfants. Comment puis-je faire confiance à la vie? Comment puis-je continuer à vivre normalement? Pourquoi ai-je toujours aussi peur de perdre de nouveau quelqu'un que j'aime? Tous les jours, presque toutes les heures, je crains qu'une tragédie survienne. Je vois la mort partout.

Je n'irai pas à Québec demain. J'assume totalement ma fuite. Je préfère de loin souffrir plutôt que de mourir. Ma décision est prise et je ne changerai pas d'idée.

Patrice tient sa tête entre ses deux mains.

La forêt qui m'affole...

Je sais à quel point Patrice aime aller en forêt. Depuis les fêtes, je redoute qu'il y retourne avec Félix. J'appréhende le jour où il décidera de se rendre au chalet de son père, en passant par l'endroit où l'accident a eu lieu. Ce jour est inévitable, assurément, mais je ne suis pas impatiente de le voir se manifester.

Il a dit à son père qu'il désirait revoir le lieu de l'accident. Il me l'a appris récemment. Moi, l'endroit ne me manque pas du tout et je ne suis absolument pas prête à y aller. Mon thérapeute m'a dit que je n'étais pas obligée d'y retourner si je n'en ressentais pas le besoin.

Mais mon conjoint ne va pas passer le reste de ses jours sans plus se rendre en forêt, où il a déjà passé de bons moments avec Félix et son père.

—Je veux m'y rendre avec notre fils, me dit-il. Est-ce que ça te va?

Le voir partir seul me met à l'envers. Imaginer mon garçon si loin de moi pendant toute une fin de semaine me terrifie, mais je dois me faire violence. Je ne peux priver ni Patrice ni Félix de cette sortie. S'il fallait qu'il arrive quelque chose à l'un ou à l'autre, je m'en voudrais à jamais d'avoir empêché Patrice de vivre ce doux moment avec son fils. D'un autre côté, s'il leur arrive un pépin, c'est moi qui serai privée de leur présence. Ma tête tourne et mes oreilles bourdonnent, tellement je suis fébrile. Je ne sais plus quoi penser. Nous sommes mercredi, et il doit partir samedi.

—Vas-y, Patrice. Si tu ressens le besoin d'y aller, je ne t'en priverai pas. Mais ne m'oblige pas à vous accompagner.

Un trémolo s'installe au fond de ma gorge qui m'empêche de continuer. Patrice comprend que ces quelques mots m'ont demandé tout mon courage. Il s'approche de moi et me dit:

—Tu en es certaine? Je ne suis pas obligé de partir. Je peux rester avec toi...

Je lui coupe la parole.

—Arrête, sinon je vais te dire de rester ici. J'ai peur de vous perdre tous les deux et de me retrouver seule. Sois extrêmement prudent. Promets-moi qu'il n'arrivera rien!

Il me serre contre lui et me dit à l'oreille de ne pas m'inquiéter, qu'il m'aime et prendra soin de Félix.

Je passe les trois jours qui suivent dans la plus grande anxiété, avec le cœur qui s'affole dans ma cage thoracique. Je dois déployer des efforts surhumains pour ne pas que Patrice s'en aperçoive, ni non plus mon Félix. Je suis convaincue que c'est la dernière fois que je vois mon garçon et mon bien-aimé.

Pendant que Patrice effectue ses préparatifs, je fais les cent pas en regardant par terre et en essayant de rester souriante J'ai la certitude qu'on m'a jeté un mauvais sort. Patrice est manifestement inquiet. Il se demande certainement s'il est convenable de me laisser seule. Je devine ce qu'il pense et lui signifie que tout ira bien et que je suis assez grande pour m'occuper de moi. Mais je suis terrorisée. Il me donne un baiser. Est-ce que je vais flancher? Non. Je reste debout, bien que très ébranlée. Félix m'approche:

— T'aime, maman!

Cette fois, je flanche. Un océan de larmes coule de mes yeux, et je le serre contre moi.

— Maman t'aime très fort, chéri! Amuse-toi bien!

Patrice fait mine de revenir sur sa décision, mais je pointe la porte du doigt. Il m'embrasse de nouveau avant de me quitter.

Une fois la porte fermée, je m'effondre sur le plancher froid. Je reste ainsi pendant plusieurs longues minutes à pleurer et à crier ma douleur. Je suis seule et c'est mieux ainsi. Je ne veux pas qu'on souffre avec moi, qu'on me voie dans cet état de délabrement moral.

J'ai réellement besoin d'aide.

Des répercussions physiques

Loin de s'améliorer, ma santé se dégrade de semaine en semaine. J'ai d'affreuses migraines. Elles sont devenues quotidiennes. Mon estomac me donne du fil à retordre, et j'ai même été hospitalisée pour des ulcères il y a quelques semaines. J'ai contracté l'influenza et ai été hospitalisée de nouveau en raison de complications qui ont dégénéré en pneumonie. Mon système immunitaire est faible. Je ne dors plus, ou presque plus.

Mon médecin me dit d'écouter mon corps, qu'il me parle. Je ne l'écoute pas, parce que je sais ce qu'il essaie de me dire. J'ai beaucoup maigri et n'ai que très peu d'appétit. Je pèse à peine quatre-vingt-quinze livres et on me voit les côtes. Je perds mes cheveux par poignées. Il y a des mois où je n'ai pas mes règles, d'autres où je suis en hémorragie. Tous les jours, j'ai des étourdissements qui ne cessent que lorsque je me couche. J'ai souvent des engourdissements et des palpitations. Je fais fréquemment des crises d'hyperventilation.

Décidément, je ne suis pas à mon meilleur. Mon état de santé inquiète Patrice et je dois convenir qu'il commence à me préoccuper, moi aussi.

CHAPITRE 13

Le point de rupture

Un cri de détresse

J'ai été surprise lorsque mon psychologue m'a dit que mon anxiété dépassait largement ce qu'on peut appeler la limite du normal. J'avais plutôt le sentiment, pour ma part, que, compte tenu de ce que j'ai vécu, il était légitime que je sois quelque peu affectée psychologiquement. Je lui demande:

— Et ça peut rentrer dans l'ordre? Je peux redevenir celle que j'étais?

Paraît-il que oui. Je n'aurais jamais cru qu'il pouvait être dangereux pour ma santé mentale de laisser libre cours à mes pensées et comportements anxieux. Le thérapeute me prévient que la résilience sera d'autant plus difficile si je demeure plus longtemps dans cet état.

Nous essayons ensemble de déterminer à quel moment exactement mon comportement a changé. Avais-je déjà, durant mon enfance et mon adolescence, des troubles anxieux, ou sont-ils survenus par la suite? D'après ce que j'ai découvert, je suis par nature sujette à l'anxiété. Je suis perfectionniste et considère ne pas avoir droit à l'erreur. Ce que les gens pensent de moi m'importe beaucoup. Je ne veux pas déplaire et je n'aime pas décevoir. Mais où est le problème?

— Ce genre de comportement, me répond mon psychologue, nuit à votre épanouissement et à celui des personnes qui vous entourent. Vous vous privez d'effectuer des sorties avec votre enfant et votre conjoint de peur qu'il arrive quelque chose. La crainte continuelle vous empêche de vivre pleinement votre vie. Il vous semble plus facile sur le moment d'éviter les situations stressantes, de pelleter vos angoisses en avant, mais cette attitude deviendra problématique avec le temps. Vous souffrez déjà de plusieurs dérèglements physiques et psychologiques. Je crains même que cette pente ne vous conduise à la dépression[4], qui est la complication majeure de l'anxiété. Ce qu'il vous faut, c'est bien faire la différence entre le processus normal du deuil et les comportements malsains.

Il fait une pause pour me laisser le temps d'assimiler au moins de façon minimale ses paroles. Il me regarde dans les yeux et finit par me demander:

— Comment ça va, Mélanie? Comment vous sentez-vous? Regardez votre ventre, votre nombril, et posez-vous la question. Oui, oui! Maintenant!

Je reste figée. Je baisse le menton et fixe mon ventre. Comment je me sens? Bonne question! Je n'en sais trop rien.

—Je ne sais plus qui je suis. Je ne me reconnais plus. J'ai terriblement changé et c'est déjà pour moi une source de désarroi! J'ai toujours peur. Peur de perdre quelqu'un que j'aime, de mourir, qu'il arrive une tragédie, de me faire heurter par une voiture,

4. Pour plus d'informations sur la dépression, la médication et les thérapies possibles, visitez le portail Internet www.fondationdesmaladiesmentales.org

de contracter une maladie, d'attraper une bactérie, et je pourrais continuer à énumérer ainsi mes peurs pendant des heures. En me levant le matin, je suis terrifiée. On m'a demandé si je voulais un autre enfant. J'ai répondu que je n'en savais rien. En réalité, oui, je veux un autre bébé, mais je n'arrive pas à m'imaginer enceinte. J'ai peur qu'un accident m'enlève encore un enfant. Chaque seconde qui passe me rappelle que je peux perdre Félix. Je ne pourrais pas survivre, s'il fallait qu'un autre de mes bébés meure. Enfanter, ce serait augmenter mes chances d'en perdre un autre. La vie a été injuste avec moi. Elle me menace toujours. Autant renoncer. Je n'ai plus envie de rien. J'ai de la difficulté à aller faire une promenade avec mon garçon. Ça me demande énormément d'énergie. Ça me fait de la peine, d'être ainsi avec lui, mais je suis fatiguée de me battre chaque jour contre mes craintes. Je suis épuisée et me sens terriblement coupable de projeter cette image aux yeux de Félix. J'ai des sautes d'humeur, j'oublie tout, je sursaute sans arrêt, je fais de terribles cauchemars, j'ai des vertiges, j'ai toujours envie de pleurer et je grince tellement des dents la nuit que je vais les user, à ce rythme. J'éprouve toujours cette espèce de vibration à l'intérieur de moi, comme si j'allais exploser. Ça vibre de plus en plus fort avec le temps, et je n'ai jamais eu autant envie de crier. Je me demande tous les jours si je suis en train de devenir folle. Je ne veux pas faire subir tout ça à Patrice et à Félix, mais ça devient de plus en plus compliqué et hors de mon contrôle. Et c'est sans compter les désagréments physiques que j'endure depuis quelques mois. Ça ne me lâche plus, et je ne peux plus supporter ça!

Je ne parle plus, je crie. Comment vais-je m'en sortir?

Une décision courageuse

Une thérapie de groupe sur l'anxiété. Non! Il n'en est pas question. Ma réaction est peut-être un peu exagérée, mais je ne suis pas du genre à aller me plaindre devant un groupe. À quoi ça sert, tout ça? Pourquoi j'irais raconter mon histoire à des gens que je ne connais pas? Je consulte depuis maintenant près de cinq mois, à raison d'une fois par semaine, quelquefois deux. Qu'est-ce qu'une thérapie de groupe peut m'apporter de plus?

— Essayez, Mélanie. Vous n'avez rien à perdre. Je suis convaincu que ça peut vous aider. Il ne faut pas sous-estimer la force d'un groupe. Par ailleurs, vous allez prendre rendez-vous avec votre médecin et lui parler des symptômes physiques et psychologiques que vous constatez. Je le contacterai avant votre rencontre.

C'est vraiment la confiance que mon thérapeute m'inspire qui me convainc. Mais ce n'est pas de gaieté de cœur. En plus, la première séance a eu lieu la semaine dernière; j'arriverai donc comme un cheveu sur la soupe à la seconde rencontre.

Un certain mardi après-midi

Pour le coup, le temps se met à passer trop vite. Mon anxiété, que je croyais pourtant à son paroxysme, grimpe encore. « C'est tant mieux, que je me dis. Je vais cadrer parfaitement dans le tableau! » Pendant que je me dirige vers le lieu de la rencontre, je me demande quel genre de personnes je retrouverai là. Est-ce que j'y ai vraiment ma place? Et que penseront ces gens de moi? Mes pensées se bousculent dans mon esprit et m'empêchent d'être complètement concentrée sur la route. Ma voiture dévie brusquement sur le gravier de l'accotement. Je la ramène dans sa voie et respire un bon coup. Je ne me sens vraiment pas bien. Et si c'était le signe que je dois retourner chez moi! Si cette embardée avait été provoquée exprès pour me signifier que je ne dois pas me présenter à cette foutue thérapie. Non. Je ne peux pas faire ça à mon psychologue. Je lui ai donné ma parole et j'irai me ridiculiser à cette rencontre.

J'emprunte l'escalier et gravis les trois étages de l'immeuble, malgré la forte douleur que j'ai aux jambes et les tremblements qui m'agitent. Je ne prends jamais l'ascenseur lorsque je suis seule, par crainte d'y rester coincée. Au troisième étage, une gentille et jolie femme blonde m'accueille avec un chaleureux sourire et m'offre un cahier jaune. Elle me salue et me dit:

— Vous devez être Mélanie? Entrez et asseyez-vous, la rencontre va débuter d'une minute à l'autre.

Je lui souris timidement. Dans la pièce qu'elle m'a désignée, une quinzaine de chaises sont disposées en rond tout autour de la salle. Déjà, quelques personnes y sont assises et m'observent avec un air interrogateur. Je m'installe et feuillette cette brochure qu'on m'a remise à l'entrée. Je crois voir mon psychologue qui s'amène dans le couloir extérieur. Enfin, un point de repère! Il anime la rencontre, accompagné de la charmante dame de l'accueil, qui est infirmière.

Quand tout le monde est là, les responsables nous expliquent le déroulement de cette deuxième réunion. Les bras croisés sur ma poitrine, je fixe le plancher sans dire un mot, très mal à l'aise. Je ne sais pas ce que je fais là. On nous soumet à un exercice consistant à compléter une grille d'autoévaluation, qui devrait révéler notre degré d'anxiété, selon une échelle d'évaluation dite de Hamilton[5].

— Soyez honnêtes avec vous-mêmes. Faites l'exercice pour vous.

Je remplis le plus honnêtement possible cette grille qui me confirmera, si oui ou non, je suis sur le point de devenir folle. Au fil de ma lecture, je prends conscience de tous les symptômes physiques et psychologiques reliés à l'anxiété.

Étonnamment, ça me rassure d'apprendre que ce que je ressens est plutôt « normal ». Ce qui l'est moins, c'est mon résultat. À partir du moment où on atteint 20 comme résultat, l'anxiété commence à être significative. Ma note est de 48. C'est comme une baffe en pleine figure. Embarrassée, je cache ce chiffre pour que les gens qui m'entourent ne le voient pas. Une fois que tout le monde a terminé, les responsables demandent à chacun à tour de rôle s'il désire dévoiler son résultat.

Quoi? Mais je ne veux pas que tout le monde sache que j'ai un sacré problème sur les bras! Comment est-ce que je ferai pour afficher mon désarroi sans pleurer? La seule perspective de me faire poser la question fait augmenter mon stress. Si je recommençais ce foutu test présentement, mon résultat passerait de 48 à 60. Il faut

5. L'échelle d'anxiété de Hamilton comprend quatorze points qui couvrent la totalité des secteurs de l'anxiété psychique, somatique musculaire et viscérale, les troubles cognitifs et du sommeil et l'humeur dépressive. À chacun d'entre eux correspond une liste de symptômes donnés à titre d'exemples et aboutissant à leur définition par extension. Ils sont évalués à l'aide de cinq degrés de gravité, de l'absence jusqu'à l'intensité invalidante. La note globale est établie sur un maximum de 60. L'anxiété psychique et l'anxiété somatique sont notées indépendamment l'une de l'autre. Le seuil admis en général pour une anxiété significative est de 20.

que je me ressaisisse. Je n'aurai qu'à dire que je n'ai pas envie de dévoiler mon résultat. Il y aura sûrement d'autres personnes qui refuseront de le faire. Et je ne dois pas être la seule à avoir ce genre de résultat. Nous sommes tous ici pour la même raison.

La dame commence par cette petite femme qui se trouve à mes côtés. Elle paraît bien fragile, bien éprouvée.

— Vingt-deux, dit-elle.

Les participants semblent impressionnés, mais personne ne dit rien. Chacun écoute très attentivement. Les résultats sont pratiquement tous les mêmes. Ils se situent entre 15 et 25, et aucun ne dépasse 30.

Il ne reste que deux personnes avant moi et, naturellement, tout le monde a révélé son résultat. Ça demande un maximum d'humilité, mais je remarque que personne ne porte de jugement, contrairement à ce que j'aurais pensé. Lorsque mon tour arrive, je fixe le plancher et croise les bras sur ma poitrine.

— Quarante-huit… Mais…

Je ne peux pas en dire davantage. Je croule sous la honte. J'aimerais expliquer pourquoi je suis ainsi, qu'ils comprennent que je ne suis pas folle, que j'ai seulement peur qu'il m'arrive malheur à nouveau. S'ils savaient… Je lève sur l'assemblée des yeux qui se sont inévitablement gorgés d'eau pour voir la réaction des personnes qui m'entourent. Tout ça se passe en quelques secondes seulement, mais je réussis tout de même à sentir la sincère compassion des gens qui m'entourent. Rien que de la compassion. Quelqu'un m'offre un mouchoir, et la rencontre continue. Personne ne passe de commentaire ni ne me demande d'explications. Seule ma voisine pose sa main sur mon épaule. Je lui souris.

Les animateurs nous remercient d'avoir révélé nos résultats en nous disant à quel point ce témoignage demande du courage. La thérapie se poursuit. Mon psychologue regarde vers moi et me sourit. J'imagine qu'il est fier que j'aie réussi à parler et surtout à laisser échapper quelques larmes. C'est là le début d'un immense combat contre moi-même, j'imagine.

Ma première rencontre se termine, et je prends conscience que je n'ai pas vu le temps passer. J'ai trouvé intéressant de réaliser ce qui se passe dans mon corps et dans ma tête. Ça reste tout de même abstrait.

À la sortie de l'établissement, quelques participantes se sont rassemblées pour bavarder. Elles m'arrêtent et m'invitent à me joindre à elles, ce que j'accepte, mais sans dire un mot. L'une d'entre elles parle de ses expériences de vie et raconte qu'elle prend des antidépresseurs depuis presque cinq ans. Une autre explique qu'elle ne tolère pas les changements dans sa vie, si petits soient-ils. Chacun des cas est différent, mais je suis soulagée d'entendre ces témoignages, qui me prouvent que je ne suis pas la seule dans mon cas.

Lorsque je rentre chez moi, je suis au moins délivrée de ma peur de la première rencontre. Dès que je franchis le seuil, Patrice me regarde, inquiet et impatient de savoir comment cette expérience s'est finalement déroulée. Encore ébranlée par le bourrage de crâne que j'ai subi, je n'ai pas envie de raconter mon expérience, mais je lui fais signe que je vais bien.

La thérapie s'étend sur plusieurs semaines. Je devrai

être patiente et, surtout, rester confiante que mon état peut s'améliorer.

Nouveau départ

Chaque jour qui passe, un nouveau souvenir revient à ma mémoire. Les murs de ma demeure débordent d'images de Joshua. Chaque pièce est pleine de ses sourires, de ses éclats de rire, de sa voix d'enfant. Je passe mes journées avec des nœuds dans le ventre et la peur de trouver un objet lui ayant appartenu. Je l'aperçois chaque fois que je me retrouve dans le corridor qui mène à sa chambre. La sensation de sa présence est tellement réelle que je sursaute parfois en entrant dans le salon, parce que j'ai peur de le heurter ou que je le vois assis sur le divan. J'entends tous les jours ses petits pieds dans le couloir ainsi que le bruit de son ballon contre le mur. C'est épuisant. Ça devrait me consoler de croire qu'il est toujours là, mais ça me rend plutôt triste. Je ne le vois plus vraiment, en fait, je ne peux plus le toucher ni le sentir contre moi. Ça me rappelle constamment à quel point il me manque. Ça me confirme qu'il n'est plus là, qu'il est réellement décédé.

Les souvenirs me rassurent tout de même un peu et m'aident à poser sur mon visage d'infimes sourires. Mais il y a parfois des moments où trop d'émotions se bousculent en moi.

Je sens de temps à autre des courants d'air et me demande si c'est lui qui me rend visite. Ça me rassure de croire qu'il peut toujours venir nous voir.

La semaine suivant le décès de Joshua, Patrice et moi avons eu l'idée de déménager. À ce moment-là, nous nous étions dit que nous attendrions de voir ce qui se présenterait à nous au cours des prochains mois. Nos intentions n'ont pas changé, mais jusqu'à aujourd'hui rien ne s'est encore présenté à nous. Si nous cherchons, nous ne faisons tout de même pas une urgence de ce projet.

Ma belle-mère apprend qu'une maison près de chez elle est à vendre. Comme elle sait que j'adore le style des maisons de ce quartier, elle s'empresse de nous en informer. La vente va certainement se faire rapidement.

Quelques semaines et beaucoup de signatures plus tard, la maison de la rue du Moulin est officiellement à nous. Une porte s'ouvre pour nous vers un nouveau départ. Félix et moi empilons des boîtes et préparons le déménagement. J'emplis les cartons, et mon petit homme les vide à mesure. N'empêche, il me fait rire. Je dépouille consciencieusement cette demeure de nos biens personnels, de notre vie qui la décorait.

Cependant, lorsque je décroche une des toiles que j'avais peintes alors que Joshua était à mes côtés, j'ai l'impression que mon corps se vide. Je croyais fuir ma souffrance en partant d'ici, en m'accrochant à l'illusion de changer de vie, et voilà que je nourris de la culpabilité, que j'ai affreusement peur de laisser les souvenirs de mon ancienne vie ici et de tout oublier. Dans ce lieu, chaque pièce contient un peu de ma mémoire. Là-bas, aucun mur ne me rappellera Joshua. Aucune pièce n'aura son odeur. Aucun plancher n'aura été égratigné par lui. Il ne nous reste que quelques jours à passer dans cet appartement qui continuera à abriter des fantômes, mes fantômes chéris.

Je me dis que jamais je ne pourrai quitter cet endroit. J'aurais la sensation de laisser là tous mes souvenirs de lui. J'aurais peur de ne plus le sentir près de moi.

Des mots qui cautérisent

Ma maison est vide et, paralysée, je suis plantée debout devant la porte. Il ne reste qu'une semaine avant la fin du bail. Je me trouve des excuses sans arrêt pour retourner dans cet appartement. Je vais laver les planchers, nettoyer les armoires ou balayer quelques miettes ici ou là. J'y vais seule tous les jours depuis que nous avons déménagé. Déjà deux semaines que nous sommes installés dans notre maison, mais je ne m'y sens pas chez moi. C'est ici, mon chez-moi. Souvent, je m'assieds par terre dans la chambre de Joshua. J'y reste parfois tout l'après-midi. Cet endroit est pour moi comme un point de repère. J'y errerais des heures. Je ferme les yeux et imagine que mon fils est là. Je devrais aller rendre la clé de l'appartement au propriétaire, mais je diffère sans cesse cette démarche.

Vers la fin de l'après-midi, je retourne à mon nouveau domicile, censément réconfortant, mais j'y suis inconfortable.

Mon thérapeute me suggère d'écrire une lettre à Joshua où j'énumérerais tout ce que je ne veux pas oublier de lui. Je dois écrire ce qui me manquera de cet appartement, les souvenirs qui s'y rapportent et tout ce que j'aimais y faire avec lui. Je dois mettre sur papier tout ce que je souhaiterais lui dire, en m'adressant à lui comme si je lui parlais. Une fois la lettre écrite, je devrai m'en défaire.

Je mets plusieurs jours à la préparer, mais je la termine finalement. Je me rends à notre ancien appartement où j'attends nerveusement que mon psychologue vienne me retrouver, ne sachant trop en quoi va consister cette rencontre, mais appréhendant qu'elle sera éprouvante pour moi. Ce n'est pas fréquent qu'un thérapeute rencontre un patient ailleurs que dans son bureau, mais, vu le problème, il n'y a pas d'autre solution. Je lui suis reconnaissante de faire ça pour moi.

Je marche dans la cour en furetant partout pour m'imprégner des lieux, pour ne rien oublier. J'attarde mon regard sur chaque pierre qui recouvre le sol, sur chaque branche de l'arbre qui se dresse sur le côté de la maison, ainsi que sur tous les endroits où Joshua s'est amusé et a été heureux.

Lorsque mon thérapeute arrive, il doit percevoir ma détresse dans mes yeux, car il s'avance vers moi avec un air triste. Il me fait signe d'entrer la première. J'ai l'impression à cet instant de partager avec lui quelque chose de précieux, mes souvenirs, mon univers, mon ancienne vie… Je l'invite à entrer dans ma maison vide, et pourtant pleine de tout ce que j'ai été avec mon fils disparu.

— Où désirez-vous lire la lettre? me demande-t-il.
— Je dois lire la lettre?
— Oui, et à voix haute.

Je pointe la chambre de Joshua, mon havre de paix. C'est comme si je devais dire adieu à Joshua encore et encore. Je m'installe par terre et lis, laborieusement. Je raconte à mon enfant mes peurs et mes souvenirs les plus chers, en espérant ne jamais les oublier et en me rappelant que je devrai jeter la lettre. Il me faut plus d'une heure pour tout lire en arrachant chaque mot à ma feuille de papier. Je pleure. Je crie. Je tremble.

Je ne peux pas jeter aux ordures une lettre qui contient autant de confidences. Une fois que j'ai terminé, nous ouvrons la trappe du grenier, et je l'y place soigneusement, au-dessus de la chambre de Joshua. Je n'y retournerai plus jamais.

CHAPITRE 14

Au fil des saisons

La lumière de l'été

Mon organisme réclame le soleil comme rarement depuis que je vis. Le disque d'or me réchauffe et me console.

Je suis allée voir mon médecin. C'est confirmé, je suis bel et bien folle. Il m'a prescrit des antidépresseurs pour au minimum une année. Ça m'a donné un sacré coup, de me savoir malade à ce point et de ne pouvoir m'en sortir sans pilules. J'ai tendance à voir ça comme une faiblesse, mais il paraît que ce n'en est pas une. C'est physique, m'a-t-on dit, un épuisement consécutif aux épreuves que j'ai vécues et que je n'ai pas réussi à surmonter jusqu'à présent.

— N'en demandez pas trop à votre corps! La perte de deux enfants, c'est majeur. Les médicaments, c'est pour vous donner une chance de prendre le dessus. Vous devrez être un peu plus à l'écoute de votre corps, dorénavant.

N'empêche, c'est humiliant. Il y a énormément de tabous au sujet de la dépression et ils sont tenaces. Ce mot m'effraie. Et le mot *antidépresseur* encore plus. Je ne connais rien au sujet de cette maladie et pourtant il paraît, selon mon bilan de santé, que j'en couve des symptômes depuis des années. Les manifestations de la dépression sont réelles, elles sont rarement agréables et, lorsqu'on est incapable de les identifier, notre niveau de stress en est augmenté d'autant.

Grâce à la thérapie de groupe que je poursuis, je prends connaissance de bien des facettes de cette maladie et de la médication susceptible d'en contrer les effets. J'y apprends que personne n'est à l'abri d'une dépression, ce qui me rassure, au moins relativement. J'ai en effet très souvent l'impression d'être seule dans ma situation et d'être enfermée dans ma solitude.

Je suis extrêmement gênée de devoir informer Patrice et mes parents de mon état. J'ai honte et je perçois ma vie comme un échec, même si on se tue de tous côtés à me dire que tel n'est pas le cas.

J'ai bien hâte de voir si ces pilules m'aideront vraiment. Même si je les redoute, je dois convenir que je suis épuisée et que je ne peux continuer ainsi à me battre tous les jours contre mes démons. Mais les questions se bousculent dans ma tête. Est-ce que je changerai? Est-ce que ça paraîtra? Est-ce que je serai obligée de prendre des antidépresseurs le reste de ma vie?

Le soleil ne brille pas tous les jours dans mon cœur et dans ma tête. Je verse une larme chaque fois que je regarde celle que je suis devenue. Je n'aime pas ce que je vois. Cette Mélanie me terrifie et je suis constamment à la recherche de moi-même. Je voudrais sourire comme avant lorsque je me réveille et que le soleil du matin m'inonde de sa lumière. Mais je ne dors plus et ne réussis à contempler que la lune. Quoiqu'elle soit jolie, je lui préfère le soleil. La nuit, je suis seule avec ma détresse, pendant que ceux que j'aime dorment profondément et se reposent comme les gens normaux.

Une démarche encourageante

En présence du groupe avec qui je suis ma thérapie sur l'anxiété, j'ai un peu plus confiance en moi. Je connais mieux ceux qui en font partie et je vois bien que je ne suis pas seule à vivre des difficultés. Je cherche à acquérir les outils qui seront les mieux adaptés à mon cas personnel et qui me seront les plus utiles. Je trouve la démarche pénible, mais j'ai la conviction que je dois trouver la raison qui me motivera à continuer.

Je poursuis d'abord et avant tout pour Félix. Cet enfant, il sera comme moi, j'en suis persuadée. Sa personnalité le prédispose à l'anxiété et je veux être capable de l'aider, plutôt que de lui pourrir l'existence et de l'inciter à nourrir ses tendances malsaines. Je tiens à ce qu'il soit autonome et combatte ses peurs. Je ne veux pas être ce genre de maman qui empêche son enfant de découvrir le monde de peur qu'il lui arrive un pépin. C'est pourtant ma tendance profonde, que je dois combattre à toute force, moi qui vis dans la peur de perdre Félix à chaque instant.

Je continuerai aussi pour Patrice, pour qu'il ne me voie plus démolie et qu'il cesse d'être inquiet à mon sujet. Je veux qu'il puisse continuer à vivre ses rêves, particulièrement ceux qu'il élabore avec Félix à travers les activités qui les réunissent. Présentement, dès qu'il part avec notre fils, en forêt ou ailleurs, il se sent coupable, sachant qu'il me laisse avec mes terreurs. Il sait que je ne dormirai plus. Je désire plus que tout que Patrice soit heureux avec moi et je m'y prends bien mal pour atteindre cet objectif. Je ne suis pas facile à vivre, avec mes hantises et mes phobies insurmontables. Patrice ne va-t-il pas se lasser de moi, avec le temps, et de mes émotions incontrôlées? En plus, je le prive d'un autre enfant de crainte de le perdre lui aussi. Et je m'en prive également, moi qui ne désire rien de plus qu'une autre petite fille, mais qui ne peux pas encore envisager cette éventualité.

Je veux encore faire des activités en famille sans avoir peur qu'elles tournent à la tragédie. Je veux regarder mon fils en souriant plutôt qu'en pleurant, embrasser mon amoureux sans me dire que c'est la dernière fois. J'adore cuisiner, mais je crains sans cesse d'être contaminée. Je me prive du bonheur, de toutes ces petites choses qui me rendraient heureuse.

Je me bats contre moi-même et je suis une adversaire coriace. Oui, j'ai souvent envie d'abandonner cette thérapie de groupe, mais je continuerai. Je sens que mon bonheur futur en dépend.

Présentement, ce qui m'aide le plus, c'est de lâcher prise, mais je n'y arrive que rarement, sinon deux minutes d'affilée. Je me suis acheté des papillons adhésifs. Dessus, on peut lire: *Présentement, Mélanie, comment vas-tu?* J'en colle partout, dans mon miroir, dans mon garde-manger, à l'intérieur de mes armoires ou dans l'auto. Je les place surtout dans les endroits où je risque le plus d'être anxieuse. Ça me ramène au présent et toutes les fois la réponse est évidente. La plupart du temps, tout autour de moi est calme et serein. Il me suffit de me regarder le nombril et de me dire que tout va pour le mieux dans la réalité et que rien ne justifie que je sois aussi stressée. Ça m'aide énormément. Par contre, plus la thérapie avance, plus les difficultés se manifestent, mais les résultats sont évidents. Je dois continuer, réapprendre à être heureuse malgré tout ce qui m'est advenu.

Déterminée à m'en sortir

Il y a maintenant six mois que je poursuis ma thérapie individuelle avec mon psychologue. Les rencontres ont lieu sur une base hebdomadaire, la plupart du temps.

Même après tout ce temps, j'ai toujours peur de me laisser aller. Il y a une certaine Mélanie, bien cachée au fond de moi, qui a peur de tout et est rongée par la tristesse et le chagrin. Elle pourrait pleurer pendant des siècles, mais elle avale toute sa peine, ce qui lui fait une énorme boule dans le ventre. Cette boule, elle préfère la garder en elle; elle est trop grosse pour qu'elle puisse l'expulser sans douleur. Aussi, pleurer lui fait très peur, comme à peu près tout ce qui fait partie de sa vie ou de son environnement. Pleurer, ce serait amorcer un processus d'enfantement impossible.

Cette Mélanie-là, elle n'a plus confiance en la vie et la déteste au plus haut point quelquefois, même si elle lui a apporté ce qu'elle a eu de plus précieux. Elle ne tolère pas la solitude. Elle a peur de se retrouver seule avec elle-même et elle ne supporte surtout pas le silence. Quand les gens se taisent autour d'elle, sa tête lui parle trop. C'est comme si un personnage se cachait à l'intérieur de son crâne. Ça n'arrête jamais.

Pour ne pas faire parler ou inquiéter les gens qu'elle aime et qui l'entourent, elle s'est fabriqué un masque tout en sourire qu'elle met pratiquement tous les jours. Elle cherche ainsi à éviter qu'on lui pose des questions, mais ça ne fonctionne pas toujours; le fait de porter un masque imperturbable encourage au contraire ses relations à l'interroger sur sa vie, à lui rappeler sans le savoir à quel point elle est triste, poursuivie par le sort. Quand on lui parle de ses enfants disparus, elle répond la plupart du temps avec un beau grand sourire, mais envoie promener ses interlocuteurs en catimini. Elle trouve les gens bien méchants et se demande à quoi ils pensent lorsqu'ils ne pensent pas à eux. Elle est constamment sur la défensive et sa tolérance est réduite à sa plus simple expression. Elle se met en colère facilement, et cela ne lui ressemble pas du tout.

Je ne désire plus être elle; je veux redevenir moi. Je poursuivrai ma thérapie individuelle jusqu'à ce que je me retrouve, que je sois bien avec moi-même. Peu importe le temps qu'il me faudra. Je prendrai ces foutus médicaments et je me battrai.

L'amour comme priorité

Le vingt-quatrième jour du mois d'août, soit dans une semaine, six années de vie commune se seront écoulées depuis notre premier baiser, à Patrice et à moi. Déjà six ans. Qui aurait cru que tant de choses nous seraient arrivées en si peu de temps! Qui aurait cru que notre amour sortirait sain et sauf de ces péripéties! Or, nous sommes toujours aussi amoureux l'un de l'autre, et peut-être même plus. Que nous soyons toujours ensemble cause souvent des surprises autour de nous.

Depuis un bon moment, nous avançons tous les deux en suivant le courant. Nous encaissons les coups les uns après les autres sans trop nous demander s'ils ont eu un impact sur notre vie de couple. Ça nous rattrapera peut-être à un moment ou à un autre, mais je crois en nous deux. Jamais je ne sens Patrice s'éloigner dans les moments plus difficiles, et je ne me sépare jamais de lui, moi non plus. Nos mains restent unies.

De mon côté, j'accorde une grande importance à

la communication. Patrice, par contre, est solitaire et n'aime pas les confrontations. Même lorsqu'il s'agit de nos enfants, nos personnalités restent très différentes. Nous ne vivons pas les événements de la même façon. Je ne réussis pas toujours à décoder les états d'âme de mon conjoint et c'est la même chose pour lui en ce qui me concerne. Nous avons tous les deux de la difficulté à nous confier à l'autre. Il arrive que nos rapports fassent des étincelles, mais nous prenons le temps de régler les conflits. Notre couple a une place importante dans notre vie.

Nous sommes très différents, au point que ça me fait rire quelquefois. Nous avons cependant pris conscience que, devant les épreuves, nos forces s'unissent et nous sommes capables de nous supporter l'un l'autre. J'ai la vive sensation que Patrice et moi sommes des âmes sœurs. Je ferais tout pour l'aider et être avec lui, pour œuvrer à le rendre heureux, et lui-même me supporte constamment de son mieux.

J'ai besoin de l'avoir à mes côtés. S'il n'est pas là, je ne suis pas bien. Nous faisons partie du même tout, et je partage mon destin avec lui. C'est ainsi depuis la première fois qu'il m'a souri. J'avais alors compris qu'il prendrait une grande place dans ma vie.

Nous avons pris ensemble la décision de tenir une rencontre par mois, Patrice et moi, accompagnés de nos thérapeutes respectifs. Cette thérapie nous fait le plus grand bien. Nous avons bien vite réalisé que nos discussions sont de plus sereines. Nous connaissons mieux les forces et faiblesses de chacun de nous et nous avons établi que nos besoins constituent une priorité à ne jamais négliger dans notre vie de couple.

Nous avons pris la saine décision de ne pas nous laisser abattre par les événements passés.

24 août 2005. Patrice m'a offert une bague en me faisant la grande demande. Nous fêtons aujourd'hui le sixième anniversaire de notre rencontre. J'ai été un peu surprise, car je croyais que Patrice ne souhaitait pas se marier. Il m'a avoué avoir dû régler quelques petits trucs avec Dieu avant de faire sa démarche auprès de moi. Si nous voulons nous marier devant lui, aussi bien ne plus lui en vouloir. C'est beaucoup plus facile de mettre la faute sur Dieu. Patrice, ça le soulage, et moi, ça me fait bien rire.

D'officialiser notre amour m'enchante. Ça prouve que nous ne nous sommes pas battus pour rien. Ça nous démontre que nous avons soif de cette vie, que nous aspirons à être heureux. Ça montre surtout que tout est possible. L'amour est plus fort que tout, à ce qu'on dit, et je crois en cette maxime. C'est toujours l'amour qui m'a donné le goût de me battre contre mes bêtes noires. C'est lui aussi qui m'a tenue en vie. L'amour que m'inspire Patrice est la plus belle chose qui me soit arrivée. Il m'apporte le soleil malgré le mauvais temps, la soif de sourire tous les jours.

Nous nous marierons, pour le meilleur et pour le pire, jusqu'à ce que la mort… nous unisse à nouveau.

Automne mélancolique

L'automne nous montre encore une fois ses belles couleurs. Je l'envie de se faire aussi beau. La nature se dirige vers l'hiver, mais elle se montre toujours aussi radieuse. Elle, l'approche de la saison froide ne la décourage pas. Je ne peux pas en dire autant de moi. La proximité de l'hiver ne m'embellit pas. J'ai l'air affreuse et l'image que me renvoie mon miroir est loin de m'édifier. J'accepte et digère un peu plus facilement mon état, mais ça me donne tout de même de sacrées brûlures d'estomac. Je reprends des forces doucement, mais mon cheminement est toujours pénible. Parfois, je me demande même si ça vaut vraiment la peine de me battre, si je suis assez forte pour espérer vaincre. J'appréhende toujours le pire.

Bien que je fasse tout mon possible pour cacher mon éternel combat, Patrice n'est pas dupe, je présume, lui dont les yeux chargés de questions sont sans cesse posés sur moi. Mon corps et ma tête me trahissent constamment.

Je persévère à mettre à exécution tous les conseils qui me viennent à travers ma thérapie, jour après jour, seconde après seconde. Est-ce que ça deviendra plus facile un jour? J'imagine que oui. J'ai confiance que ça marchera.

Ma médication fait toujours partie de mon quotidien. Je crois que je ne me ferai jamais à cette réalité que je dois prendre des antidépresseurs. J'ai fait beaucoup de recherches sur le sujet. La seule chose qui m'a rassurée, c'est de savoir à quoi j'ai affaire. Pour compléter mes connaissances sur le sujet, je ne me gêne pas pour questionner mon médecin et mon pharmacien.

J'ai pris la drôle d'habitude d'analyser à peu près tout ce qui m'arrive. Je rationalise tout. Il me faut comprendre tout ce qui se produit dans ma tête. Je sais que ce n'est pas très bien, car, lorsque je décortique ce que je ressens, je ne le vis pas. La rationalisation me coupe de mon vécu, en quelque sorte, mais je ne suis pas encore prête à affronter ceux que j'appelle affectueusement mes démons. Ils me terrifient. Peut-être qu'en analysant mes sensations, je les comprendrai mieux.

Je ne pleure pas assez, ou pas du tout, comme me le reproche mon psychologue. J'en ai plus qu'assez de pleurer, d'avoir du chagrin et de souffrir. Si je me mets à pleurer, je crains de ne plus être capable de m'arrêter et que cette vague de chagrin me noie. Aussi, je bloque mes larmes et les empêche de monter. Mes émotions, elles s'accumulent dans mon abdomen. Elles me donnent de petits coups pour me rappeler leur présence. Elles n'attendent que mon consentement pour sortir, mais je ne peux pas les laisser faire. Pas tout de suite. Chaque chose en son temps.

Une année encore

Le temps passe, et je continue de le regarder passer. Je le regrette quelquefois, parce que j'ai l'impression de ne pas en avoir profité, d'avoir manqué les douceurs qu'il apporte et emporte du même mouvement monotone. D'être toujours dans ma tête à penser au passé et à appréhender le futur m'empêche de vivre le moment présent. Un an s'est déjà écoulé depuis le décès de Joshua.

Puis c'est le cinquième anniversaire du décès de ma douce Naomy. Je passe au travers de cette longue et dure saison qu'est l'hiver et de ses montagnes enneigées en continuant de me battre contre moi-même. Je suis de plus en plus capable de rester seule et me surprends quelquefois à apprécier la solitude. Mais l'insécurité revient rapidement. Lorsque je me sens trop seule, l'intense désir d'avoir un autre enfant m'assaille. Bien sûr, je ne peux pas avoir un autre bébé maintenant et ne le souhaite pas non plus. Je ne voudrais pas qu'il vive ce qui se passe en moi avant même de venir au monde. J'ai encore beaucoup de travail à faire sur moi. Il est tôt pour penser à devenir enceinte, mais j'aurai vingt-cinq ans l'automne prochain et je ne veux pas trop attendre non plus.

Il y a aussi la médication qui constitue un obstacle à mes yeux. On ne veut pas que je la cesse et il n'est pas question que je la continue une fois enceinte, même s'il n'est pas prouvé que les médicaments peuvent être dangereux pour le fœtus. De toute façon, l'angoisse qui m'étreint à la seule pensée d'avoir un bébé m'indique que je ne suis pas prête.

Après Naomy, j'ai eu un autre enfant trop rapidement. J'ai mis bien des peines de côté et ne me suis pas accordé suffisamment de temps pour faire mon deuil. Cependant, je sens qu'il m'est encore possible d'être bien dans mon corps. J'ai seulement de la difficulté à faire la différence entre ce qui est sain ou malsain comme réaction.

Le retour des beaux jours

Aussi long soit-il, l'hiver finit toujours par passer. Les jours qui s'allongent graduellement amènent avec eux un soleil des plus réconfortants, surtout que nous préparons notre mariage et que les dernières semaines avant cet événement tant attendu s'évaporent rapidement. Le décompte est commencé, et j'essaie de gérer le mieux possible le stress que les préparatifs m'apportent.

J'utilise maintenant le mot *gérer* au lieu du mot *maîtriser*. C'est moins effrayant. Il me paraît beaucoup plus facile de gérer que de maîtriser. J'ai totalement éliminé ce dernier mot de mon vocabulaire, une autre façon pour moi de me dire qu'il m'est peut-être impossible de contrôler ma vie, mais que je peux par contre très bien encadrer la manière dont je réagis face aux événements qu'elle m'impose.

Je vais faire une promenade au cimetière et apporte de belles fleurs fraîches à mes amours. Ma mère m'accompagne, et nous suspendons les deux jardinières à leur support. L'une contient des marguerites mauves et l'autre de petites roses. J'apprécie ce moment où je passe un peu de temps avec mes enfants. En revanche, l'immense chagrin qui m'envahit chaque fois que je vois leur nom sur la pierre tombale me fait vite retourner à la voiture. La colère prend quelquefois le dessus. Au lieu de laisser mes larmes s'échapper, je me demande pourquoi j'en suis encore à une des premières étapes du deuil.

Le soleil nous montre ses plus beaux rayons, et l'été nous sourit enfin. La robe de princesse que je porterai lors de mon union avec Patrice est achetée. C'est un de mes rêves les plus chers qui se réalise. Mais j'ai encore perdu du poids pendant les préparatifs et je pèse à peine quatre-vingt-dix livres. C'est souvent ce qui m'arrive lorsque je suis nerveuse.

Félix grandit à vue d'œil. Il devient un grand garçon sous mes yeux émerveillés. Il m'impressionne particulièrement par sa grande autonomie et sa confiance en lui. Je fais tout ce qui est en mon pouvoir pour lui inculquer des valeurs saines. Je dois souvent mettre de côté ce qui nous est arrivé pour ne pas faire de mon fils un petit monstre. Je tiens à ce qu'il morde dans la vie à belles dents, mais je veux aussi qu'il soit reconnaissant envers ce qu'elle lui apporte. Comme il a une personnalité semblable à la mienne, je crains qu'il soit anxieux comme moi. Si je peux l'aider, lui fournir quelques outils, je le ferai, c'est certain. Je ne suis pas de celles qui croient qu'il vaut mieux faire peur à l'enfant pour ne pas qu'il s'approche du danger. Je suis plus à l'aise avec l'idée qu'on doit lui expliquer le danger. S'il est prudent, il risque moins de vivre des malheurs.

Propos vipérins

Je vois mon médecin environ tous les trois mois. À mon dernier rendez-vous, il devait ajuster la dose de mes médicaments, qui n'ont pas encore l'efficacité souhaitée. Après mon rendez-vous, je me rends au centre commercial faire quelques emplettes pour le mariage. Je m'arrête un peu histoire de prendre un café et de dresser la liste des articles à me procurer. Deux femmes assises à la table voisine discutent à voix haute. Je crois entendre mon nom. Je tends l'oreille vers elles et écoute attentivement. L'une d'elles raconte :

— As-tu des nouvelles de la petite Mélanie St-Germain? Il paraît qu'elle a tenté de se suicider! Elle aurait essayé de s'ouvrir les veines, la pauvre. Il semblerait qu'elle ne va pas bien du tout et qu'on l'a internée à l'hôpital psychiatrique de Roberval… C'est normal, après avoir perdu deux enfants! N'importe qui deviendrait fou. Elle en aurait pour quelques mois…

Et ça continue ainsi pendant de longues minutes. Je suis estomaquée! Je me demande sérieusement sur quoi les gens se basent pour élaborer de tels ragots. Il n'y a pas là une once de vérité. D'où cette histoire sort-elle? On dirait qu'il y a des individus qui se nourrissent des malheurs des autres. C'est peut-être pour oublier les leurs. Ils ne pensent pas à la réaction qu'aurait quelqu'un de ma famille en entendant une pareille fable.

Ces propos me blessent cruellement, d'autant plus que je me bats quotidiennement contre la douleur.

Ce n'est pas la première fois que j'entends de fausses histoires sur ma vie, je devrais avoir l'habitude, mais ça me bouleverse toujours autant. J'en ai entendu des vertes et des pas mûres lors du décès de Naomy, des potins du genre: «Il paraît qu'ils auraient ramené Naomy de Québec dans le coffre de l'auto!» Ou bien: «Mélanie aurait essayé de la réanimer, mais elle lui aurait cassé des côtes, ce qui aurait compliqué la tâche du médecin et l'aurait empêché de sauver la vie de la petite.» Ou encore: «Mélanie est finalement décédée! Elle a, elle aussi, contracté la bactérie...»

Ça ne m'était pas encore arrivé encore d'être témoin de commérages à mon sujet. Je n'ai pas besoin de préciser à quel point je trouve ces suppositions méchantes, irréfléchies, dérisoires et insignifiantes. Je regarde fixement les deux dames assises à la table voisine. Si elles ne me reconnaissent pas, c'est qu'elles ne me connaissent pas. Je me donne le droit de les dévisager, mais en affichant un large sourire. Lorsqu'elles se rendent compte que je m'intéresse à leur conversation, elles me demandent si je connais bien cette Mélanie. Je fais signe que oui en leur disant que c'est pour cette raison que je me suis permis d'écouter. J'ajoute que je la connais même très bien. Leurs yeux deviennent tout à coup très grands et brillants, comme si elles étaient à la recherche de nouveaux racontars. Je m'approche lentement de leur table. Elles me questionnent aussitôt:

—Sais-tu comment elle va? Est-ce qu'elle se remet de sa tentative de suicide?

Je leur réponds calmement et toujours sans ciller:

—Vous n'avez qu'à le lui demander, elle se trouve devant vous!

Je leur montre mes poignets, évidemment sans cicatrices, et ajoute :

— Tiens! On ne voit plus rien! C'est étrange, vous ne trouvez pas? Je me présente : Mélanie St-Germain... Vous voulez sans doute savoir comment je me sens pour ensuite aller le raconter à vos amis? Pensez-y à deux fois avant d'inventer des ragots, mesdames; les personnes concernées se trouvent peut-être à côté de vous. Et passez le message à toutes vos copines : ma vie n'est pas si laide. Je m'en sors malgré les gens qui m'empêchent d'avancer... En passant, je vais très bien!

Je leur tourne le dos sans attendre leur réaction. Elles n'osent plus parler. Je m'éloigne, fière de ma réponse. Leur réaction de stupeur aurait mérité d'être filmée. Ces dames auront-elles eu leur leçon? Probablement pas. Mais j'espère qu'elles penseront quelquefois à moi et qu'elles hésiteront avant d'inventer une autre fiction qui pourrait blesser quelqu'un.

Un cadeau du ciel

Voilà, je suis mariée. C'est pour moi un atout de plus dans la reconstruction de mon bonheur. Mes rendez-vous chez le psychologue, qui ont toujours été hebdomadaires, sont maintenant aux deux semaines. Ma thérapie contre l'anxiété commence à avoir des effets sur ma vie en général, mais je ne sais pas comment j'irais sans médication. Je ne suis probablement pas près d'y mettre un terme. Nathalie, ma belle-sœur, aura bientôt sa seconde fille, qui s'appellera Maryana. Il ne lui reste que quelques semaines. Je l'envie, naturellement, et la trouve chanceuse. Est-ce que moi aussi j'aurai un jour ce privilège? Je l'espère bien. Le temps passe et l'idée d'être une nouvelle fois maman me trotte continuellement dans la tête. J'en ai très envie, mais en même temps la maternité continue de me terrifier. Est-ce que je dois faire confiance à la vie et la laisser décider de ce qui est le mieux pour moi? Elle ne m'a pas épargnée, dans le passé. Est-elle mieux disposée à mon égard, aujourd'hui? Je vais voir…

Je n'ai pas à supplier la vie bien longtemps. Trois semaines plus tard, un test de grossesse positif me comble de joie. En réalité, les émotions se bousculent. Des relents de panique viennent assombrir mon tout nouveau bonheur.

Un bébé se forme doucement en moi. Il va me falloir être solide sur mes jambes et bien gérer mon nouvel état. Première chose à faire, jeter les antidépresseurs à la poubelle. Je ne pensais pas tomber enceinte aussi rapidement. Je croyais avoir le temps de cesser complètement ma médication. Là, il n'est pas question que je prenne ces pilules une journée de plus. Deuxièmement, je cours à l'hôpital voir mon médecin.

Il n'est pas enchanté que j'arrête ma médication abruptement. Il préférerait que je la diminue graduellement, pour ne pas être aux prises avec un syndrome de sevrage [6]. Mais je suis intraitable. Pas de médicaments pendant ma grossesse!

---

6. Le syndrome de sevrage apparaît quand un traitement est diminué ou arrêté trop brutalement. Il peut se manifester par un certain degré de tension nerveuse, de l'anxiété ou de l'irritabilité, par des troubles du sommeil (cauchemars, insomnies), par des sensations de vertiges ou par des signes pouvant être assimilés aux symptômes de la grippe (comme des douleurs dans les muscles, des nausées, des frissons…). L'apparition d'un syndrome de sevrage ne signifie pas que le patient est dépendant des antidépresseurs. Les traitements aux antidépresseurs n'entraînent pas de dépendance physique. Cependant, ils peuvent occasionner une accoutumance psychologique.

Quelques heures plus tard, plus rien ne va. J'ai déjà divers symptômes désagréables et mon anxiété grimpe en flèche. Je suis tellement étourdie que j'arrive à peine à tenir debout. Ma dose d'antidépresseur était tout de même élevée. Le manque m'investit brutalement. Je tremble et une douleur insupportable me serre la poitrine. L'angoisse me poursuit partout. Mais je dois tenir, même si mes maux deviennent intolérables et s'ils se prolongent des heures et des jours. Je ne m'en plains pas, mais réclame fréquemment mon lit. Et ce n'est pas en raison de la grossesse.

J'ai d'affreuses migraines, je dois me forcer pour manger, l'insomnie se manifeste à nouveau et, malgré ma thérapie et mes rencontres de groupe, la gestion de mes problèmes n'est pas une sinécure. Lorsque le sevrage s'avère trop pénible, je touche mon ventre et ferme les yeux. De penser à mon enfant me soutient.

Ces réactions déplaisantes durent plusieurs semaines. Mon médecin me rassure en me disant que les hormones de grossesse m'aideront à passer au travers. Mais il m'avertit dans le même souffle que je devrai prendre des précautions après l'accouchement et rester vigilante. En attendant, c'est l'enfer dans mon corps et j'ai hâte que ça s'arrête. Je tremble tellement que mes dents s'entrechoquent. J'ai la bouche sèche et des sueurs froides la nuit. Je fais d'horribles cauchemars. J'ai de la difficulté à me concentrer et à réfléchir. J'ai des crises de larmes ou des éclats de rire sans raison. Le pire, c'est tout de même les vertiges.

Si c'était à refaire, je crois bien que je ne prendrais plus le risque de mettre fin aussi radicalement à ma médication. Je suis maintenant consciente du danger que ça représente. Mais n'empêche, je ne lâcherai pas, je tiendrai le coup pour le bébé que je porte.

Le temps impitoyable

Les jours raccourcissent de plus en plus. Je vais au cimetière chercher les deux jardinières dont le froid n'a pas eu pitié. Les fleurs, complètement gelées, sont irrécupérables. Ma mère et moi ramenons les pots de fleurs que nous déposons dans le coffre de la voiture. Maman s'occupera d'en disposer.

Le lendemain matin, le soleil est là, superbe pour un début d'octobre. Dans une semaine, ce sera l'anniversaire de naissance de Naomy. Elle aurait six ans. Déjà. Le téléphone sonne. Qui appelle aussi tôt? Je réponds et entends la voix de ma mère qui semble très énervée, ou surprise, je ne sais trop. Elle tente de me raconter une histoire qui me paraît invraisemblable. Je ne comprends pas très bien ce qu'elle dit. Je m'habille en vitesse et me rends chez elle.

— Tu te souviens des pots de fleurs? J'en ai mis un aux ordures, mais, va savoir pourquoi, j'ai gardé le second et l'ai déposé par terre derrière la maison. Viens voir, Mélanie, tu n'en reviendras pas! Je n'ai jamais rien vu de tel. Les fleurs étaient mortes. Il y avait même du givre sur la terre ce matin…

Elle me tire par le bras. Je la suis, mais je ne comprends toujours pas de quoi elle parle. Arrivée à l'extérieur, j'aperçois la jardinière. Mes bras me tombent le long du corps et ma bouche laisse échapper un petit cri. Je suis sans mot, étonnée par la splendeur de ce que je vois. Des feuilles d'un vert éclatant débordent du pot et se mêlent à de magnifiques et délicates fleurs d'un rouge flamboyant. Soit le miracle s'est produit durant la nuit, soit quelqu'un s'amuse à nous jouer des tours. Le pot se trouve près de la galerie. Il s'agit bien du même, je reconnais la brèche qu'il a sur le côté. Peu importe ce qui s'est passé, ce bouquet est resplendissant. Nous prenons le temps de le photographier, histoire de ne pas oublier ce moment. Au même instant, un monarque atterrit sur le rebord de la galerie et reste là, sans bouger. Un deuxième s'installe à côté. Je reste debout, à caresser mon ventre qui n'a pas encore grossi. Assurément, mes enfants disparus m'adressent un clin d'œil. Je me plais à espérer qu'ils viennent me rendre visite ainsi souvent.

Les fleurs se sont fanées quelques jours plus tard. Cependant, plusieurs mois ont passé avant que ma mère ne se défasse de cette jardinière particulière.

Automne 2006

Il est possible de naître une troisième fois. Je redonnerai une chance à la vie de démontrer ses bons sentiments. Je suis encore sur la défensive, je m'en méfie toujours, mais je me battrai contre elle… Finalement, peut-être que je devrai m'en faire une alliée! Une chose est certaine, elle ne se débarrassera pas de moi aussi facilement.

Je me reconstruis doucement une troisième vie, sans pour autant accepter d'oublier les deux autres. Elles me collent à la peau. Elles font partie de moi.

Je ne sais pas si, un jour, je serai capable de prononcer le mot *deuil* sans avoir mal au cœur. Est-ce qu'il est possible de faire le deuil de ses enfants? Pour moi, la réponse à cette question est un non catégorique. Peut-être que c'est ma vision du deuil qui est faussée! Peut-être. L'expression *laisser partir* ne me va pas dans la bouche. Ça deviendra peut-être plus facile pour moi à la longue de la prononcer. Mon thérapeute m'a un jour demandé quel objectif j'aimerais éventuellement atteindre, quelle phrase j'aimerais être capable de crier haut et fort. Celle que j'ai trouvée est très simple. J'aimerais être capable de dire :

—Je peux avoir confiance en la vie à nouveau…

J'ai encore beaucoup de travail à faire.

CHAPITRE 15

Leyhie

Un bonheur inespéré

Janvier 2007. Ma grossesse en est à son sixième mois. Nous avons souligné le deuxième anniversaire du décès de Joshua. Dans un peu moins d'un mois, ce sera le sixième anniversaire du décès de Naomy. Selon nos humeurs, le temps pourtant imperturbable passe parfois trop vite, parfois trop lentement.

Je porte en moi une petite fille, ce qui me comble de joie. Jamais je n'aurais cru que j'aurais l'intense satisfaction d'avoir à nouveau une fille. J'en avais fait mon deuil, vu que, lors de mon dernier accouchement, le médecin m'avait affirmé que mon état de santé ne me permettait pas d'enfanter de nouveau. J'avais deux garçons, et c'était très bien ainsi. Deux fils, pour une maman, c'était une situation enviable. Mais, secrètement, au plus profond de mon cœur, ça me torturait de me dire que je n'aurais plus d'enfant et je gardais tout de même une lueur d'espoir d'en avoir un quatrième. Lorsque Joshua est décédé, ça a changé bien des plans et remis en question tous nos projets. Je ne me voyais pas avec un seul enfant. Malgré ma condition physique, j'ai laissé faire la vie à sa guise et elle m'a offert une princesse. Une échographie me l'a révélé il y a un peu plus d'un mois, mais je ne sais pas si je le réalise pleinement. Chose certaine, la nouvelle a brassé beaucoup plus d'émotions que je ne l'avais imaginé. Je ne croyais pas que ça m'affecterait autant.

J'ai recommencé mes rencontres hebdomadaires avec mon psychologue. Je me sens bien vulnérable face à cette enfant. Je suis terrifiée, mais j'essaie de croire que tout est encore possible et que j'ai encore des chances d'être heureuse. Je me rends compte à quel point ma thérapie m'aide à gérer cette grossesse. Ce n'est pas plus facile, mais j'ai au moins des outils pour m'aider à surmonter les crises. Parce que des crises et des rechutes, il y en a. J'essaie de ne pas trop laisser voir mes émotions, histoire de ne pas effrayer les membres de ma famille. D'ailleurs, les personnes qui m'entourent me semblent beaucoup plus nerveuses que lors de mes grossesses précédentes. Ça me rend moi-même nerveuse.

Malgré les symptômes persistants dus à l'arrêt brutal de ma médication et à l'anxiété qui est revenue en force elle aussi, ma grossesse se déroule très bien. Félix est très excité à l'idée d'avoir une petite sœur et il lui cherche un nom continuellement. Il n'est pas peu fier d'être un grand frère.

La fin de mon monde

Il fait un temps affreux et le ciel est recouvert de nuages gris. Après avoir stationné ma voiture à sa place dans la cour de notre maison, j'en descends et vois plusieurs photos de Joshua et de Naomy qui volent partout dans les airs. J'essaie de les attraper, mais c'est peine perdue. Le vent est très violent, et il emporte tous mes souvenirs, alors que mon énorme ventre m'empêche de courir derrière eux. Mes yeux s'emplissent d'eau. Quand mon regard se pose sur la fenêtre, j'ai un choc. Patrice et mon père sont en train d'arracher une partie des murs. Mais qu'est-ce qu'ils font? Je m'empresse de gagner la maison où ma mère est assise par terre avec Félix. Ses yeux sont rouges et elle me présente une physionomie qui ne présage rien de bon.

— Qu'est-ce qui se passe? Qu'est-ce que vous faites? questionné-je.

Patrice fixe le mur. Il ne semble pas vouloir me parler. Ma mère lui demande s'il m'a mise au courant de ce qui se passait. Il fait signe que non et me confie:

— C'est terminé, Mélanie. Tout est terminé. Nous allons tous mourir. Regarde, tout est moisi. Il y a de la moisissure partout, dans les murs, dans le plafond, sur les meubles… C'est la fin…

Je ne le laisse pas finir.

— Qu'est-ce que tu racontes? Nous n'avons qu'à partir! Je ne sais pas de quoi tu parles, mais rien ne nous retient ici.

Quelque chose attire mon attention à l'extérieur. Je m'approche et regarde le ciel. Il est noir comme je ne l'ai jamais vu. Il n'y a plus de feuilles dans les arbres. Tout semble en train de mourir. Le gazon est brûlé par la chaleur. Je crois apercevoir un point rouge lumineux. Qu'est-ce que c'est? Mes jambes faiblissent. Ma mère me tend la main, une larme perlant au coin de son œil. Je m'assieds tout près d'elle et Félix se colle aussitôt à moi. Mon père court à l'étage alors qu'un craquement se fait entendre. Nous lui hurlons de rester avec nous, mais il monte tout de même afin de nous protéger. Patrice n'a plus de force lui non plus. Il tombe devant moi et pose sa main sur sa poitrine. Je ressens un serrement, moi aussi, exactement au même endroit. Je regarde partout autour de moi et vois mon père tout en haut de l'escalier. Il s'effondre et dévale les marches une à une, comme un pantin désarticulé. Une fois parvenu en bas, il ferme les yeux, apparemment sans vie. Ma mère laisse échapper un cri, mais elle n'a pas la force de se lever. Sommes-nous tous sur le point de mourir? La lumière rouge s'intensifie. Félix me regarde, les yeux pleins de larmes. Il a de la difficulté à parler, mais il réussit enfin à me chuchoter en pleurant:

— Ça fait mal, maman!

Je fonds en larmes et le serre contre moi. Je voudrais prendre sa douleur. Un intense bourdonnement s'enfle encore et encore, au point que je sens les vibrations jusque dans ma poitrine. La forte lumière rouge me force à fermer les yeux. Tout à coup, je n'entends plus rien. Je sens le vent de l'explosion souffler mes cheveux. C'est la fin.

Je me réveille en sursaut en laissant échapper un cri. J'ai très mal à la poitrine. Je jette un coup d'œil à l'extérieur en me demandant si c'est bien la nuit qui fait le ciel aussi noir ou si les ténèbres s'expliquent par un phénomène inconnu. Mon cauchemar avait l'air parfaitement réel.

J'ai beaucoup de mal à respirer. Mon cri a réveillé Patrice, qui me serre contre lui et m'embrasse sur le front. Je ne me rendors pas. J'attends patiemment que le soleil se lève pour m'assurer que tout ira bien.

Une princesse qui sait se faire attendre

Je croyais que le travail se ferait plus rapidement vu que c'est ma quatrième grossesse. Je n'imaginais certes pas qu'il pourrait s'étendre sur deux jours. En réalité, il a débuté il y a trois semaines exactement et je n'en peux plus. Il faut qu'elle se décide à naître.

Le 10 mai de l'année 2007, à 11 h 15, une petite fille de huit livres et neuf onces montre enfin son joli minois à son papa et à sa maman. Nous l'appellerons Leyhie. Je m'empresse de l'examiner de la tête aux pieds. Le soleil brille de tous ses rayons à l'extérieur et, pour une première fois depuis longtemps, j'apprécie le printemps. J'ai envie de sourire et de crier au monde entier à quel point cette saison est majestueuse. C'est le commencement. J'ouvre la fenêtre de ma chambre et respire un grand coup. Je veux être en mesure d'associer cette saison à autre chose qu'à la terre humide, aux mauvais moments du passé.

Le sérieux de Félix m'étonne. Il sait prendre bien soin de sa sœur. Il m'aide beaucoup, et son rôle de grand frère le rend responsable. En même temps, il développe sa confiance en lui.

Les membres de notre famille, qui nous entourent, sont merveilleux de sollicitude et de délicatesse. Je peux cependant voir la nostalgie qu'ils ressentent devant cette enfant. Je sais à quoi ils pensent lorsqu'ils la tiennent dans leurs bras, mais personne encore ne m'a fait de commentaire. Ils ne veulent pas en parler, mais je sais que Leyhie leur rappelle Naomy et qu'ils ont peur de la perdre, elle aussi. L'accident de Joshua a rendu tous les membres de la famille plus fragiles. Ils sont conscients de la vulnérabilité d'un enfant. Ils savent aussi que rien ni personne ne nous appartient. Lorsqu'ils tiennent Leyhie dans leurs bras, ils sont fébriles. Mais personne ne me parle des malheurs qui ont marqué notre passé au fer rouge.

Personnellement, lorsque je suis seule avec Leyhie, je perçois pratiquement toujours cette espèce de tremblement au creux de mes entrailles. C'est comme un signal d'urgence, comme si une tragédie allait se produire. Je suis continuellement sur le qui-vive. Il faut dire que, depuis mon accouchement, j'éprouve davantage de difficulté à surmonter mon anxiété. Mon médecin m'avait prévenue que ce problème surviendrait. Je vais tout de même attendre un peu avant de réagir, en espérant que les choses se tassent. Je n'ai pas envie de recommencer ma médication.

Tous les soirs, lorsque j'endors ma fille, des larmes s'échappent de mes yeux sans que je puisse les empêcher. Chacun des plis qui parsèment la peau de Leyhie me fait craquer. Elle est belle. Elle ressemble à Joshua. Elle a la peau foncée, les cheveux très raides et châtains. Ses yeux sont noisette, comme les miens.

C'est une enfant calme, au regard rassurant, comme si elle voulait me dire que tout ira bien. Elle a à peu près le même effet sur moi que Joshua lorsqu'il est né. Mais je ne peux la contempler sans pleurer, ni croire qu'elle est ma fille, ma princesse. Je devrai travailler très fort avec mon thérapeute, si je ne veux pas que mon chagrin déteigne sur ma fille et l'affecte. Elle veut être dans mes bras continuellement. Lorsque je la prends, je suis comblée par l'amour qu'elle m'offre. Elle est toujours à la recherche de mon visage. Elle rampe pour l'atteindre et se blottir contre moi. Je n'ai jamais vu quelque chose de semblable. Elle plante son nez dans mon cou et pose sa main contre ma joue. Elle n'a que quelques jours.

Je continue à travailler très fort sur moi et à me battre. Mes enfants me poussent et m'aident à continuer. Ils sont ma motivation. Je ne serais pas où j'en suis présentement si je m'étais laissé abattre par les événements passés. Je me priverais de bien des bonheurs et, surtout, je n'aurais pas eu ma fille.

Leyhie porte dans son cou une marque bien spéciale, une petite tache de naissance en forme de cœur qui se trouve exactement là où Naomy a eu sa première pétéchie. Lorsque je l'ai aperçue, j'ai tout de suite pensé à ma fille aînée, comme si elle lui avait laissé sa marque. Ce point noir sur la peau blanche de ma Naomy m'avait bien bouleversée et voilà que je la retrouve sur la peau brune de Leyhie. Je préfère croire à un message de Naomy plutôt qu'à une coïncidence. C'est comme si elle me disait de ne pas m'en faire. Lorsque j'ai découvert cette tache, j'en ai parlé avec Patrice et nous avons décidé de donner le nom de Leyhie Naomy Savard à notre fille, en guise de protection.

Des âmes attentives

Je me considère privilégiée d'avoir mes deux belles-sœurs, Marie-Pierre et Janie, lorsque j'éprouve le besoin de me confier. Janie est ma grande amie depuis presque quinze ans. C'est elle qui m'a présenté Patrice, il y a de cela déjà huit ans. Avec Marie-Pierre, le lien s'est créé différemment. Elle était à mes côtés au moment où Joshua a été heurté. Le lien de confiance s'est alors établi quasi instantanément. Elle avait besoin de se confier et moi aussi. Nous avons donc beaucoup partagé, elle et moi. Ça s'est poursuivi par la suite et maintenant je ne peux plus me passer d'elle. C'est une personne extraordinaire, une amie en qui je peux avoir confiance. Presque six années de différence nous séparent, mais Marie-Pierre est très réfléchie et mature pour son âge. Nous avons beaucoup de points communs et n'avons qu'à nous regarder pour nous comprendre.

Toutes les trois, nous formons un drôle de trio. La thérapie du rire est pour nous une activité quotidienne et obligatoire depuis quelque temps. C'est le genre d'exercice que nous propose Janie avant que nous ne sortions prendre un verre, par exemple. Elle danse et bouge les fesses en éclatant de rire. Marie-Pierre et moi explosons après elle; impossible de nous retenir lorsqu'elle se met à inventer ses drôles de chansons. Je ne m'ennuie pas avec ces deux amies. Nous sommes pratiquement toujours ensemble, unies par le passé autant que par le présent. Elles sont toujours là pour moi. Elles m'ont suivie dans toutes les étapes de ma vie, les plus positives comme les moins attrayantes.

Janie et moi en sommes à notre troisième dîner cette semaine. Nous vivons beaucoup de changements dans nos vies respectives. Nous avons donc bien des trucs à nous raconter. Nous n'avons pas beaucoup de secrets l'une pour l'autre. Cette semaine en est une de confidences. Il ne nous est jamais arrivé de parler autant de nos peurs, de nos peines, de notre passé et de tout ce que nous projetons pour l'avenir. Je lui confie les craintes que j'éprouve au sujet de ma fille et aussi à quel point je voudrais améliorer mes attitudes pour mes enfants. Elle me fait prendre conscience que je ne vis peut-être pas assez ce que je ressens.

— Tu ne pleures jamais, Mélanie! Plusieurs fois j'aurais dû te voir pleurer, mais tu ne laisses jamais paraître devant les gens que tu as de la peine. Tu te caches derrière un masque, comme si tu ne voulais pas qu'on pense que tu as, toi aussi, des moments où tu dois évacuer ton chagrin. Mélanie, elle est forte! C'est ce que tout le monde te dit depuis presque sept ans, mais je sais combien tu as de la peine, moi. Je sais que tu caches un immense océan de larmes. Pleure, Melanie! Je veux te voir pleurer une fois dans ma vie! Pleure sans raison ou pleure parce que tu ne peux plus garder ça en toi, mais pleure, je t'en prie!

Je la regarde et retiens mon océan de larmes en moi. Elle a raison.

— Ce n'est pas dans ma nature, lui dis-je. En plus, si je me laisse aller, j'ai peur de ne jamais m'arrêter. J'ai peur de m'assécher et d'en mourir.

Elle se lève et me serre dans ses bras réconfortants. Elle me fait du bien. J'ai vraiment besoin d'elle, ces jours-ci. Je me blottis contre elle très fort. Elle ne voit pas mon visage. Mes yeux sont remplis d'eau, et des larmes coulent sur mes joues. Je pleure, mais elle ne me voit pas.

Au revoir, ma belle amie

Une semaine plus tard, soit le 29 septembre de l'année 2007, Janie décède tragiquement dans un accident de voiture. Nous fêtions mon vingt-sixième anniversaire de naissance.

Sur le moment, je suis anéantie par la nouvelle. Je fais une crise de panique et crie ma colère à la terre entière. J'ai envie de tout détruire. La vie m'a trahie, encore une fois. J'ai l'impression que la mort s'acharne sur notre famille. Devrons-nous indéfiniment nous battre contre elle? En même temps, je me noie dans le chagrin que me cause cette perte irréparable. Cette amie m'était indispensable, et pourtant je ne le lui avais jamais dit. Je ne peux pas l'avoir perdue, c'est trop injuste. Elle était merveilleuse pour moi, elle faisait toujours tout pour m'aider, elle m'aurait décroché la lune. En fait, Janie aidait tout le monde. C'était une personne d'exception. Qui m'aidera, maintenant qu'elle n'est plus là? Je l'entends qui me répète dans ma tête: « Pleure, Mélanie! Je veux te voir pleurer... » Comme elle me manquera!

Il me faut annoncer à Félix que tante Janie ne reviendra plus le voir pour le faire rire et jouer avec lui. Comment puis-je lui communiquer une pareille nouvelle? La mort fait de nouveau partie de sa vie, à ce pauvre enfant. Dès que je lui fais part du tragique accident en choisissant mes mots, Félix se met à pleurer, inconsolable. Je ne l'ai jamais vu pleurer autant.

La mort éloigne physiquement Janie de nous, mais elle la rapproche de Naomy et de Joshua. Leur tante les fera rire, elle en prendra soin et s'amusera avec eux. Je les envie, mes enfants. Ils pourront contempler son éclatant sourire. Bon voyage, mon amie, ma Janie. Sois heureuse. Je t'aime!

L'impossible pardon

Leyhie grandit. Elle est maintenant âgée d'un an. Je gère de mieux en mieux mon anxiété. Elle m'impose un travail quotidien sur mes émotions, mais je n'abandonne pas. Chaque jour marque une victoire de plus et mon état s'améliore de façon sensible. Je vois mon psychologue depuis maintenant plus de trois ans. Je ne me fais toujours pas à l'idée qu'un jour mes rencontres avec lui prendront fin. Je ne dois pas être prête encore…

Je pars faire quelques courses avec ma mère. Leyhie, dans sa poussette, nous accompagne. Nous marchons lentement. Les gens m'arrêtent pour me complimenter sur le charme de ma fille et je ne cache pas ma fierté. Comme deux garçons sont nés avant elle, les robes, le rose, les couettes et les barrettes de couleur, rien n'est épargné pour mettre ma princesse en valeur. Elle est craquante.

Passé une encoignure, je m'arrête brusquement de respirer. Mon visage blêmit, alors que ma mère ne parvient pas à comprendre ma réaction. Je fais rapidement tourner la poussette et change de direction.

— Suis-moi! dis-je à ma mère. Vite!

Elle s'exécute, toujours sans savoir ce qui se passe. Je suis blanche à faire peur, j'ai mal au cœur et j'ai de la difficulté à respirer. Il faut que je me concentre avant de pouvoir parler. Mes cordes vocales refusent de collaborer. Ma poitrine me fait mal et se serre de plus en plus.

— Je l'ai vu! Il nous suit! Il faut partir, maman! Je ne veux pas voir son visage. Je l'avais effacé de ma mémoire. Je ne voulais pas m'en souvenir… Viens!

C'est l'objet de bien des cauchemars que j'ai vu: le conducteur du camion rouge. Celui qui, le 27 décembre 2004, a fait basculer ma vie. L'homme qui a heurté mon petit garçon marche derrière moi sans même me reconnaître. Moi, je l'ai reconnu. Les battements de mon cœur résonnent dans ma tête. Il est derrière moi et je cherche toujours une sortie. Je la vois, ma lumière. Je prends la première porte à droite et me précipite à l'extérieur. Je m'arrête. Je cherche à respirer normalement, mais mes poumons ne coopèrent pas. Je m'accroupis et pose ma tête entre mes genoux. Ma mère me regarde et essaie de me rassurer, mais je ne veux pas qu'on s'approche de moi. Elle le sent et s'éloigne un peu. Je ne veux pas qu'on me touche. Déjà que je sens la terre entière qui m'écrase les épaules.

Tout ce temps, j'ai appréhendé de le revoir. Non seulement n'en sentais-je absolument pas le besoin, mais je craignais de plus (et surtout) ma réaction. Je lui en voulais trop d'avoir causé la mort de mon fils. On m'avait déjà dit que c'était quelqu'un de bien, qu'il était un bon père, probablement pour que je lui pardonne. Il lui était, paraît-il, impossible d'avoir la conscience tranquille tant qu'il savait que je lui en voulais. J'ai souvent entendu dire qu'il s'en voulait terriblement et vivait avec des remords constants. Moi, je me disais que de le rencontrer ne changerait rien à ma vie. Ses remords? Bla-bla-bla! La suite de sa vie, je m'en fichais.

Honnêtement, il m'est toujours carrément impossible de simplement penser à lui pardonner. J'aurais l'impression de trahir Joshua et de ne pas respecter ce que j'ai de ressentiments. Se souciait-il vraiment de ce que nous avions vécu? S'informait-il de notre état de santé et de la façon dont nous nous sortions du drame?

Même si je lui en voulais terriblement, je ne passais tout de même pas mes journées à penser à lui. Ce qu'il faisait m'importait peu. Je ne souhaitais surtout pas le croiser. J'avais oublié son visage, et ça me convenait parfaitement. Avec le temps, j'ai réalisé que ce n'était pas à lui, que j'en voulais, mais à l'imbécilité humaine.

Je suis devenue parfaitement intolérante face à la négligence. Lui, ce matin-là, l'a été, négligent, aux dépens de mon fils, et sa désinvolture est toujours irréparable. Comment peut-on pardonner un tel manque de vigilance? Aujourd'hui, il vérifie assurément si quelqu'un se trouve sur son chemin avant de se mettre en route. Il y pense sûrement dès qu'il monte dans son camion. S'il est effrayé chaque fois, ça me satisfait. On apprend de ses erreurs, dit-on, mais parfois le prix en est élevé. Ça aurait pu être un de ses enfants, mais c'est mon fils qui était là, à portée de son étourderie. On appelle ça un accident! Moi, c'est ce que je désigne comme de l'imbécilité humaine.

Le choc ressenti lorsque j'ai reconnu cet homme m'a assommée. Jamais je ne me serais attendue à avoir une réaction à ce point démesurée. J'ai cru que j'allais m'évanouir. J'ai eu l'impression d'arriver nez à nez avec le meurtrier de mon fils, même si ce qui s'est produit était accidentel.

Maintenant, cette rencontre fortuite me trotte dans la tête. Il marchait avec sa femme et ses enfants. Ils avaient l'air heureux, ce que je ne pouvais supporter. Je ne voulais pas le voir sourire. Il ne m'a même pas reconnue. Je ne vois plus que son visage dans ma tête. Il me hante. Je ne pense plus qu'à lui. Je dois téléphoner à mon thérapeute. Je ne vais pas bien, pas bien du tout!

Je sens que je perds les pédales.

Un éternel combat

J'aurais quatre enfants. C'est horrible d'y penser. La vie m'a vraiment rouée de coups, elle m'a tabassée autant qu'elle a pu et j'ai des bleus partout. Tous les jours, il me faut me battre contre la même personne qui se trouve être moi-même. C'est toujours à recommencer. Il y a des jours où je me sens épuisée, où j'aurais envie de tout laisser tomber, de me coucher en boule et d'attendre que tout s'arrête. Mais ça ne s'arrête pas. Le temps n'arrange pas les choses. Ce proverbe est faux, c'est une fable pour endormir les enfants. Le temps, au contraire, ne fait qu'empirer les choses, lorsque nous ne faisons rien. Aussi n'ai-je pas le choix de relever la tête et de foncer droit devant, à l'assaut de mon ennemie, là, derrière le miroir.

J'aurais quatre enfants, mais j'en ai deux, un merveilleux garçon et une petite fille émouvante, pour qui je combats mes peurs jour après jour.

CHAPITRE 16

Ils m'ont choisie

Comprendre

Qui aurait cru que, presque quatre ans plus tard, j'en serais revenue à une rencontre par semaine avec mon thérapeute, après les avoir espacées pendant un certain temps? Non pas que j'aie fait une rechute. Mais j'ai soif de vivre une vie saine. Je suis en constante recherche de bien-être.

Ma rencontre au centre commercial s'est avérée bien plus révélatrice que je ne l'avais imaginé. Ça a été ou c'est devenu un point tournant dans ma vie. Ça m'a obligée à travailler encore plus sur moi. Il faut absolument que je chasse les démons de ma tête. Sans doute feront-ils toujours partie de ma vie, mais j'aurai au moins la possibilité de les balayer hors de mon existence lorsqu'ils reviendront.

Lorsque j'ai revu cet homme, j'ai eu l'impression que mon monde s'écroulait. Ça m'a fait une drôle de sensation. Avec le recul, je trouve que ma réaction a été exagérée, et je tiens mordicus à comprendre pourquoi. Je veux saisir ce qui s'est produit à ce moment-là dans ma tête. Plusieurs consultations plus tard, je réalise mieux ce qui s'est passé. J'avais réglé l'épisode de l'accident et parvenais même à n'aborder le sujet que le moins possible, de manière à ne pas alimenter inutilement ma haine envers cet homme. Je ne ressentais pas le besoin de parler de l'accident. Lorsque des gens en discutaient en ma présence, je demandais gentiment qu'on change de sujet. Je ne voulais ni en parler ni en entendre parler. Mais ce moment de ma vie n'était réglé que jusqu'à ce que je le rencontre, apparemment.

La première image qui m'est venue alors, c'est celle de Félix tombant le visage contre le sol au moment où Joshua a été heurté. À cet instant précis, la vie de Félix a changé à jamais, et ce, contre son gré. Il a été emporté dans un grand tourbillon où la mort était aux premières loges. À partir du moment où cet homme a mis le pied sur l'accélérateur, il a fait basculer le destin de toute notre famille.

Je ne me souviens presque plus de la seconde année de vie de Félix. Je n'étais pas réellement présente. Mon corps était là, mais pas ma tête. Lorsque sa sœur est venue au monde et qu'il m'a vue, un jour, écrire dans son livre de bébé, il m'a alors demandé le sien. Je l'ai sorti, fière de le lui montrer, mais l'album était pratiquement vide à partir du milieu. Ça m'a déchiré le cœur de réaliser ce fait, je m'en suis voulu de ne pas l'avoir rempli, mais je ne l'avais pas fait exprès, c'était évident. Après le décès de Joshua, j'ai eu si peur d'oublier le passé que je n'ai pas su vivre le présent.

Chaque fois que je retrace ainsi les lacunes que la mort de mon fils a créées dans ma vie passée, j'en veux à cet homme. Je lui en voulais certainement pour l'événement lui-même, pour l'origine du malheur, mais j'apprenais lentement à moins y penser. Avec le temps, je lui en ai surtout voulu d'avoir transformé ma vie et celle de ceux que j'aime. De voir la vie de mon fils chambardée à cause de lui m'a été un martyre. Lorsque je l'ai rencontré au centre commercial, ce personnage, c'est tout ce ressentiment qui a émergé et qui m'a jetée à terre.

Est-ce que je lui en veux encore? Sûrement, mais pas de la même façon. Je lui en veux lorsque j'ai mal où lorsque j'ai des sautes d'humeur reliées à ces événements, lorsque Félix me pose des questions sur la mort et qu'il a peur, lui qui y a été confronté dès son plus jeune âge, lorsque je dois me battre contre mes peurs qui ne cessent jamais de me hanter. Je lui en veux, mais, la prochaine fois que je le rencontrerai, ce ne sera pas moi qui m'enfuirai. Je ne peux peut-être pas diriger ma vie et celle de ceux que j'aime, mais je peux mieux réagir pour qu'elle soit meilleure, plus heureuse. Et je sais que je suis plus forte que lui.

Mon album

Je compare souvent à un album de photos le traumatisme consécutif à un accident ou à d'autres grands événements. Plus nous parvenons à surmonter le traumatisme, plus nous sommes en mesure de feuilleter l'album. Nous pleurons autant, nous avons beaucoup de chagrin en le regardant, mais nous savons, page après page, à quoi nous attendre. Le mal est le même, mais les émotions ressenties au moment de l'événement s'apaisent et s'adoucissent habituellement après quelque temps.

Un jour, nous remarquons que nous tournons les pages de l'album plus rapidement. Les photos sont les mêmes et font toujours aussi mal. Elles sont toutes aussi affreuses, mais nous ne nous attardons plus sur chacune des images trop longtemps, le but étant de ne pas alimenter nos peurs et notre peine.

Après un certain temps, nous rangeons l'album. Nous le sortons moins souvent, notre cerveau ayant enregistré suffisamment d'informations. Mais pour ça il faut du temps et du travail. Nous craignons toujours d'avoir trop mal à la vue des photos ou d'être submergés par le chagrin. Il ne sera jamais agréable de nous remémorer la tragédie, mais notre capacité plus grande de transiger avec nos émotions nous rassure. C'est normal au début d'avoir peur et de fuir et c'est bien plus facile, mais, si nous n'affrontons jamais nos peurs, nous les alimenterons. Le subconscient croira qu'il a raison de craindre. Le cerveau a besoin de se faire raconter plusieurs fois une histoire pour l'assimiler. Plus l'événement est marquant, plus le nombre de fois augmente. C'est un peu la même chose qui se passe à la suite d'un événement heureux. Une femme qui met un enfant au monde racontera son accouchement des mois durant.

J'ai ressorti les vêtements et les jouets de Joshua et les ai donnés à Félix. Sur le moment, le chagrin m'a fait la vie dure, mais l'enthousiasme de mon fils a tout de même réussi à me faire sourire. Félix est si heureux et fier de mettre les vêtements de son frère et de jouer avec ses jouets de grand garçon, que j'en éprouve de la joie avec lui. Il apprécie ce privilège.

Pour moi, c'est un autre pas dans la bonne direction; je pourrai feuilleter mon album un peu plus rapidement. J'associe maintenant ces objets au tendre sourire de mon fils et ça me réconforte. Je sais que Joshua trouve Félix très cool dans ses vêtements et cette pensée apaise ma douleur tout en me faisant bien rire.

Mélanie, comment vas-tu, présentement?

Je vois le début de la nouvelle année différemment.

Je sais qu'elle sera belle. Je vois la vie bien plus positivement que par les années passées.

Je vais maintenant effectuer des témoignages publics au sein de cette thérapie sur l'anxiété qui m'a été tout à fait bénéfique depuis trois ans. J'ai vu, avec les années, l'ampleur de mon évolution. L'énergie du groupe m'impressionne toujours autant, et les gens qui y participent sont extraordinaires. Ils ne sont pas toujours conscients de cette force qui les habite, mais je sens qu'ils veulent surmonter leurs difficultés. De me faire dire que je suis un modèle pour eux m'aide à continuer de me battre. « Trouve ta motivation! » C'est ce que j'aime dire aux gens à qui je parle. Je vois et sens la souffrance dans leurs yeux. Je sais comme on se sent vulnérable lorsqu'on n'a pas ou qu'on ne connaît pas les outils pour se battre contre soi-même. C'est effrayant, décourageant et déstabilisant, mais c'est possible de remporter la victoire. Lorsqu'on trouve sa motivation, on est opportunément stimulé.

Avec le temps, j'ai compris qu'il est aussi difficile de se mettre en forme mentalement que physiquement. Il faut autant de discipline et de persévérance, mais c'est tout aussi important et bénéfique. Si vous désirez arrêter de fumer et faire plus d'activité physique, vous serez confronté à des difficultés, mais, une fois que vous aurez intégré l'habitude, vous vous sauverez probablement la vie. Il en va de même avec la santé mentale. Il faut en faire une habitude de vie et persévérer jour après jour.

Dans mon cheminement, il y a eu des moments où la persévérance m'a paru plus exigeante, où j'ai eu le réflexe de tout abandonner. J'ai immédiatement constaté des changements dans mon corps, dans ma tête et dans mon comportement. Des moments plus difficiles, je sais que j'en connaîtrai toute ma vie, mais je sais aussi que je pourrai les affronter avec succès.

Ma personnalité me prédispose à l'anxiété, mais j'ai en moi les ressources pour gérer mes émotions face aux événements. J'ai confiance dans les capacités que j'ai acquises avec le temps, à force de travail. Mon acharnement m'a permis d'avoir un autre enfant. Grâce à lui, je serai une meilleure maman, une meilleure épouse et une meilleure femme. Je sens que l'ancienne Mélanie revient doucement dans mon corps et qu'elle sera encore plus forte.

Je serai en mesure d'aider Félix lorsqu'il aura lui aussi une peur quelconque, parce que j'ai pris conscience qu'il est comme sa maman. Je lui fournirai les outils dont il aura besoin pour devenir un vrai combattant, lui qui a besoin que nous le rassurions fréquemment, que nous lui fassions savoir que nous serons toujours là, Patrice et moi, et que nous l'aimons de tout notre cœur. Il nous sentait malheureux, tristes d'avoir tant perdu. Il a lui-même connu le deuil bien jeune. Je veux qu'il ait une belle vie, exempte de la peur de se retrouver seul. Il a prématurément été confronté au fait que ceux qu'il aimait pouvaient le quitter. Cela fait de lui un enfant anxieux, qui cherche à attirer l'attention et montrer qu'il est en vie.

Sa personnalité explosive est attachante. J'aime ce qu'il est devenu et suis déjà très fière de ce qu'il sera. J'ai toujours été très honnête avec lui lorsqu'il m'interrogeait au sujet de la mort. Je me disais que, s'il posait la question, c'était qu'il était prêt à assimiler la réponse. Ça n'a pas toujours été facile de lui expliquer comment sa sœur Naomy, son frère Joshua et sa tante Janie sont décédés. La question pouvait surgir le matin au lever ou brusquement pendant que je ramassais la vaisselle.

La franchise et l'honnêteté de Félix me surprennent souvent. Lorsque je le vois qui a soif de savoir, je ne peux m'empêcher d'avaler ma boule dans la gorge. Je m'assieds tout près de lui et réponds à ses questions. Parfois, je verse des larmes sans m'en cacher. De toute façon, il connaît la cause de mon chagrin. Je lui explique qu'il est tout à fait normal de pleurer lorsqu'une personne que nous aimons nous manque. Il me demande très souvent de lui parler de sa sœur, de son frère et de sa tante Janie. Il pleure parfois et me dit qu'il s'ennuie des disparus et qu'il a peur de nous perdre. Il me raconte qu'il se souvient de Joshua. Il lui arrive même de me parler des choses qu'il a vécues avec son grand frère et dont je ne me souvenais plus. Sont-ce des événements réels ou les a-t-il entendus de la bouche de quelqu'un d'autre? Je préfère croire qu'il se souvient de Joshua. Il croit aux anges. Il regarde parfois le ciel dans l'espoir d'apercevoir quelqu'un qui viendrait le saluer.

Aujourd'hui, c'est lui qui explique à sa petite sœur où se trouvent Naomy, Joshua et Janie. Je crois qu'il s'y prend mieux que moi. Il est très près de ses émotions, probablement à cause de son vécu, bien qu'il ne soit âgé que de cinq ans. Ce sera un gars très solide. J'espère qu'il mordra dans la vie à belles dents.

Petites joies, grands bonheurs

Le bonheur est un trésor qui arrive et repart sans que nous nous en rendions compte. Il est là, parfois juste à côté de nous, à attendre que nous l'attrapions. Le bonheur ne réside pas dans un unique moment, mais dans de nombreux instants joyeux. Il nous fait sourire et nous fait pleurer.

Le bonheur, c'est mon fils qui me regarde et me

dit que je suis belle. C'est ma fille qui rit aux éclats. C'est Patrice qui m'embrasse tendrement. C'est un bon souper en famille, une bouteille de vin entre amis. C'est offrir un sourire à un étranger. C'est une minute de soleil dans une journée pluvieuse. C'est un appel de ma mère lorsque ça ne va pas ou un câlin rassurant de mon papa. C'est une rencontre agréable lorsque nous sommes seuls. C'est une nouvelle chanson qui nous fait chanter et danser.

Le bonheur est partout, même lorsque nous pensons qu'il n'est pas là. Il s'agit d'ouvrir les yeux et de l'accueillir. Ce sont ces milliers de joies en apparence insignifiantes qui feront de moi une personne heureuse. Sans elles, je n'aurais pas la même envie de continuer. Chaque sourire est important et nous offre les douceurs de la vie.

La faux du destin

Elle est différente, la mort, maintenant que j'ai fait d'elle mon alliée. J'aimais mieux la percevoir comme une amie plutôt que comme une tortionnaire sadique. J'ai réalisé que, si elle n'existait pas, l'être humain n'aurait pas la même mentalité. Elle fait de nous des êtres plus attentionnés, plus forts, plus aimants. Sans elle, nous n'apprécierions pas la vie telle qu'elle est. Nous serions insensibles.

Au risque de surprendre bien des gens, j'affirme que je ne changerais pas de vie. De toute façon, même si je le voulais, je ne pourrais pas plus le faire que quiconque. À quoi bon me morfondre! Mes expériences ont fait de moi ce que je suis aujourd'hui. Maintenant, lorsque je me regarde dans le miroir, je sais jusqu'où je suis capable d'aller lorsque je veux accomplir quelque chose. Mes enfants disparus, Naomy et Joshua, m'ont laissé un héritage précieux. Ils m'en ont probablement montré davantage en peu de temps que bien des gens ne m'en apprendront en plusieurs décennies. Je suis fière d'être la maman de ces deux petits anges. Ils m'ont choisie et m'ont appris à apprécier la vie. Je ne vivrai plus jamais de la même façon. Chaque seconde est importante, je l'ai appris à grands frais.

Alors? Est-ce que je changerais de destin? Ça, jamais! J'ai aujourd'hui rassemblé mes trois vies pour ne m'en faire qu'une seule. C'est ma vie, et elle ne pourra qu'être magnifique. Elle regroupe les plus beaux personnages, les cœurs les plus tendres et une recherche intensive d'amour.

J'apprécierai chaque saison et ce qu'elle m'apporte. Je respirerai toutes les odeurs à pleins poumons et vivrai les émotions qu'elles me rappelleront. Je pleurerai ce qui me fera de la peine et dirai ce que je ressens. Je peindrai les images qui passeront dans ma tête et écrirai les paroles que je ne pourrai pas dire. Je retrouverai la femme qui s'est perdue au fil des années et des événements. Je m'accomplirai dans mon rôle de maman et deviendrai une épouse exemplaire. Je me donnerai le droit de faire des erreurs, étant donné que je ne suis pas parfaite.

La vie est sur le point de me reconquérir… et je me laisserai séduire.

Addict de l'accompagnement

L'année 2009 commence, et rien ne pourra m'empêcher d'en faire la plus belle de toutes celles que j'ai vécues. Je vois mon psychologue depuis quatre ans déjà. Cet homme fait partie de ma vie, maintenant, mais plus les rencontres s'accumulent, plus je m'aperçois que je suis apte à trouver mes réponses moi-même. Mon thérapeute me connaît probablement mieux que plusieurs de ceux qui gravitent autour de moi. Il devine que je ne me sens pas bien, ou il sait quoi me dire à tel moment précis pour que je vide mon sac. Je sais, c'est son travail, mais je ne crois pas que la thérapie aurait pu marcher avec un autre psychologue. La première fois que je l'ai rencontré, j'étais très réticente à me confier à un étranger, mais je me suis abandonnée parce que je n'avais plus de points de repère, plus rien à perdre non plus. Je crois à la première impression que quelqu'un nous fait. Ça nous trompe rarement. Lui, il m'a instantanément inspiré confiance. Son approche a été la bonne, dans mon cas. J'ai tout de suite senti qu'il pouvait m'aider, que nous pouvions faire un bout de chemin ensemble. Si ça avait été le contraire, je n'aurais probablement jamais remis les pieds dans son bureau.

Il m'a aidée à me faire confiance, à avoir foi en mes capacités. Il m'a appris à me connaître et m'a enseigné à trouver les bons chemins pour accéder au bonheur. Je ne le connais pas. Je ne sais pas où il habite, ni s'il a une femme ou des enfants, ni s'il aime les chiens ou préfère les chats. Je ne sais rien de lui, mais lui sait pratiquement tout de moi. Avec lui, je n'ai pas de retenue. Je peux tout lui dire et je n'ai pas l'impression de lui faire de la peine. Je n'ai pas peur de le blesser. Il est là pour m'écouter et me guider dans mes choix. Il ne me veut pas de mal, seulement du bien. Son travail est de m'aider à être heureuse. Il a probablement sauvé ma vie aussi bien que mon couple et il m'a permis d'éviter bien des maux de tête. Il m'a montré pourquoi je devais me battre. Mes rencontres avec lui ont constitué l'une des expériences les plus difficiles de ma vie, mais aussi l'une des plus importantes. Cet homme est entré dans mon existence un peu contre ma volonté, mais je lui en serai éternellement reconnaissante.

Mardi le 12 janvier 2009. J'entre dans son bureau et m'assieds discrètement, comme à mon habitude. Les deux dernières rencontres s'étant avérées très chargées en émotions, j'espère que celle-ci le sera un peu moins. Même après quatre ans, j'appréhende toujours un peu ces séances. Comme toujours, l'heure s'écoule rapidement. Pour la première fois, j'ai l'impression d'avoir mon meilleur ami devant moi. Les mots sortent d'eux-mêmes, et je n'ai aucune difficulté à expliquer mes impressions. Je laisse même couler quelques larmes, ce qui le surprend, évidemment. Je suis parfaitement bien et je crois qu'il le sent. Il m'écoute attentivement. Il semble fier de moi. J'ai accompli quelque chose et je suis remplie de fierté. Je voudrais que cette discussion ne s'arrête jamais. Cette rencontre restera probablement à jamais gravée dans ma mémoire. Vers midi, je m'aperçois que mon temps s'est écoulé. Mais j'ai le sentiment qu'il veut me dire quelque chose.

— Et nous deux? laisse-t-il tomber.

Je fais comme si je ne comprenais pas. Mon estomac se noue, et une boule me monte à la gorge. Veut-il me dire que nos rencontres prennent fin maintenant? J'ai peur, et les larmes me montent aux yeux. Je ne peux pas me faire à l'idée que je ne viendrai plus dans ce bureau. Mes idées se bousculent et je sens mon cœur sur le point d'exploser. Est-ce que je serai capable de survivre sans le voir? Je crois que je vais pleurer, tellement j'ai le cœur gros. Il croise les bras et m'explique :

— Vous savez, Mélanie, que je ne vous dirais pas ça si

je ne vous sentais pas prête à voler de vos propres ailes. J'ai confiance en vous et en vos capacités. Regardez-vous! Regardez tout le travail que vous avez accompli depuis quatre ans. C'est immense. Vous avez une telle envie de vous en sortir! J'ai confiance en vous!

Je pleure. Je ne peux plus contenir mes larmes. Je ne peux pas imaginer ma vie sans lui. Un tel lien de confiance s'est créé entre lui et moi!

— Mais j'ai tellement de peine! lui dis-je. Moi aussi, je sais que je pourrais voler seule, mais j'ai peur. Je suis une personne très anxieuse, vous le savez!

— C'est normal que vous ayez de la peine, c'est un deuil, que vous vivez présentement, Mélanie. Vous m'avez fait confiance pendant quatre années, et j'en suis très touché.

Je ris, essuie mes larmes et lui dis:

— Ne vous inquiétez pas, j'ai l'habitude des deuils et je vais me sortir de celui-là! Même que, si vous avez besoin de trucs, vous n'avez qu'à me faire signe.

Nous rions tous les deux. Je poursuis:

— Je ne serai pas capable de continuer si je n'ai pas l'occasion de partager ce que j'ai appris. C'est comme un besoin qui dort en moi, et j'y pense très souvent. C'est comme si ce qui m'est arrivé devait absolument servir à quelque chose, à aider les gens, par exemple. C'est comme un chemin tracé devant moi que je ne peux pas ignorer. Vous savez, les témoignages que je rends dans les séances de thérapie de groupe, ça me fait le plus grand bien. Je sais que ça aide les gens, ils me l'affirment. Ça me nourrit et me rappelle que les événements qui ont jalonné ma vie, aussi malheureux soient-ils, me permettent au moins de soutenir les autres. Tous les témoignages que j'ai rendus depuis maintenant presque deux ans ont été bénéfiques pour moi. Ça me rappelle chaque fois pourquoi je dois continuer. J'aimerais donner des conférences.

Il saute aussitôt sur l'occasion.

— Mais pourquoi pas? Vous semblez douée pour l'écriture. Écrivez! Vous verrez bien ce que l'avenir vous réservera. Ayez confiance, Mélanie. Il est normal que vous ressentiez le besoin d'aider les gens à travers ce que vous avez vécu.

Je hausse les épaules et lui réponds:

— Mais qui suis-je, pour écrire un livre?

Il se lève et sourit. Il pose sa main sur mon épaule et me dit:

— Vous êtes vous, Mélanie St-Germain. Vous êtes une personne intègre, animée par une soif de vivre peu commune.

Je sors du bureau en pleurant. Impossible de m'arrêter. Je ne remettrai plus les pieds là. Pourtant, je peux avoir confiance en moi, le psychologue me l'a dit. Il suffit que je me prenne en main.

Je relève la tête et quitte l'immeuble. Le soleil me fait plisser les yeux. Il illumine tout de ses chauds rayons qui se réverbèrent sur la neige de janvier. Je souris.

Je peux avoir confiance en la vie…

REMERCIEMENTS

L'écriture de cet ouvrage a été possible grâce à tous ces gens exceptionnels qui font partie de ma vie, de près ou de loin, et qui ont su m'inspirer les bons mots. Je remercie toutes ces personnes fabuleuses à qui j'ai emprunté une part de leur histoire, car ils constituent une part de la mienne. Elles sont très nombreuses et je ne saurais toutes les nommer, mais je tiens à leur exprimer ma gratitude.

Je tiens à remercier l'équipe des Éditions JCL pour avoir cru en mon histoire, et ce, dans le respect et la confiance. Ce que vous m'avez permis de vivre est extraordinaire.

Un merci tout spécial à Léger Gagnon, sans qui l'écriture de ce livre n'aurait tout simplement pas été possible. Il m'a accompagnée et guidée tout au long de mon cheminement et il m'a fait confiance.

Merci aux gens qui ont assisté à mes témoignages en thérapie de groupe. Ils m'ont incitée à continuer de me battre chaque jour et ils ont rallumé l'étincelle dans mes yeux. Leurs confidences et leur confiance m'ont démontré l'importance de persévérer.

Je remercie Mélanie Lachance et Roxanne Devin pour avoir contribué à la révision de mon manuscrit dans le respect et la transparence. Merci à ma belle fée Orange pour avoir mis autant de travail et d'amour dans la réalisation des photographies qui ont servi à la couverture du livre.

Merci à mes parents qui ont écouté mon histoire,

celle que je leur ai racontée en long et en large pendant des heures. J'ai apprécié leur support plus que je ne pourrais le dire. Je remercie les membres de ma famille et mes amis pour les encouragements qu'ils m'ont prodigués dans mon projet d'écriture et l'enthousiasme qu'ils ont manifesté dès le moment où ils ont pris connaissance de la première ébauche du manuscrit.

Un merci tout particulier à mes deux amours, Félix et Leyhie, qui ont su soutenir leur maman à leur façon. Les milliers de baisers et la joie qu'ils m'ont apportés dans les moments plus difficiles ont pour moi une valeur inestimable.

Merci à mes deux petits anges, Naomy et Joshua, qui m'ont appris beaucoup plus que bien des gens ne m'en apprendront. Je les remercie de m'avoir choisie. Je leur suis redevable du bel héritage qu'ils m'ont laissé. Je les aimerai toujours et je m'ennuie d'eux à chaque seconde qui passe.

Merci à Janie d'être passée dans ma vie. Sans elle et son sourire, je n'aurais pas connu Patrice. Elle a été le commencement de mon histoire et elle a toujours su quoi dire au moment opportun.

Et enfin, toute ma reconnaissance va à Patrice, mon amour et mon premier lecteur, pour tout ce que nous avons accompli ensemble. Tout au long du processus d'écriture de ce livre, il a cru en moi bien souvent plus que moi-même. Ce fut pour lui aussi un dur périple, mais il a su me supporter tout le temps qu'a duré mon travail. Sa présence et son écoute se sont avérées cruciales. Si la rédaction de cet ouvrage a été possible, c'est en grande partie grâce à son support, à sa compassion et à son amour.

TABLE DES MATIÈRES